陈永明数学教学丛书

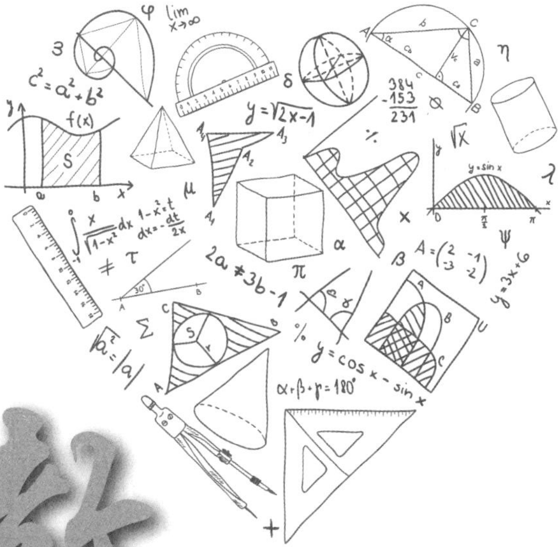

怎样教解题

陈永明名师工作室 著

上海科技教育出版社

图书在版编目(CIP)数据

怎样教解题/陈永明名师工作室著. --上海：上海科技教育出版社，2024.11(2025.3重印). --ISBN 978-7-5428-8261-5

I.G633.602

中国国家版本馆 CIP 数据核字第 2024Z6Y457 号

责任编辑　冯晨阳
封面设计　符　劼

怎样教解题
陈永明名师工作室　著

出版发行	上海科技教育出版社有限公司	
	(上海市闵行区号景路 159 弄 A 座 8 楼　邮政编码 201101)	
网　　址	www.sste.com　　www.ewen.co	
经　　销	各地新华书店	
印　　刷	启东市人民印刷有限公司	
开　　本	787×1092　1/16	
印　　张	16	
版　　次	2024 年 11 月第 1 版	
印　　次	2025 年 3 月第 2 次印刷	
书　　号	ISBN 978-7-5428-8261-5/G·4938	
定　　价	60.00 元	

前 言

本书的前身是《数学习题教学研究》,2010年在上海教育出版社出版,并被列入该社的"新青年教师文库".该文库的顾问是张景中院士和张奠宙教授.张景中院士曾为该书作了序言,他在序中提到:

解题是学习数学的重要组成部分.武学中有一种境界,叫作"无招胜有招",领悟之后,就能以不变应万变.学习解题能否做到如此呢? 恐怕这种"大巧"还是要靠个人领悟,难以言传;但如果不讲方法,搞题海战术,一题一法,这种"小巧"也不可取.对于数学教学而言,还是要讲求循序渐进,学习有章可循的解题通法.

"新青年教师文库"的新成员《数学习题教学研究》,是上海的陈永明教授与一批青年教师共同完成的.该书立足"习题教学"视角,重在谈教师如何教解题,而非单纯地罗列题目和解答.书中提出了一些观点,譬如"要把隐性的解题经验显性化、算法化","算法化的两个重要途径:解题模块和命题联想系统","习题教学的四个原则:典型原则、层次原则、有序分析原则和归一原则"等,都是作者们的研究心得,有一定的参考价值.至于是否普遍适用,还需进一步实践检验.

在2014年,又出版了《数学习题教学研究(修订版)》.

感谢上海教育出版社,让我们有机会把自己的心得和大家交流,也感谢张景中院士对我们的肯定和鼓励.

广大读者在读了这本书后,又提出要求,希望有更具体的教解题的案例相配合,于是我们团队编写了《陈永明讲评数学题——高中习题归类研讨》《陈永明讲评数学题——初中习题归类研讨》(上海科技教育出版社出版)与这本书配套.

时隔十多年了,广大读者依然关注着这本书及其配套的案例(非常感谢读者对我们的厚爱).常有读者问我,这本书哪里能够买到? (我查了旧书网,这本书的最高价达到了200元一册.)说明这几本书还是有一定生命力的.

现在应广大读者的要求,《数学习题教学研究(修订版)》更名为《怎样教解题》,由上海科技教育出版社出版.这样一来,《怎样教解题》《陈永明讲评数学题——高中习题归类研讨》《陈永明讲评数学题——初中习题归类研讨》三本书在同一家出版社出版了,成为"陈永明数学教学丛书"里关于解题教学的一组书籍.这要感谢上海科技教育出版社.

本书是讨论"怎样教解题",不是研究"怎样解题"的.研究"怎样解题"的书可以说铺天盖地,但是讨论"怎样教解题"的还是不多.我们都知道,自己会解题,不等于会教解题.有些老师是解题高手,但教学生的时候,不是啰啰嗦嗦,就是思路过于跳跃,不得要领,没有讲清楚题怎么解,或者虽然能够讲清楚这道题怎么解,但没有让学生在解题过程中总结出解题的经验.

本书分为五章.

第一章实际上是绪论.其中的"中国特色的数学习题教学的五个流派",是我们多年来学习了很多文献并进行思考后的梳理.这五个流派,出发点不同,角度不同,都是有效的.我们认为,其中张景中的"循序渐进,学习有章可循的解题通法"(我们把这个观点称为"中巧说"),更适合于大多数学子.因此,本书的主要指导思想是"中巧说",也吸收了其他流派的一些思想.

第二章是在"宏观"层面上讨论的.提出要改变题海战术,就应该科学地进行解题训练.作为科学训练的方法之一,提出**要把隐性的解题经验显性化、算法化**.并且,我们具体推荐**两个重要的优良的数学认知结构:解题模块和命题联想系统**.

第三章是在"中观"层面上讨论的.在这部分里讨论怎样上和数学习题相关的课,如新授课里的例题和习题教学,习题课的教学,复习课里的例题和习题教学,作业,测验,试卷讲评等.我们重点总结了优秀数学教师的几条关于数学习题教学的重要经验,把它归结为**典型原则、层次原则、"归一"原则**(在第四章将提出寻找解题思路时的**"有序分析"原则**).我们并不认为这四个原则是完备的,然其有针对性,对当前数学习题教学是有指导意义的.

第四章是在"微观"层面上讨论的,即具体给学生讲解数学题时,该怎么教.譬如怎样教审题,怎样教思路分析,怎样教书写,怎样教检验,怎样教回顾总结等.我们提出了几点看法(包括了**"有序分析"原则的六个步骤和策略**),我们也突出了反思这个步骤,这是好多师生不怎么重视的,也不怎么擅长的.同时对令人头痛的"会而不对,对而不全"问题,也给予一定的关注.

第五章是在"更宏观"层面上讨论的,讨论在习题教学中,学校教研组应该起什么作用.因为教育是个系统工程,光是某几位教师善于教学,是没有用的.所以本章是讨论学校教研组怎么统筹全校的习题、测验,特别在当前青年教师已经成为主力的情况下,可能更有其现实意义.

纵观本书有以下两个特点:

第一,本书是我们学习了许多文献和许多优秀教师的经验,结合自己的实践而写成的著作.我们不固执己见,也不人云亦云.本书提出了两个优良的认知结构:**解题模块和命题联想系统**,和解题教学的四个原则:**典型原则、层次原则、"归一"原则、"有序分析"原则**,尽管不一定完全正确,也不完善,但这是我们自己的观点.

第二,我是"草根教授",其他的作者都是一线教师.我们不高谈阔论,我们十分强调实践.本书结合我们自己的观点,提供了可操作的做法,也配备了大量的案例供参考.

本书由我策划和统稿,由我和"陈永明名师工作室"的一批优秀中青年教师分头执笔完成.执笔的有:陈永明(上海徐汇区教育学院),张珺(上海市南洋模范中学),徐卫文(上海市第四中学),李瑾(上海市南洋中学),陶烨昕(上海民办位育中学),阮夏丽(上海市西南位育中学),傅琳(原上海市梅园中学,现上海市宋庆龄实验学校嘉定分校),陈飞(上海市西南模范中学),张荣(上海市中国中学).

我们并不认为,我们提出的观点和方法是唯一正确的观点和方法,是最正确的观点,是最好的方法.我们仅仅是从某一个角度思考数学习题教学而已.也希望大家都来关注"怎样教解题",而不仅仅关注"怎样解题".由于我们才疏学浅,本书定有不少疏漏和错误,敬请专家学者和广大教师指正.

本书汇集了许多专家和优秀教师的教学理论和教学经验,他们有些名言精彩之极.下面是其中的一部分,特地列出来和大家分享.

张景中:"大巧法无定法,小巧一题一法.中巧呢,则希望用一个方法解出一类题目."(P4)

赵宪初:"先要举三反一,才能举一反三."(P5)、"力争考后100分."(P128)

孙维刚:"一题多解,多解归一,多题归一."(P5)

傅学顺:"脑子里的反应块多了,反应就"快"了."(P7)

张奠宙:"中国数学双基四大特征:记忆通向理解形成直觉,运算速度保证高效思维,演绎推理坚持逻辑精确,依靠变式提升演练水准."(P8)

顾泠沅(青浦经验):"情意原理,序进原理,活动原理,反馈原理."(P26提及部分)

李秋明:"若是脱离了规范的解法,奇特的解题方法很多时候仅仅是小聪明,不是大智慧."(P35)

华罗庚:"可以用另一个角度把知识,把问题串起来."(P91)

王华:"解决数学问题有三种境界:就题论题,就题论法,就题论道."(P221)

熊川武:"学生对教师批改的作业通常会持有四种不同的态度:一是根本不看;二是看了,却没看懂;三是虽看懂了,但由于没有动脑筋,留下的印象不深,掩卷即忘;四是思考了教师批改的内容,并悟出了一些道理……由此可见,'全批全改'并不像人们想象的那样必不可少."(P120)

陈永明

2024 年 7 月(时年八十又四)

目 录 MULU

第一章　数学习题教学的现状和思考

第一节　中国特色的数学习题教学的五个流派 ……………………………… 3
第二节　改变题海战术——当前数学习题教学的严峻课题 ……………… 13
第三节　科学进行解题基本训练的两点看法 ………………………………… 19

第二章　解题经验的显性化、算法化

第一节　解题模块 ……………………………………………………………… 31
第二节　命题联想系统 ………………………………………………………… 39

第三章　各教学环节中的习题教学研究

第一节　数学新授课环节 ……………………………………………………… 55
第二节　数学习题课环节 ……………………………………………………… 65
第三节　数学复习课环节 ……………………………………………………… 85
第四节　数学作业环节 ………………………………………………………… 109
第五节　数学测验（考试）环节 ………………………………………………… 124
第六节　数学试卷讲评课环节 ………………………………………………… 141

第四章　数学解题教学研究

第一节　审题的教学研究……………………………………… 157
第二节　寻找解题思路的教学研究……………………………… 168
第三节　书写解答过程的教学研究……………………………… 190
第四节　开放题教学研究………………………………………… 203
第五节　解题反思的教学研究…………………………………… 221

第五章　习题的校本整合

第一节　习题校本整合的提出…………………………………… 233
第二节　习题校本整合的内容…………………………………… 234

参考文献……………………………………………………………… 245

第一章 数学习题教学的现状和思考

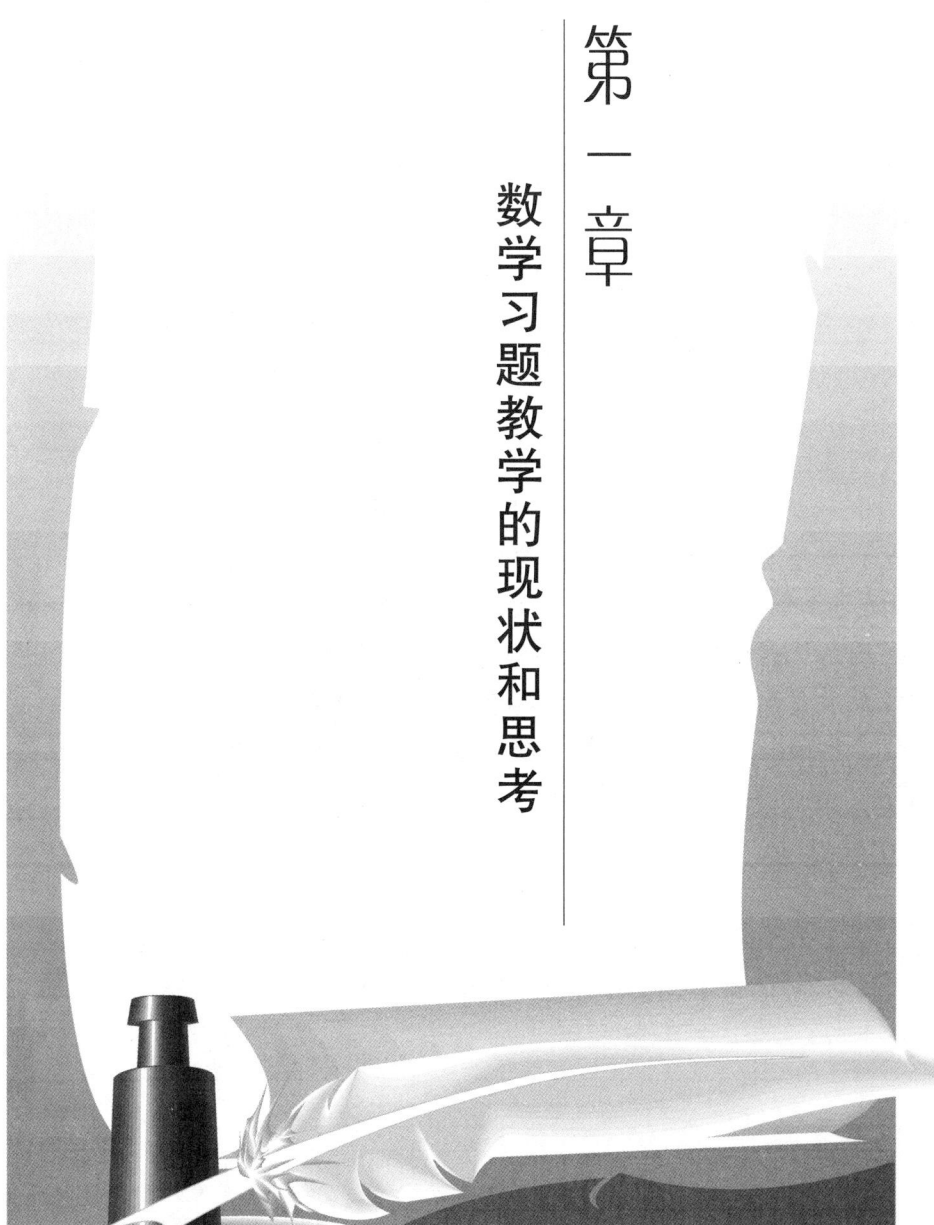

我国基础数学教育有一定世界影响力,如在国际奥林匹克数学竞赛中一直名列前茅,在大型国际测试中数学成绩遥遥领先,这是巨大的成绩.取得这样的成绩,首先是优秀的数学教师队伍的支撑,根据马立平博士的研究,我国数学教师的水平远高于美国;其次是我国的优秀传统,如熟能生巧的理念,"双基"的实施等.本章先介绍数学习题教学的五个流派,这集中反映了我国数学习题教学中优秀的传统、理念和做法.当然,数学习题教学也存在着严重的问题,那就是题海战术盛行,本章对此也进行了评说.

第一节 中国特色的数学习题教学的五个流派

波利亚的著作,尤其是《怎样解题》,对我国的数学教学触动很大,激起了我国学者和教师深入地研究数学教学,特别是数学解题教学.但是,对于他的著作,国内似乎也不是满堂掌声.

张奠宙教授说:波利亚是著名数学家,他在合情推理方面的论述似乎更受人注意.国外有报道说,学生无法根据这张解题表去解决问题,国内似乎也没有人声称按这张表解题.[①]

单墫教授认为波利亚的解题表"并没有什么出奇的地方,解题时,自觉不自觉地大多有这样四个步骤.""这张表并不是一把万能的钥匙,更不是解题的纲领,它只是一串提示,也许会给解题者一点启发,但问题的解决还必须依靠解题者自己的努力.""没有必要去背这张表,可以根据实际情况问自己几个为什么,或给别人一些提示."[②]

王梓坤院士评价了波利亚的著作之后,对我国的教师和学者提出了要求:"他(波利亚)熟悉的是西方的教育,对中国的教育,中国人的思维的特点并不大了解,因此,我们更需要切合我国实际的相应著作."[③]

"从20世纪90年代开始,华人的数学学习引起了世人的关注.国际数学教育测试(IAEP,TIMSS,PISA)一再证明了华人地区学生的数学成绩十分优秀.但是另一方面,华人的数学学习给人的印象是,停留在记忆、模仿、练习、考试等缺乏主动性的学习层面."[④]这就是所谓的"中国学习者悖论".为了回答这个"悖论",中国学者深入进行了研究,最终写成了《华人如何学习数学》一书.我们中国的数学学习有自己的特点,首先是注重学习效率;同

---

① 张奠宙.关于数学问题解决的谈话[J].数学教学,2008(3).
② 单墫.解题研究[M].南京:南京师范大学出版社,2002.
③ 罗增儒.数学的领悟[M].郑州:河南科技出版社,1997.
④ 范良火,等.华人如何学习数学[M].南京:江苏教育出版社,2005.

时还重视"双基":华人学生有良好的记忆(九九表、公式法则的背诵),熟练的运算速度,逻辑的严谨表达以及"变式"的重复练习.这是符合"熟能生巧"的古训的,由此形成了中国数学教学的特色.这些,是值得我们自豪的.

解题教学是数学教学中的一个重要组成部分,在中国数学习题教学上必然打上以上的烙印.

我国的数学教师是富有创造力的群体,在具体落实"双基"时,积累了解题教学的许多经验,在学习消化波利亚的著作之后,形成丰富多彩的若干流派.我们认为,有以下五个主要流派.

一、中巧说

张景中院士说:"练武功的上乘境界是'无招胜有招',但武功仍要从一招一式入门.解数学题也是如此.""所谓'无招胜有招'的境界,就是'大巧'吧!但是,小巧固不足取,大巧也确实太难.对于大多数学子,还要重视有章可循的招式……""大巧法无定法,小巧一题一法.中巧呢,则希望用一个方法解出一类题目.也就是说,把数学问题分门别类,一类一类地寻求可以机械执行的方法,即算法.""这是我国古代数学的特点和优秀传统."[1]

张院士在本书原来的序中也提到:"恐怕这种'大巧'还是要靠个人领悟,难以言传;但如果不讲方法,搞题海战术,一题一法,这种'小巧'也不可取,对于数学教学而言,还是要讲求循序渐进,学习有章可循的解题通法."

我们把张院士的这个观点称之为"中巧说".这是张院士提出的教育数学思想的一个组成部分,有着重要的理论意义和实用价值.

我们的体会是,中巧说的核心是有章可循,关键是反思、总结、提炼.在中学数学里,大概应该体现在两个方面:一是有固定程式的题,如解一元一次方程;二是没有固定程式的,如几何证明题.对于前者,应该提炼出有效的算法,一步一步按部就班即可;对于后者,我们也应该总结出一些规律,若干个方法,指出先思考什么,再用哪种方法,使之有方向可探,让解题经验显性化.

张院士当过初中数学教师,他的这些话,既体现了科学家的智慧,也凝聚了数学教师的经验.张院士的研究方向主要是几何的计算机证明,他创造了"张法",使任何几何题都可以用计算机加以证明,而且这个证明过程是可读的.应该说,张院士就是运用了我国数学研究的传统——算法思想,把人们通常认为千变万化的、无法程序化的、必须绞尽脑汁才能证出来的几何

---

[1] 张景中.几何新方法和新体系[M].北京:科学出版社,2009.

题,归纳为一套按部就班的可操作的方法,成为算法的一个典范.

中巧说实际上也是许多优秀教师教学经验的结晶,他们都反对题海战术,主张总结规律,用规律来指导学生解题.

上海老一辈的数学教育家赵宪初先生说:"先要举三反一,才能举一反三."赵老说的"一",应该就是指规律.要知道,赵老执教的是上海的名校——南洋模范中学,这个学校的毕业生中有30多名院士,著名的计算机专家王选院士和数学家张恭庆院士就是其中的两位.这个学校的学生水平都是了不得的,对这样的学生,教师尚且要先"举三反一",帮助他们总结出规律来,然后才能"举一反三",更何况一般的学校呢? 所以总结规律是很重要的.

北京的名师孙维刚提出:"一题多解,多解归一,多题归一",也有总结规律的意思在其中.

福建的名师任勇更是直接,他认为:"概括各类问题的解法是一种重要的数学记忆模式."[①]

中巧说对于数学习题教学来说,是有效的.

1. 中巧说体现了数学模式观和算法思想

现在,一般认为,数学是研究模式和秩序的科学.徐利治和郑毓信教授提出"数学即是模式的建构和研究",并撰写了《数学模式论》[②].整个数学的历史就是提出问题、形成模式、研究模式、应用模式,最后突破模式,并创造新模式的历史.

欧几里得把几何归结为一个公理化的体系,笛卡儿从代数化的角度突破了这个模式,形成了解析几何新体系,罗巴切夫斯基从公理的角度,突破了欧几里得几何,创立了非欧几何的体系.

数学家如此地重视模式,以至到20世纪中叶,法国有一批数学家,用布尔巴基的名字出版了一系列的著作,取名为《数学原本》,企图找到整个数学究竟是什么样的结构、体系和模式.尽管他们的期望最终没有达到,但他们的成果对认识数学是十分有益的.

吴文俊院士认为,世界数学发展的源流有两个,一个是西方的公理化;另一个是东方的算法.而中巧说就是将某类型题的解法总结成算法,并形成模式,因此中巧说是符合学习、研究数学规律的.

2. 中巧说符合认知规律

心理学家对迁移有多种观点,有一种观点叫"相同要素论",即新问题与

[①] 任勇.数学学习指导与教学艺术[M].北京:人民教育出版社,2004.
[②] 徐利治,郑毓信.数学模式论[M].南宁:广西教育出版社,1993.

原有知识之间有"相同要素",可以迁移;还有一种观点是美国心理学家贾德的概括化理论,概括出一般原理容易迁移.这两种理论都有道理.

数学是理性的科学.对数学,概括化理论可能更有效,更值得推荐,特别是在当前.我们要从杂乱无章的习题中,概括出一般原理,对克服题海战术肯定是有效的.

3. 中巧说符合基础教育的目标

我国已经普及九年义务教育,在发达的地区,基本上普及了高中教育.对大多数的学校来说,主要是培养有文化的普通劳动者.

人的智力分布呈正态分布,即聪明的和愚笨的占少数,中间状态的占绝大多数.不能期望人人都掌握大巧,正如张院士说的那样:"大巧"还是要靠个人领悟,难以言传.

张景中院士在论述中巧说时,很谨慎地用了"对大多数学子"这一词语:"对大多数学子来说,还要重视有章可循的招式."这正体现了基础教育数学教学的目标.

4. 中巧说是克服题海战术的良药

不可否认,现在中学界,大多数学校奉行的仍是题海战术.题海战术就是企图让学生做遍所有类型的题目来应付考试,其产生的负面影响可想而知.而如果采用中巧,把数学问题分门别类,一类一类地寻求可以机械执行的方法,并把这种方法教给学生,效果肯定是好的.戴再平教授认为:模式识别是解数学题时广泛采用的策略.[①]不少学者还认为是首选.

二、反应块思想

华南师范大学傅学顺教授提出的一系列观点中,"反应块思想"很有特色.

1962年,傅学顺毕业于北京师范大学.恰逢波利亚的著作传到中国,并引起了华罗庚等学者的重视,学者们觉得要跟踪波利亚,要像波利亚一样研究数学学习的规律和解题的方法.于是,由中科院数学研究所副所长,学部委员(也就是后来称的院士)关肇直出面招收一名数学教育方向的研究生,这名研究生就是傅学顺.傅学顺既受到华罗庚、关肇直等学者的培养,也得到钱学森的指点;既研究波利亚这样的国外学说,也研究总结像我国北师大原副校长傅种孙先生这样的老一辈数学教育家的经验,因此他提出的观点可能和部分一流学者的学习经验有关.

---

① 戴再平.数学习题理论[M].上海:上海教育出版社,1996.

傅学顺认为:"优秀生脑海里不仅储存有定理及其证明,而且储存有另外的许多基本问题及其解法.一拿到数学问题,通过联想(或其他思维方法诱发),可以迅速认出问题中包含的一个个基本问题(称为反应块),从而把难题分解,迅速降低难度."[①]

反应块思想实际上也是许多优秀教师经验的总结.20世纪八九十年代,上海的徐方瞿老师提出了"基本图形分析法";上海南洋模范中学的江志英老师在教平面几何时,十分重视从已知条件里能够伸展出什么结论来;还有许多教师,强调学生要记住 $11^2, 12^2, 13^2, \cdots, 19^2$ 的值,等等,应该说都是强调积累,记住定理公式的一些推论,记住基本图形的性质,记住一些典型例题,记住一些数据,便于在解题时迅速调用.

由于脑子里有不少反应块,学生在调用时,会产生"一看到……就想到……"的反应.傅先生认为,脑子里的反应块多了,反应就"快"了.

反应块思想对于数学解题是有效的.

1. 反应块思想符合认知规律

反应块思想符合心理学原理中的"相同要素论"理论.

对于语文,一般是通过学习一篇篇的范文,从中体会写作的道理,从而学习写作,这大概就是"相同要素论"在起作用.

"相同要素论",不但有助于语文学习,而且在数学学习中,也有一定的作用.我们常常在解题时遇到这样的情况:这道题和以前做过的某道题有类似的地方,这就是在寻找"相同要素",于是就把解原来那道题的方法、经验迁移过来."相同要素论"是从具体到具体的迁移.著名数学家陈省身先生说过:"一个好的数学家与一个蹩脚的数学家差别在于前者有很多具体的例子,后者只有抽象的理论.""例子"可以使概念、法则具体化,也可以促进迁移.

但是这些例子应该是范例,少而精,才能记得住,才容易迁移.可惜,现在不少数学教师是布置大量的练习,并对学生说"我都给你们做过了,再考不出,不是我的事情了",这种做法是把"相同要素论"异化了.试想,头脑里充满了杂乱无章的例子,你叫学生怎么搜索到所需要的例子?搜索不到所需要的例子,怎么迁移?

2. 反应块思想强调积累

反应块思想强调要把公式的一些推论、典型例题、基本图形性质记在脑子里,有用的东西积累多了,遇到新问题,就可以进行联想,这样就有利于解题.这些公式的一些推论、典型例题、基本图形性质,从心理学上说,是一种

---

① 傅学顺,王屏山.数学思维方法[M].广州:广东高等教育出版社,1995.

"图式",专家和新手的差别之一,就是头脑里储存的图式的多寡和质量.据说国际象棋冠军头脑里储存了几万个棋局,所以他能够面对复杂局面迅速作出反应.

学数学要不要记忆?历来有不同的看法.

华罗庚先生的学习经验是:聪明在于勤奋,天才在于积累.张奠宙教授在《中国数学双基教学》一书中提出中国数学"双基"四大特征:"记忆通向理解形成直觉,运算速度保证高效思维,演绎推理坚持逻辑精确,依靠变式提升演练水准",明确指出记忆在数学学习中的重要性.

西方强调理解,甚至认为不理解的记忆,3个月一定忘记.而我国古代传统认为记忆和理解相辅相成.在理解基础上记忆,效果的确好.然而,对于一时不怎么理解,可以先记住,并在运用中慢慢加深理解,也是一种有效的学习方法.人生识字糊涂始,就是这个意思.如,九九表,有多少孩子能够理解它的意思?先记住了再说,以后慢慢地理解它.当然,在中学阶段,主要是理解基础上的记忆.反应块思想认为,不但要记住一些公式,还要记住它的一些推论,需要记住基本图形的性质,记住典型例题,记住小经验,以便在需要时可以迅速调用,这对解题肯定是有益的,并且使用的过程又可以加深对公式、推论的理解.当然,学数学不能光靠记忆.据说有个有关爱因斯坦的故事:有人问爱因斯坦一个数据,他回答说,"我不知道,可以查手册."他的头脑里只记有用的东西,能够让计算机做的,能够在手册上查到的,就没有必要记住.但是我们认为这个故事,与反应块思想强调的积累并不矛盾.

3.反应块思想反映优秀生思维的一个侧面

数学优秀生的思维有好多特征,联想能力强是其中的一个重要特征.而联想是要有基础的.傅学顺教授说:"优秀生从不就事论事,决不放过解题过程中的任何'副产品':或把此题升华为定理形式……或寻找顺便解决了的命题、公式和数据;或寻找尔后有用的思维方法;或'减弱'假设,或'加强'结论,看能否得到更'精'的命题;或探讨逆命题的真假……优秀生解一道题往往可以引出几道新题,解决了就一并存入脑海,使知识体系不断膨胀,使思路向各方延伸,使自己善于识别改头换面的问题."[①]就是说,优秀生的起点高,联想时思路宽.与之相对的是,"后进生往往是'从0开始'".

三、变式训练

顾泠沅教授主持的青浦实验,最早提出了数学变式教学的概念.变式教

---

① 傅学顺,王屏山.数学思维方法[M].广州:广东高等教育出版社,1995.

学,就是变更概念中的非本质属性:变换条件和结论,转换问题的形式或内容,配置实际应用的环境或使问题背景复杂化,而概念或问题的本质不变.在数学习题教学中,又常常称为变式练习.

张奠宙教授说,变式练习是中国数学教育的一个创造.通过变式练习,教师为学生的思维发展提供了一个个阶梯,重复但不呆板,有利于学生构建完整、合理的新知识.每一个变式,具有创新的意味,但是又能夯实基础,实现"在坚实的基础上有所发展"的教学理念.

1. 变式训练符合心理学原理

我们主张科学训练,那种过度的反复操练使人厌烦.张奠宙教授说,依靠变式可以提升演练水准,原因之一是因为变化的东西能让人有新鲜感,这是符合心理学原理的.

人们对数学问题的认识是一个由浅入深、由易到难的循序渐进的过程,习题的变式一般以阶梯形呈现,即习题的设计由浅入深、由易到难、由简到繁、由模仿到开放,层层推进,逐步展开.变式训练的这种循序渐进的做法,当然也是符合认知规律的.

2. 变式训练有利于形成优良的认知结构

因为变式是保留问题的本质部分,变化非本质部分,更改问题的情境或改变思维的角度,让学生可以体会到,不管怎样变化,原来万变不离其宗.所以变式训练有利于对问题本质的理解.

通过变式可以生成一组题,实现有机串联,既能覆盖某个知识技能的诸多方面,又有助于理解本质和关键.解决了这样一组题,学生往往会有感而发,"这类问题我都不怕了",从而形成优良的认知结构,如解题模块、命题联想系统等.

3. 变式训练可以提高课堂教学的效率

为了提高课堂的容量以及效率,我们可以编制一两道习题,通过对习题的变式,或加一条线,或改变一个数据,深层次挖掘,由"一题多变",达到"一题多用"的效果.由于题目形式上变动不大,抄题画图的时间就可以节省下来,学生顺次思考,马上可以读懂题目,也节省了再次重新审题的时间,因此提高了课堂教学的效率.

四、数学素质论

爱因斯坦认为,当学校里所学的具体内容都忘记的时候,还留在脑子里的就是素质.我们一生中,数学课程一般长达9至12年,甚至更长,但是据统计70%的人只用到小学的算术,29%的人用到中学数学,只有1%的人才会用到高等数学.大多数人成年之后,基本上把数学知识都忘得差不多了.可见,留在头脑里的东西,有多有少,因人而异.少的可能只知道三段论,多的可能记住了化归、反推、特殊化等.不论多少,这些留在脑子里的东西确实是涉及数学素质的东西,而这些东西大多是数学思想方法.不少教师在习题教学中主张突出数学思想方法,提高数学素质.

经徐利治教授的倡导,近几十年来,我国数学教师在这方面做了大量的工作.特别值得提出的是由无锡市徐沥泉老师、天津市杨世明(杨之)老师等主持的"MM(mathematical methodology)教育方式"的全国性的大型实验.这个实验是全方位的,就数学习题教学来说,既教论证又教猜想是其第一个特点,第二个特点就是渗透数学思想方法.第二个特点反映了数学素质论.现在,化归思想、特殊化、分类讨论、交轨法等,已经成为广大教师频繁使用的词语.因此,提倡在数学教学中,特别在数学习题教学中,渗透数学思想方法的数学素质论已为广大教师所接受.

张奠宙教授在《中国特色的数学教育理论刍议》一文中指出,"数学教学中关注数学思想方法的提炼,是中国数学教育的重要特征","到现在为止,西方的数学教育界,还没有像我们这样地关注数学思想方法."所以说,数学素质论是中国特色的数学教育理论.

1. 数学素质论反映了数学学科特征

每个学科都有各自需要培养的素质,如有的学科要培养动手实验能力,有的学科要培养情感体验,而数学学科要培养的主要素质是数学思维方法.目前中学广泛使用的种种数学思想方法,就是数学思维方法中的一部分,有利于数学学习,也有利于学生今后的发展.难怪"MM"的实验者骄傲地声称,别的教学方法的实验,到初三、高三就不敢再实验了,而"MM"有鲜明的学科特色,不怕中考、高考,在毕业班照样实验.因为他们的实验不是花花动作,而是揭示数学本质,是实打实的.

2. 数学素质论有利于辩证思想的形成

不要以为数学培养的就是三段论这样的逻辑思维,其实数学思想方法里充满了辩证法,如"退,退到足够的地方"、反证法、主元法、割补法、变换、化归等.在数学教学中渗透数学思想方法,肯定有利于学生辩证思维的形成.

五、孙维刚风格

孙维刚老师是北京22中数学教师,他在改革开放后,进行了三轮从初一到高三的试验,既教数学,又当试验班的班主任.他的1997届高三毕业班,有 40 名毕业生,100% 达到一本线,22 名考上北大、清华,1 名得了国际奥数金牌,8 名获全国数学联赛一等奖.要知道,北京 22 中不是重点中学,这样的业绩,至今无人能及.他有极强的个人魅力,他的教学风格独特,绝无仅有.

孙维刚老师的教学经验是全方位的,就数学教学而言,他本人总结了 5 条:
- ◆ 总是要站在系统的高度教、学知识;
- ◆ 更着重对数学中的哲理的发现、汲取;
- ◆ 让学生做课堂真正的主人;
- ◆ 题不在多但求精彩,学会一题多解、多解归一、多题归一;
- ◆ 从初一开始,就提倡和指导学生开展问题研究,练习写论文.

本书只研究数学习题教学,但研究孙老师的数学习题教学时,很难和他整体的数学教学思维割裂开.我们学习了孙维刚老师的著作之后,觉得孙老师的数学习题教学的要点可归结如下:

1. 题不在多但求精彩,主张发散思维和收敛思维相结合

孙老师是不布置作业的.当然,因为他把学生的学习积极性调动起来了,学生在课外肯定也不会闲着.更为特别的是,他主张一题多解、多解归一、多题归一,是非常精彩的、经典的论述.一题多解讲的是思维活跃,讲的是发散;而多解归一、多题归一(他总结了 4 个大规律,15 个中规律,40 个小规律),则是总结、提炼,是收敛思维.两者结合,就可达到举一反三的目的.应该说,孙老师在解题教学时,是教规律,教策略,教算法,教应变.

2. 站得高,揭示数学内涵,具有数学的个性

孙老师不就事论事,他的课不图表面的热闹,而是数学味很浓,又常常把解法提升到数学思想方法的高度,提升到哲学的高度,强调"站在系统高度看问题",提出了广义对称思想、运动观点、美学观点等.

3. 既教论证,又教猜想,符合启发式教学的原则

孙老师讲究"怎么想出来的",有时会毫不吝惜地用好几堂课的时间来分析一道题.在遇到困难时,孙老师总教学生"换个角度看问题".

4. 鼓励学生创新,提出问题,质疑,具有发现法教学的特征

孙老师提出从初一开始就要写论文,鼓励提出问题,并提出要"打倒孙老师".因此他的学生思路开阔,敢想敢发表自己的见解.

我们认为,孙维刚老师的数学教学特点,首先是对数学内涵揭示深刻;同时,又调动了学生学习积极性,使学生的思维非常活跃.简言之,既教得实,又教得活.

之所以说孙维刚老师的风格是一个流派,是因为他集我国优秀数学教师的经验于一身.如在揭示数学内涵方面,我国大多数数学教师,在数学解题中都注意突出数学思想方法.又如在调动学生学习积极性,激发思维方面,南京师范大学附属中学的马明老师就特别重视启发、激活学生的思维.马明老师一生中上课无数,但没有录过像,为什么?就是因为马老师为了启发、激活思维,对有价值的问题不惜时间进行探讨,因此常常会完不成事先设计的教学内容.再如,"MM"实验也是强调既教论证,又教猜想.又如,上海市西南位育中学的陆云庭老师有时在课上只讲一两个例题,当学生说出了一个正确的解法时,陆老师还要问:"你是怎么想出来的?"就这样,层层揭示学生的思维过程.

孙老师知识面极其广泛.他上课不是一板一眼的,而是"信马由缰,八方联系",因此很多教师学习和模仿孙老师的大规律、中规律、小规律,常常觉得无从着手.尤其是在当前这种教学强调规范,强调中规中矩,甚至要检查教师教案的大环境背景下,孙老师的做法能不能推广还是个问题.

孙维刚老师有一套独特的做法.如不提倡预习,反对先复习再做题,不留家庭作业,考试不严格监场……这是在连续6年并自己带班的特定的环境下形成的,在当前能不能推广,更是个难题.

不管怎样,他的教学风格,成为我国数学教学的一个标杆,是我们学习的榜样,是毋庸置疑的.

这五个流派,出发点不同,角度不同,有的从强调归纳、总结的角度(中巧说),有的从组织安排例题习题的角度(变式教学),有的从联想的角度(反应块思想),有的强调数学本身的特征(数学素质论)……都形成了各自的特色,都是有效的.数学教师的教学是综合艺术,往往会将几种做法融合在一起.如孙维刚风格就是融合的典范,既讲清数学,又激发思维;既教实,又教活.

我们认为,"中巧说"适合大多数学子,"反应块思想"对全体学生也都有效,但对中等以上的学生可能更有施展的余地,"变式教学""数学素质论"早已为广大教师所接受,并已经广泛使用,"孙维刚风格"是大家学习的榜样,但由于他宽阔的知识面和独特的个人魅力,以及他留下的经验的操作性不够,广大教师学习起来有一定的困难.根据当前我国教育的现状,学习和研究适合于大多数学子的、可操作的"中巧说",可能显得更为重要.因此,本书的主要指导思想是"中巧说",也吸收了其他流派的一些思想.

第二节　改变题海战术
——当前数学习题教学的严峻课题

一、题海战术批判

不可否认的是,大多数学校奉行的是题海战术.题海战术的主要表现是:

新课不好好教,概念原理还没有消化,就直接开始解题了;

基本的题目不扎扎实实地让学生做,急于把升学考试题目下放到初一年级、高一年级;

例题习题多、作业多,对习题解法不归纳、不总结;

测验考试多,周周练、月月考层出不穷;

与此相应的,用分数压学生、吓学生;

加班加点,全班性的补课多;

批评多,甚至惩罚学生……

学生不是神仙,只能应付着做;教师也不是神仙,只能应付着批改.学生"消化"不良,成绩不如别的班,于是进一步挑灯夜战,做更多的题目,继续"填鸭",形成恶性循环.这就是当前数学教育的怪圈.

不能不说,从近期效果来看,特别是应试,题海战术不是完全没有作用,但是它的负面作用实在是太恶劣了.因此,要对题海战术进行"清算",对数学的基本训练进行科学的认识.

一定量的练习是必要的.我国的传统是倡导"熟能生巧",所以,数学课强调"双基",强调解题训练,这是对传统的继承.熟,当然要靠练习,练了之后才会熟.

但练习并不是多多益善.

◆ 过多的练习是一种浪费.

一位小学语文教师曾经试验得出:生字抄8遍和抄4遍的效果是一

样的.

◆ 过多的练习有时还有害.

挤占时间太多,压力太大,时时感到头上悬着一把"生死之剑",在这样极度焦虑的情况下学生是难以学好的.老是失败,不停地受挫,最终造成厌学、自卑,不但影响学习,对学生的心理也造成了严重的伤害.

◆ 过多的练习并不一定能够促进理解,还可能扼杀创造性.

"熟"是"生巧"的必要条件,但光是"熟",未必能"生巧".特别是不当的反复操练,并不能促进理解,有时反而让学生形成并巩固错误的想法,某种程度上可能会"熟能生笨".

如,某校对入学的高一新生进行测试,其中有一道题:

写出方程 $2x-y+1=0$ 的两个解.

结果413人中只有29人答对了,得分率仅为7%,原因是多数学生对"解"不理解.这些新生曾经经过解二元一次方程组的反复训练,他们肯定会解方程组,但不知道何谓二元一次方程的"解".

再如,有道题:

用图像法解方程:$x+\lg x=3$.

由于教师讲过此类题的操作程序,学生不难解决.但是如果深入问:

为什么这题要用图像法?

为什么这题可以用图像法?

为什么这题只有一个解?

为什么选取 $y=\lg x, y=-x+3$ 的图像,而不是选取 $y=\lg x-3$, $y=-x, \cdots$ 的图像?

结果很少有学生能够完整地回答.

又如,有教师教数字绝对值时,说:"遇到负数的绝对值,只要把数字前面的负号擦掉就行了."这时候操练越多,到后来学字母绝对值时的负迁移就越厉害.

有研究说,学生总是按"自己的规则"做题,即使教师在教字母绝对值时讲得很清楚,学生可能还是按"自己的规则"(有些学生认为:把前面的负号擦掉就好了)做题.因此,如果不注意让学生真正理解,操练越多,负迁移可能越厉害.

例如,某大学对数学系大三50名学生进行测试,其中一道题是:

无穷递缩等比数列求和得到的 S 是精确值还是近似值?[①]

[①] 这里列出的几个例子,有些取自张奠宙的著作.

我们知道,无穷数列的"和",已经不是算术意义上的"和",不是加法运算的结果,它的本质是极限($\lim\limits_{n\to\infty}S_n$).无穷递缩等比数列的部分和 S_n 的极限是 $\dfrac{a}{1-q}$,因此 $\dfrac{a}{1-q}$ 就是无穷递缩等比数列的"和",当然这是精确值.但是测试结果是,只有 8 人经考虑后回答是精确值.可见大部分人尽管会求无穷递缩等比数列的和,但对其意义并没有真正理解,甚至错误地认为这个和是近似值.

再如,在求

$$\lim_{n\to\infty}\left(\frac{1}{n^2}+\frac{4}{n^2}+\frac{7}{n^2}+\cdots+\frac{3n-2}{n^2}\right)$$

时,一定要将括号里的和先求出来,而不能直接利用和的极限运算法则将它展开.学生做了很多类似的题目,很熟练,但他们的理解可能是错误的.对于为什么不能直接运用极限运算法则展开成

$$\lim_{n\to\infty}\frac{1}{n^2}+\lim_{n\to\infty}\frac{4}{n^2}+\lim_{n\to\infty}\frac{7}{n^2}+\cdots+\lim_{n\to\infty}\frac{3n-2}{n^2}?$$

有学生回答说:"无限项使误差积累太多了."他的理解是错误的.其实不能这样"展开"的原因是,"展开"所依据的和的极限运算法则,只对有限项成立,而这里遇到的数列的项数在"不断增加".

当 $n=1$ 时,原式括号里只有 1 项:$\dfrac{1}{1^2}$;

当 $n=2$ 时,原式括号里是:$\dfrac{1}{2^2}+\dfrac{4}{2^2}$;

当 $n=3$ 时,原式括号里是:$\dfrac{1}{3^2}+\dfrac{4}{3^2}+\dfrac{7}{3^2}$,

因此不能直接利用和的极限运算法则求解.[①]

再如,许多学生即使能够用数学归纳法熟练地证明题目,但仍不理解数学归纳法的本质.

这说明,反复机械训练,并不一定能促进理解,有时反而让学生形成错误的概念,而且经过反复训练,这种错误概念越发巩固.类似的情况太多了.

因此,解题训练应该有个度.

二、形成题海战术的思想误区

题海战术盛行,原因十分复杂,教育之外的社会原因是根本原因.我们

---

① 陈永明.陈永明评议数学课[M].上海:上海科技教育出版社,2008.

寄希望于高考制度的改革,寄希望于大环境的改善,但这已经超出了本书讨论的范围.

从教师角度来说,让学生做很多很多的题目,让学生陷入"题海",自己也会忙得不可开交.这样做,很多数学教师是出于工作责任感,但是思想上存在误区,这些误区是造成题海战术的原因之一.

◆ 错误理解习题和学好数学的关系.

有的教师确实认为"考好数学的唯一诀窍就是做题",其实这是片面的.

◆ "只能跟着做".

大多数教师是出于无奈,"我松一点,时间都给别的学科教师抢去了","我知道做那么多题没有价值,但不这样做,不放心啊".

◆ 形式主义的责任感.

"我让学生把题目都做遍了,再考不好,就别怪我了",粗看起来,责任感很强,但细细想一想,这样做,仅仅是形式上的"尽责",是给人家看的,这种"尽责",本质上还是责任感不强.

◆ "不狠狠地管学生是不行的".

这是"管、卡、压"的思想根源,与课改精神是背道而驰的.

三、形成题海战术的业务因素

除了指导思想的误区之外,教师的数学功底、教学能力和方法方面存在一些问题,也是值得注意的原因.

◆ "欲速则不达".

现在初高中的普遍情况是,三年的教学内容,压缩到两年多一点讲完.讲解概念、法则时一带而过,学生似懂非懂,没有理解或者深刻理解,在学习新知识的第一时间就埋下了隐患.紧接着,就是做题目,而且是大量的题目、很难的题目.形成了"欲速则不达"的状况.

有一所当地比较出色的学校,在初一的一次测验中,出现了含有三个绝对值的试题,而且绝对值符号里都含有 x. 对于这道题,学生做的效果当然不会好.我们说,初一学生处于形象思维阶段,学习数字绝对值是适当的,然而,即使这所学校学业成绩突出,可以适当加深,但这样含三个绝对值且都含字母的难题肯定不适当,即使表面上会做,多数学生是不可能真正理解的.

◆ 题目缺乏典型性和适切性.

习题的典型性,是指这个习题在所教授的章节中,有一定的代表性,掌握了它,对掌握别的一些题目有触类旁通的作用;适切性是指这道题目对你所教的学生,在现阶段是合适的,通过"跳一跳"是学生可接受的.选择习题,应该遵循典型性和适切性原则.

与典型性和适切性相对的是选题的随意性,这是很突出的一个问题,不少教师缺少精选例题、习题的能力.不是题目选得过难,就是反复操练学生已经掌握的知识技能.

我们遇到过一位教师,上课时突然出了一道和本节课的主题相关性不大的题目让学生做.课后一交流,原来是她看到课堂上的例题、习题学生都会做且有点骄傲,于是出道题目为难一下他们.

有些教师,往往从现成的习题集里撕一张,就让学生做.这本习题集可能是粗制滥造的,即使这本习题集编得还不错,但这张卷子的要求也不一定适合他所教班级的学生.这也是选题随意性的表现.

我们常说,为了让学生跳出题海,老师首先要跳进题海.跳进题海干什么?就是要对题目进行筛选,挑出典型的题目来让学生做,这叫精选习题.

不少教师陷入了"多布置作业—多改作业—没有时间备课和精选习题—为了考试不输掉,布置更多的作业"这样的恶性循环之中.长此以往,教师就会缺少一种选择典型题目和适切题目的能力.

◆ 安排习题没有层次感.

教师除了选择典型和适切的习题,还要按认知规律组织学生进行训练.现在的练习册上的卷子都是"大卷子",也就是模仿高考、中考试卷的格式,先是几道填空题,再来几道选择题,然后是解答题……然而,试卷的题目安排,是不能直接移到平时练习中的.因为中考、高考是终结性考试,而平时的习题,要促进学生知识技能的形成.所以,安排习题应该遵循层次性原则.

首先要分知识点,要先练一个知识点,再练另一个知识点.每个知识点往往又有几种不同类型的题目,一般来说,应该先练一个类型,再练另一个类型;对每个类型的题目来说,要由浅入深,先模仿,再变式.基本的解法熟练了,再安排包含各个类型、各个知识点的综合题,继而才是应用题、开放题.最后,才可以打乱知识点,打乱类型,用试卷的形式进行训练.

◆ 重"一题多解",轻反思和总结归纳.

有些教师让学生做很多很多的题目,一题接着一题;有的教师解题时解法一个接一个,让学生喘不过气来,没有停顿,缺少反思.这样做只能让学生的头脑塞满了杂乱无章的题目和解法.其实,高效率的做法是,先做一些题目,引导学生反思,并进行归纳总结,再做题目时,就可以得益于总结过的规律,同时又教育学生不拘泥于总结过的规律,要善于创新.这就是"先要'举三反一',才能举一反三","一题多解,多解归一,多题归一".

  根据优秀教师的经验,我们认为,数学习题教学应该加强反思、总结,而且这是当前中学数学教师最需要加强的一环,为此我们提出了"归一"原则.

  对于题海战术,我们的看法是:总的来说,这是大环境的产物.但是,我们广大教师不是完全无能为力,还是可以有所作为.我们的观点是"有作为论".端正思想,改变观念,提高数学素养,科学地进行教学,特别是处理好习题教学,减负增效是可能的.

第三节　科学进行解题基本训练的两点看法

这几年,关于教育思想的讨论很活跃,在教育理论界,这个主义、那个主义争论得不可开交.尽管国外对我国的数学教学指手画脚,以及部分学者妄自菲薄,以为"外国的月亮比中国的圆",但是务实的中学数学教师依然是"我行我素".事实上,落实"双基",解题的基本训练一直在进行,可理论界和一线工作者,好像是"两股道上跑的车",互不相干.理论界有点空谈,一线工作者则是做过头了.因此对有些问题,我们应该做一个理性的思考,有利于进行科学的基本训练.

一、正确理解创新和"双基"

杨振宁先生说过:美国的中国留学生无论是在一流大学还是普通大学,其学业成绩均是极优秀的.但是中国留学生胆子小,在学习过程中不敢轻易越过老师所教的范畴;而美国学生虽然学业成绩不如中国学生,但他们有极强的创新意识和冒险精神,所以往往能创造出一些惊人的成就.

蔡金法教授调研后得出结论:我国学生数学基本功扎实,但是思维的灵活性、创造性不如西方学生.如,

在解下列问题时:

7个女孩平均分2个匹萨饼,3个男孩平均分1个匹萨饼,问:每个男孩得到的多,还是每个女孩得到的多?

90%以上的中国学生按"常规"做: $\frac{1}{3}$, $\frac{2}{7}$ 通分比较,得 $\frac{1}{3} > \frac{2}{7}$.

而80%以上的美国学生是用非"常规"方法做的,且至少有4种方法.如:假如3个女孩分1个匹萨(和男孩一样多),剩下的4个女孩只能分1个匹萨了,这4个人分得的比男孩 $\left(\frac{1}{3}\right)$ 少,所以男孩分得的比女孩多.

中国学生有效,但缺乏创新;美国学生有创意,但他们的策略几乎不适用于其他的问题.[①]

我国的传统是主张熟能生巧,主张在基本训练基础(熟)上,提高思维水平(巧),西方是不讲究基础,似乎比较随意,异想天开.两者都有好的地方,我们的做法可以覆盖大多数学生,西方的做法必然两极分化,却有利于尖子的培养.怎么在肯定我国的基本训练的做法基础上,融进西方的发散思维、创造性,这是一个大课题.

杨振宁先生的话一语中的,确实戳中了我国教育的一个软肋——基础扎实而创新能力不足.这是应该努力改进的,也是新课改的初衷.

但是从另一个角度说,"双基"也很重要.究竟怎么处理创新和"双基"的关系呢?我们的看法有如下几点.

第一,基础教育阶段应该以打基础为主.

张奠宙教授由"航天员不断翻阅指令手册"发表感想,他认为,"数学中有大量的约定性知识","数学教学要求学生按照规定操作,一步步地解题,好像遵循一些指令,是一种基本能力.现在,强调数学教学不能死记硬背,需要知道一些数学知识的发生发展过程是必要的,但不能过头.事实上,学会遵守约定是人生的大部分.创新精神人人都要,但是创新只能是个人生涯中的小部分."[②]创新当然也应该是未成年人学习生涯中的小部分,特别是,基础教育不同于大学本科生和研究生教育.面对大多数青少年,义务教育阶段更是面对全体适龄少年,从社会分工来说,他们中的大多数将来是普通劳动者,对他们来说,即使终其一生,创新只能是个人生涯中的极小的一部分.所以在基础教育阶段,不能把创新强调到不适当的高度.

关于基础和创新,张奠宙教授说得最彻底:"重大的教育改革,往往以是'打好基础优先',还是'提倡创新优先'为线索展开","在提倡学生中心、活动中心的时候,可以说得天花乱坠,有声有色,但是教育实践会证明打好基础永远是最重要的.忽视基础必定要受到惩罚,中外古今,概莫能外."[③]创新确实是我国教育的软肋,但是不要好高骛远,不要本末倒置,不要忘记基础教育要面对大多数学生,不要忘记中国的国情和传统,不要搞形式主义、花花动作,要在落实"双基"的同时,培养学生的创新意识和能力.有条件的,也可以利用合适的素材上真正意义上的探索课,甚至进行课题研究.

---

① 范良火,等.华人如何学习数学[M].南京:江苏教育出版社,2005.
② 张奠宙,赵小平.遵守约定与自主创新[J].数学教学,2009(3).
③ 张奠宙.建设中国特色数学教育理论[J].数学通报 2010(1).

第二,"双基"是创新的基石.

关于创新,大致有两种观点.

一是"顿悟说".牛顿看到了苹果掉到地上,于是灵机一动,发现了万有引力.二是"积累说".积累到一定的时候,产生新的感悟,于是有了创新成果,我国的古训"熟能生巧"就是这个意思.华罗庚先生是主张积累说的,他说,"聪明在于勤奋,天才在于积累."陈省身先生也说:"做数学,要做得很熟练,要多做,要反复地做,要做很长时间,你就明白其中的奥秘,你就可以创新了.灵感完全是苦功的结果,要不灵感不会来."①

我们认为,顿悟说有其一定的道理.顿悟是质变,熟未必能生巧,有了这个质变,熟才成了巧,才有了创新.但是熟是巧的必要条件,不可能设想一个文盲发明航天飞机,因为他没有知识的积累.因此,积累是顿悟的基石,"双基"是创新的基石.

对教育来说,顿悟说容易引起误导.根据顿悟说,"教师所要做的是使学生产生'头脑风暴',而学生最终是否能够理解创新,则取决于学生本人的'悟性'."②这种做法必定会使资优生变得浮躁,后进生更加自卑.因此,基础教育要强调"双基",强调积累,与此同时,合理地进行创新意识和创新能力的培养.

第三,提倡探索、发散、开放题、创新,但要有度.

由于有舆论过分强调了探索、创新,在数学教学,包括习题教学中出现了一些提法.这些提法已经有一阵子了,不是新鲜的东西,现在也应该反思一下.

如有学者片面理解"问题是数学的心脏"的涵义,在数学教学中提出"问题解决"的口号,试图以问题带动知识学习,一定程度上也影响我国的数学教学.热闹了一阵子,结果把知识体系搞得支离破碎,学生学得似是而非,知其然而不知其所以然,学习质量严重下降.

也有学者强调发现创新,期望重走科学家发现之路.这在20世纪70年代的西方风靡一时,现在已经偃旗息鼓了.而在我国,受此影响,有些学者和教师过分强调探索发现,过分强调学生主动参与,尝试、实验、猜想、活动、建构,使用发现法进行教学,教学效率降低了.马鞍山第十三中学冯建国老师做过实验后,认为发现法确实有它的好处,如同布鲁纳说的,一是愉快,二是提高了迁移能力,但是加大了两极分化,且费时较多.有日本学者指出,发现

---

① 张奠宙.建设中国特色数学教育理论[J].数学通报,2010(1).
② 鲍建生,周超.数学学习的心理基础与过程[M].上海:上海教育出版社,2009.

法要多花 130%～150% 的时间①.

其实,数学许多原理,不可能都由学生探索出来.张奠宙教授认为:"无理数是超经验的;也没有一个公认的实例能够解释负负得正;幂的运算、因式分解、配方、分式、无理式的运算规则都是程序性的规则,和日常生活经验很远.片面强调已有的生活经验不妥,要和杜威的实用主义保持距离."②

更何况,好多所谓的探索课,常常仅仅学了形式,课堂上热闹一阵,未见得有很大的收获.例如,有教师上圆周长的公开课,事先让每个学生准备了圆罐、硬币、细线等,在课堂上让学生通过绕线和圆罐滚动,近似地得到圆周长(教师称之为"绕线法"和"滚动法"),学生很有兴趣.但是对圆周长公式引进的必要性和公式本身,没有进行应有的强调,以致学生在用圆周长公式计算时,反映出有很大的问题.其实,量是为了不量,按李大潜教授的说法:老是量,就倒退到尼罗河时代去了③.就绕线和滚动两个实验而言,可以动手做一做,但做了之后,要否定它,转向寻找圆周长公式,(有的实验之后不是否定,而是要从中提炼出原理来)忘记了这一点,这个探索就是白忙乎了④.

我们支持探索、创新,也支持学生参与、活动,只是不要过分,特别是不要流于形式,不要为了应付公开课,如同演戏一样.

第四,结合"双基"教学培养创新意识和能力.

数学家大致有这么两类:一类是开创性的数学家,像发现解析几何的笛卡儿,发现微积分的牛顿和莱布尼茨,发现非欧几何的罗巴切夫斯基……另一类是在某个方向上继续耕耘,扩大战果,把这个方向发展总结成基础厚实的一门学科分支,像欧几里得总结了欧几里得几何;柯西为漏洞百出的早期微积分奠定了基础等.开创性的数学家肯定是伟大的,但发展型的数学家也是重要的.这两类数学家都富有创造力.应该说,开创性的数学家毕竟是少之又少,多数数学家还是添砖加瓦的(当然也有开创小的领域的).

就全局来看,创新大致有两种:"作为创造性(科学)的能力和作为学校学习的能力.前者是指在数学学科活动中的能力,这种能力产生对人类有意义的新成果与新成就,这是社会上有价值的成品;后者则是指在学习(学会、掌握)数学(在这种情况下是学校的数学课程)上的能力,迅速而成功地掌握

---

① 唐瑞芬,朱成杰.数学教学理论选讲[M].上海:华东师范大学出版社,2001:116.
② 张奠宙.对《全日制义务教育数学课程标准》理念部分的意见[J].数学通报,2005(12).
③ 张奠宙.教育数学是具有教育形态的数学[J].中学数学教与学(高中读本),2005(11).
④ 陈永明.陈永明评议数学课(修订版)[M].上海:上海科技教育出版社,2012:99.

适当知识和技能的能力."[①]

"按照克鲁切茨基的观点,这两种数学能力之间只是程度或水平上的差异,而没有本质的区别.数学家阿达玛在其著作《数学领域的发明心理学》中,也持同样的观点."[②]因此,创造教育,可以结合"双基"教育进行.

对于数学习题教学来说,就有不少可以培养创新意识和能力的素材.首先可以在解题过程中培养创新能力,如利用直觉、合情推理、联想寻找解题思路,并进行一题多解等.这是解题教学的"前半程".还可以通过解题之后的反思,收获一些新的成果,如会质疑题目本身和质疑解法;会缩减解题过程;会提出问题,会编题,推广和改编习题;会多解归一,多题归一,归纳解法,创建模式,会提炼命题联想系统和"反应块"等.这是习题教学的"后半程",可惜往往被教师忽视了.

我国的不少优秀数学教师,在落实"双基",同时激发思维方面创造了很多经验.老一辈的数学教育家、南京师范大学附中的马明老师就特别重视启发、激活学生的思维.因此,他的学生比较善于提出问题.例如,在教了二面角时,有学生提出"为什么不定义三面角的大小?"马老师马上肯定地说"这个问题很有意义,你怎么想起的?"

孙维刚老师主张总结归纳,但也主张一题多解,甚至提出"向老师挑战","打倒孙老师",就是要培养学生的创造力,激发"大巧".在他的著作《孙维刚高中数学》一书中提到了这样一个例子:

已知 $a<b<c$,x 是实数,求 $|x-a|+|x-b|+|x-c|$ 的最小值.

大多数学生都是同老师一样把待求式子的绝对值符号打开,把整个式子转化为分段函数做的.有个叫李毅的学生举手说:"老师,我的解法比你更简单."(口气不小,向老师挑战啦!)原来他是从 $|x-a|$ 的几何意义是数轴上数 x 和 a 的距离来着手的,非常简洁.这个李毅同学后来在数学竞赛中屡屡得奖.

上海市西南位育中学叶慧勤老师鼓励学生进行研究、写论文,她的班共写出了 20 篇论文,有的论文还在上海市创新大赛中获奖.

这里,有必要重提启发式教学.一言堂、注入式教学肯定效果不佳,在基础教学里,如前面分析,发现法也有一定的缺陷,建构主义虽然有一定的道理,但绝对不是包治百病的良药.

有人把启发式和发现法教学进行了对比,认为"再创造,发现法的核心

---

① 鲍建生,周超.数学学习的心理基础与过程[M].上海:上海教育出版社,2009:29.
② 同①.

是做","启发式的核心是思".对数学来说,"思"的重要性是不言而喻的."再创造,发现法强调创造性,这种教学提出的问题是指非单纯练习式的问题."要通过做来解决问题,对学生来说是一次经历."启发式的优势在于促进形成良好的认知结构,表现为对知识的系统学习,对一般思维(如:抽象,概括,推理,判断等)能力的有效培养,因此学生在基础知识,基本技能掌握上就比较扎实."[1]

章建跃说:"数学教学中,教师的启发式讲解非常重要,否则学习质量和效益都无法保证."[2]

总的来说,比对注入式教学和发现法教学,启发式教学更合适,它可以使教师的主导作用和学生的主体地位都得以落实,当然不排斥讲授法和发现探索活动.

在数学习题教学中,教师总是边让学生思考,边启发思路.因此,启发式教学应该比发现法更有效.另外,就目前情况而言,习题教学中的启发式教学还应该扩展和强化.如在"后半程"的反思环节,要启发学生进行更深的思考.

二、重提行为主义

学习有接受学习和发现学习两种,而接受学习又分为有意义的接受学习和机械的接受学习两种.

发现学习肯定有很多好处,但基础教育阶段要讲究效率,同时人也不可能事事都亲力亲为,事事建构.特别是数学,有些规律是理性思维的结果,不是学生动动手能够发现、建构的,因此发现学习不是万能的.

与发现学习相比较,有意义的接受学习应该是基础教育阶段学习的主要方式.多少年来的事实证明,"记忆通向理解形成直觉",这是有效的.因此,机械学习在数学学习中,还是有一定价值的.

教师指导下的数学解题基本训练完全是必要的,训练的过程,主要是有意义的接受学习,也有发现学习和机械学习的成分.既然有意义的接受学习是数学解题教学的主要方式,启发式教学是与此相适应的教学方式,因此数学解题教学应该以启发式教学为主,适当使用探究式教学.

既然要进行解题的基本训练,那么必然会有练习、强化、反馈、小步子等这样的做法,实际上数学教师都在这样做,这些做法应该说就是行为主义.

---

[1] 王申怀,赵武超."再创造""发现法"与"启发式"[J].数学通报,2005(12).
[2] 章建跃.数学教育改革中几个问题的思考[J].数学通报,2005(6).

现在的情况是,事实上我们都在这样做,但是宣传上似乎是建构主义一面倒,甚至行为主义被看作传统、落后的代名词.

行为主义的学习原理是S-R理论.S表示刺激,R表示反应,S-R表示刺激与反应的联结.行为主义认为,学习是一种试误,即尝试错误之后获得正确的方法,学习结果是刺激与反应的联结.行为主义从动物学习行为的研究得到了三大定律.

◆ 第一个是效果律.其意思是行为发生后的效果影响着学习.当出现预期行为的时候,要给予奖励,反之给予惩罚,奖惩手段就称为"强化".

◆ 第二个是练习律.只有通过有反馈的一定量的练习,才能建立S-R联结.与此相关,还有小步子理论.

◆ 第三个是准备律.动物能否进行有效学习,与它是否饥饿有关.试验证明,老鼠不饿,很难学会,但饿得过度了,学习效果也不好.相对应地,人需要学习动机作为学习的动力,学习者的焦虑程度影响着学习的主动性和积极性,理论上说中等焦虑为好.

这些道理,我们不是都在运用吗?

近年来很多有效教学的经验,都吸取了行为主义的营养.顾泠沅的青浦经验有四条,除了情意原理之外,还有序进原理、活动原理、反馈原理.上海闸北八中在刘京海校长的领导下,推行成功教育,在教学上提出了"低小多快"四字诀,就是低起点、小步子、多活动、快反馈.应该说这些经验对教学理论都有发展,但都吸收了行为主义的合理成分.

我们不要用一种倾向掩盖另一种倾向.建构主义有它的道理,但说了建构主义,别的理论似乎就都不对了,这就过分了.在数学解题教学中,还是应该合理地运用行为主义,同时要有适当的建构.

张春莉和王小明两位老师在《数学学习与教学设计》(皮连生总主编)中说:"直到目前为止,还没有哪一种理论能够对复杂的学习现象作出全面的解释.当前最适当的选择是用不同的理论解释不同类型的学习","行为主义强化理论适合解释婴幼儿的行为学习和人类动作技能学习,但不能解释知识的理解;奥苏伯尔的同化理论适合解释知识的理解,但不能解释技能的形成."并且指出"既要掌握认知心理学,也要掌握行为主义心理学".上海市教科院普教所所长傅禄建教授认为:"年龄较小的孩子,学习的方式更多的是记忆和模仿,这与他们缺少认知的积累有关.既然是记忆和模仿,那么就应该多研究行为主义的刺激—反应理论."[①]我们认为,具体问题具体分析,这

---

① 傅禄建.破解难题,大胆探索[J].现代教学,2009(5).

是符合科学发展观的.在解题基本训练时,要运用心理学的全部智慧,包括行为主义,建构主义在内,进行科学训练.有学者提出"行为主义为用,建构主义为体"[1],且不说它的"用"和"体"的提法是否确切,总的来说,对两者的优缺点进行了合理的评价,主张兼收并蓄,这个态度应该赞同.

和建构主义的不完美一样,行为主义也有缺点,行为主义是从动物实验得到的,它只管外部的刺激反应,不管内部的心理活动,也不研究思维、想象、情感……这必然会带来缺点.

从当前情况看:

- ◆ 首先要注意训练量不要过度.
- ◆ 其次注意,练习要促进理解.

熟并不一定能够生巧,甚至熟还可能生笨.因此,除了熟,还要"依靠变式提升演练水准",还要利用反思、归纳解题经验等手段促进理解,使熟转为巧,产生新智慧,促进思维发展.

- ◆ 同时还应该重视情感的因素,注意调动学生的学习自主性,不要"管""卡""压".

尽管课改的要义是发挥学生的主体性,但是十分遗憾,现在的管理方式基本上是"管""卡""压",这与课改精神背道而驰."管""卡""压"的一个特点是统一要求,如作业必须人人做,人人做一样的作业.另一个特点就是强制性,如作业必须按时交,做错了必须订正,不然就批评,有的老师还责令学生罚抄.如果学生态度不端正,考试成绩不好,就要告诉家长.看起来都是为了学生好,是严格要求,似乎没有什么不对.但是现实情况是,有的学生做不出来,为了躲避批评和惩罚,就抄袭……在这种高度紧张、高度焦虑的状态下,不断强化"失败意识",会对学生的一生起到负面影响.

能不能改变这样的"管""卡""压"的状况,让学生"我要学"?顾泠沅当年在上海青浦进行教改实验,总结出四大原理,第一条就是情意原理.学生是人,不是机器,没有激发起学生的积极性、主动性,学习肯定是低效的.

"愉快学习"这个提法可能有一定的片面性,但一味强调"苦学",也是不正确的.如果能够创造出这样一个氛围,像香港大学教育学院梁贯成院长总结我国传统教育特点之一——"苦中有乐",那是十分可喜的,而且一定会大大提高学习的效率.

跳出题海,成绩照样不落后,可能吗?学习虽然紧张,但大家精神愉快,

---

[1] 许易,高小玲.简论学习理论在教育活动中的功用——行为主义为用,建构主义为体[J].上海师范大学学报(基础教育版),2009(1).

学得有兴趣,可能吗？理论上肯定可行,实践中也是有老师做到的.如有些学校进行了大胆的教学改革,学生真正地成为学习的主人,负担不重,学业成绩也取得很好的效果.

孙维刚老师从不布置作业,而学生还是能够自觉地预习、复习、做作业,甚至在孙老师参加全国人大会议期间,缺课两个星期,学生的学习照样运转.

浙江东阳五小李成良校长上课"偷懒",不带教材,没有浮华的多媒体,没有精彩华丽的语言,没有过多的作业,更不占用学生的课外时间.而他所教的班级,在没有加班加点的情况下,合格率能达到100%.

让学生有刻苦学习的精神,又激发学生的学习兴趣,在解题中找到乐趣,自主地自觉地学习,并且会学习.调动了学生的自主性,这就符合了情意原理.负担不重,学得愉快,成绩突出,我们期望有更多的教师能够做到.

第二章 解题经验的显性化、算法化

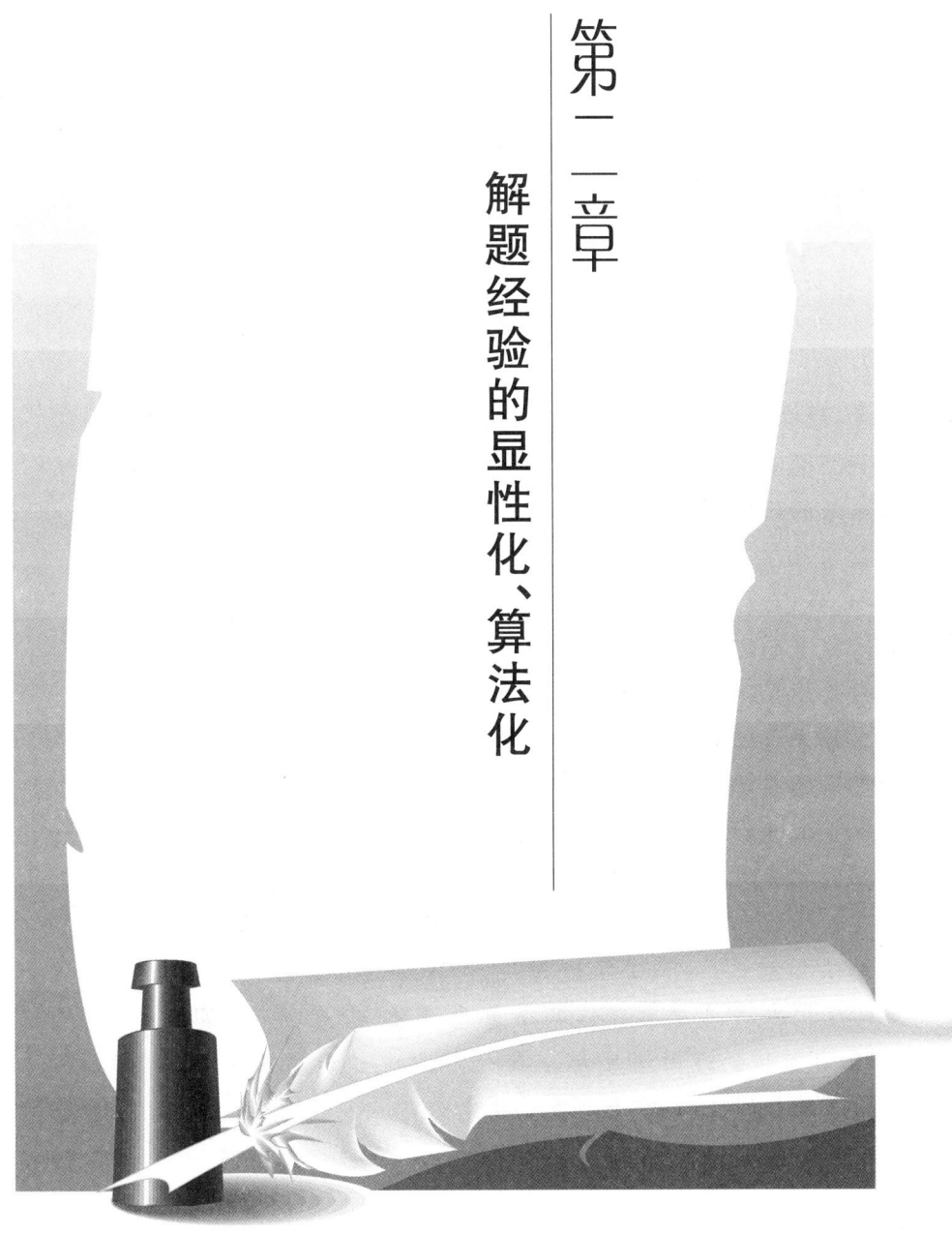

落实解题基本训练,提高习题教学的有效性有多个途径,如近几十年来狠抓的数学思想方法教学("数学素质论")和变式训练,取得可喜的成果.我们认为,还要探索解题经验的显性化、算法化,让学生建立优良的有数学特色的认知结构,来提高习题教学的有效性,落实解题的基本训练.

数学认知结构的提法,最早可能是曹才翰教授提出的.他指出:"数学认知结构就是学生头脑中的数学知识按照他自己理解的深广度,结合自己的感觉、知觉、记忆、思维、联想等认知特点,组合成的一个具有内部规律的整体结构."[1]后来管鹏、喻平等学者对此有过深入的研究.

数学教学不应该等于"心理学+数学例子",它有其特有的心理认知,我们应该把它们找出来,研究出规律,这是数学教师、数学教育研究者的职责.数学工作者的思维方式有它特殊的地方,近几十年来总结了很多数学思想方法,诸如化归、特殊化……这些都是数学工作者思维的特点,也是我们期望学生掌握的.认知结构是认知心理学的重要概念,那么,数学工作者头脑里有没有自己的"具有内部规律的数学知识的整体结构"呢?即有没有具有数学特点的认知结构呢?

就数学解题而言,我们认为,有两个(不敢说没有其他的)重要的数学认知结构,一个是解题模块,另一个是命题联想系统,需要帮助学生构建.学生建立了这两个重要的数学认知结构,解题的速度、对解题过程的理解深度都会有大的提升.这对当前正在研究的数学教学的有效性,具有十分重要的意义.

---

[1] 曹才翰,蔡金法.数学教育学概论[M].南京:江苏教育出版社,1989.

第一节 解题模块

一、例说解题模块

数学工作者对知识的结构、模式、模块看得很重,大到一个数学体系,小到解决一类数学问题,这在其他学科来说,可能是没有的.难怪有人把数学看作是研究结构和模式的科学.把数学的知识结构(这是客观的、具体的,往往可以用图表等形式表达出来)用各自的方式理解、在自己的头脑里形成一个具有内部规律的整体结构——认知结构(往往是因人而异的),这就是数学特有的认知结构.在自己头脑里形成对某类数学问题的解决方法的结构,就是解题模块(业内对它的内涵的理解不尽一致,名称的提法也不尽一致,本书用"解题模块"一词来表述.解题模块和后面所说的命题联想系统,可能都是张奠宙教授提出的"双基模块"的两种具体形式).我们帮助学生形成解题模块具有重要意义.学生头脑里的解题模块,可以通过自己的总结渐渐形成,也可以由教师把自己头脑里的解题模块通过启发的方式告诉学生,帮助学生形成自己的认知结构——解题模块.

下面看一个条件求值的解题模块(图 2-1-1).

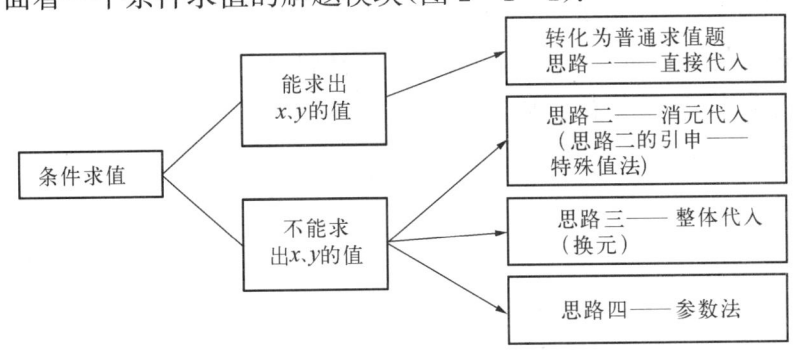

图 2-1-1

根据图 2-1-1,对初中数学里出现的条件求值的题目基本上都可以解决了.如,

题 1 已知 $x^2+y^2-4y+4=0$,求 $xy+2x-y-2$ 的值.

为了叙述方便,我们把 $x^2+y^2-4y+4=0$ 叫做条件式,把 $xy+2x-y-2$ 叫做目标式.条件式是二元的,而且只有一个式子,通常无法求出 x、y 的值;但是这个条件式有特殊性:

由已知,得
$$x^2+(y-2)^2=0, x=0, y=2,$$
代入目标式即可得值.

于是可知,尽管条件只有一个式子,是二元的,有时恰是可以求出这两个元的值,这时问题就转化为普通求值题.这是思路一——直接代入的应用.

而对另一类条件求值题:

题 2 已知 $x+y=1$,求 x^3+y^3+3xy 的值.

由于 x、y 的值无法求出,考虑到条件式是二元的,可以认为它是不定方程.二元不定方程一般可将 y 用 x 表示,代入目标式,必然可以将目标式转化为只含有 x 的式子.注意:因为本题是求"值",而不是"化简",隐含了"最后结果是一个数,而不是含 x 的式子"这样一个信息.

解法 1(思路二——消元代入) 因为 $x+y=1$,所以 $y=1-x$.代入得
$$x^3+y^3+3xy=x^3+(1-x)^3+3x(1-x)=\cdots=1.$$

(注意:x 必定消失)

因此,类似这种确定性的条件求值题本质上都是定值问题.这不仅让我们看问题更透彻(这是数学素养),而且让我们找到了一种"取巧"的解法:如果是填空题,就可以直接取符合条件的一对数字代入,得到那个定值.

解法 2(思路二的延伸——特殊值法)

取满足条件的 $x=1, y=0$ 代入,得
$$x^3+y^3+3xy=1+0+0=1.$$

考虑到条件式是 $x+y=1$,还可以这样思考:如果目标式里出现 $x+y$,就可以用 1 代替,于是得到思路三——整体代入.

解法 3(思路三——整体代入)
$$\begin{aligned}
原式 &= (x+y)(x^2-xy+y^2)+3xy \\
&= x^2-xy+y^2+3xy \quad (x+y \text{ 用 } 1 \text{ 代}) \\
&= x^2+2xy+y^2 \\
&= (x+y)^2 \\
&= 1.
\end{aligned}$$

对于有些条件求值题还可能会用到参数法,这里不另举例.

图2-1-1总结了解条件求值题的一般方法(知识结构),由于每个人对这个图的理解不尽一致,就在不同人的头脑中形成不同的认知结构.有人可能是死记硬背;有人可能用一组题目帮助理解;有人可能理解到每个步骤背后的思想方法.如把图2-1-1改为图2-1-2,那么对这类问题及其解法的理解,或者说对他的认知结构就比较深刻了.

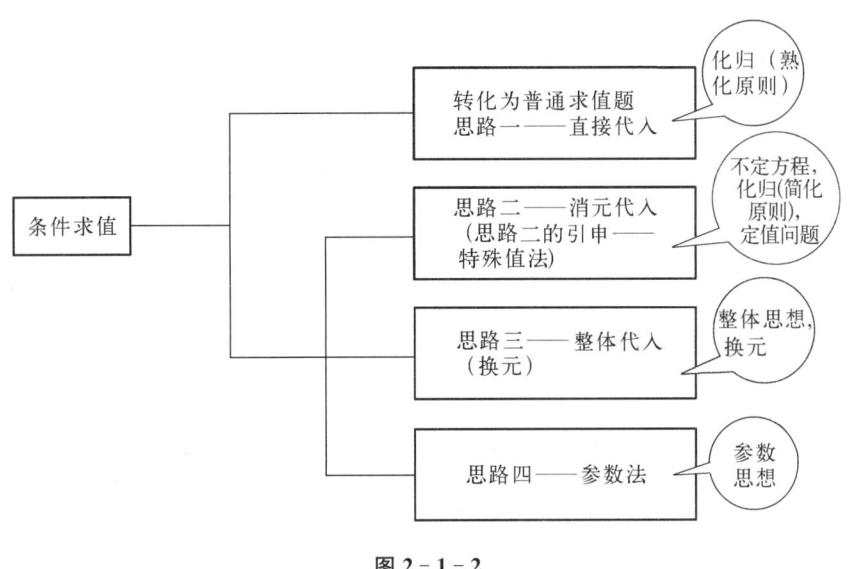

图 2-1-2

二、解题模块的特点

解题模块有以下几个特点.

◆ 针对性

针对性,就是针对某一类数学题(可能再分成若干类).

◆ 可操作性

可操作性,就是有一套有效的方法和步骤(至少提供思路)解决这类题(或提供方向).

◆ 简洁性

简洁性,就是这套方法和步骤常常可用一个图表、几句口诀、一串步骤,甚至一组题表示出来,容易记住.

很明显,解题模块具有算法化的特点.解题模块既是知识结构,又是认知结构.如果这套操作过程是合理的,那么它就是优良的知识结构,这样的结构比较容易记忆和迁移.反映到学生的头脑里形成了各自相应的认知结构,对这样的结构的理解可以各不相同.如果学生能够领会出操作背后的本质和数学思想,并用一组变式题具体化,那么在这个学生头脑里就是优良的认知结构.按图索骥不难,但达到优良认知结构的程度,就不那么容易了,这在很大程度上取决于学生的数学素质.

(请思考:试找一类数学题,建立该类数学题的解题模块)

三、解题模块的作用

对于数学,我们认为,概括化理论更值得推荐.我们要从杂乱无章的习题中,概括出一般原理来(即"举三反一"),这样,头脑是有条理的,就比较容易迁移、应用.结构化的解题模块,是一种概括.

可是,大多数学教师没有归纳类型和模块的意识,更不善于将这个模块的知识结构转化为学生头脑里的认知结构.即便是有这样的意识,也往往由于数学功底还有待提高,所以不会总结解题模块,或者总结的模块不实在、不完整、不深刻.我们认为,这是造成题海战术的原因之一.

解题模块的好处究竟有哪些呢?

1. 有利于解题

解题模块最直接的好处是有利于解题.

心理学家指出,专家头脑里的知识是以组块的形式出现的.在下象棋时,出现了"闷宫将"的格局,新手还在这样试试那样试试,而熟练的棋手早就知道结果,起身宣告输赢了.新手和熟练的棋手之间的差别之一就是,熟练的棋手头脑里有很多"图式".如果学生头脑里有很多类似的图式——解题模块,就能够很快对习题作出反应.

有人提出淡化类型,淡化步骤,让学生自己感悟.例如,在小学教加法的时候,主张不管用什么方法,只要是学生自己想出来的,就是好的.这个说法有片面性,难道学生一直用数手指做加法也是好的?淡化类型这个提法,本意是好的,但是类型是一种心理图式,总体上说是有益的.特别是我国目前基础教育的初中阶段是全民义务教育,不是精英教育.对一些资优生来说,用不着老师多讲,自己会进行归纳建构新的认知结构;但对大多数学生,特别是数学学困生来说,就如苏联数学教育家克鲁捷茨基说的那样:"他们缺少一种从具体材料中摆脱出来,鉴别出一般,掌握数学对象的形式结构的能力."因此,教知识,帮助学生整理知识,总结可操作的规律和模块,还是很重要的.

在以考试成绩为衡量标准的选拔制度下,应付考试,与解题模块相关的模式识别策略是有效的,不少学者和教师还认为应该是首选.江苏王秀彩老师指出,"2004年高考江苏卷,我把它按照中等偏快的速度(每秒4～5个字符)读一遍,花了 7 分半钟;读完后,除最后一题外,头脑中一片空白.答一道题,平均至少读 2 遍,于是读题时间应不少于 15 分钟.将试题解答(若有几种解法的,选最简单的)抄一遍(每秒 2~3 个字符),花了 18 分钟.另外,抄写答案(含涂答题卡)的时间也不会少于 20 分钟.所以整场考试,用于思考的时间最多 85 分钟.而整份试卷有 22 道题,其中一道有 2 小题,一道有 3 小题,共 25 题.因此至少应有 15 道题不应该占用很多的思考时间."[1]所以,王秀彩老师提出的复习对策中,第一条就是倡导模式识别.

总之,我们认为,进行解题的训练是必要的,把习题整理成有一定程序的、可操作的类型或解题模块,并且帮助学生掌握这些模块,在头脑里形成认知结构也是必要的.这样做要理直气壮,无须遮遮掩掩.

2. 有利于培养"模块意识"

解题模块的第二个好处是,有利于培养"模块意识".

数学是研究模式的科学,所以模块意识是与学好数学本身相适应的.模块意识就是:面对众多的、杂乱的解决问题的方法,有整理、选择、总结出一个合理的、有序的、可操作的解决问题的程序的意识.可以说,模块意识是数学素质,这种模块意识含有算法的成分,模块意识和算法是相通的.

解题模块不仅有利于培养模块意识、算法意识,而且还有美学意义.让学生能够享受到数学的结构美,加深对数学特点的理解,这是有益的,能够提高人的科学素质.

3. 有利于提高思维素质

如果能够师生共同总结解题模块,那么可以让学生的思维素质得到极大的提高.

总结解题模块的过程,有比较,有分类,有抽象,有寻找联系……思维要求很高,甚至可以说,这本身就是一种创造性思维.

近 20 年来,大家都重视发散思维."数学是思维的体操",数学可以培养思维的灵活性,这肯定是正确的.但是我们不能片面强调灵活性和发散思维.针对一题多解,有位特级教师说得好:"若是脱离了规范的解法,奇特的解题方法很多时候仅仅是小聪明,不是大智慧."[2]我们也斗胆认为,灵活性应该和规范性相结合,发散思维应该和收敛思维相结合,甚至发散思维应该在规范性和收敛思维的指导之下.

从数学史来看,发散思维、直觉思维能力最突出的可能是 20 世纪的印

---

[1] 王秀彩.一组数据谈高考复习[J].数学通报,2005(11).
[2] 李秋明.基于规范意识的创新意识培养[J].现代教学,2009(6).

度数学家拉马努金.他没有经过严格的数学训练,甚至他不完全懂得证明为何物,凭直觉独自发现了许多命题,其中不少是可以证明的定理和公式,有的至今还弄不清楚是真命题还是假命题.这样的人是极个别的,难以通过"培养"的方式复制(现在有观点认为,拉马努金的思考方式和大多数数学家是一样的:用直觉猜测,和已知结果比较,并设法给出证明[1]).连华罗庚先生这样的自学成才的天才数学家,也强调学习要"由厚到薄","用另一条线索将知识串起来"……这些还是收敛思维.更何况,在总结过程中有创造性,罗巴切夫斯基不正是在为欧氏几何添砖加瓦的过程中发现矛盾,并创造出非欧几何的吗?

20世纪有人创立了"创造学",按理说,创造应该是发散思维,但有的创造学者研究创造技法,如"创造技法十二种",先是发散,最后还是要总结成几条.

笔者之一曾经当过一次选拔创造性学生的面试教师.有一道面试题是这样的:"假如你是某地区卫生方面的官员,如果一场传染病正在袭来,你应该采取什么措施?"经历过"非典"和"甲流"考验的人们,对这个问题都可以说出个一二三来,诸如生产疫苗啊,控制大型集会啊(发散思维)……但是有一个学生回答说,控制传染应该分两个方面:控制传染源和切断传染的途径.每个方面又可以分别找出若干个措施.如对已得病的病人的治疗措施:重病的该怎样,轻度病人该怎样,重点医院该怎样,社区医院该怎样……防止传染的措施:怎么隔离,怎么生产疫苗,怎么宣传……他的回答显然比其他学生好,因为他把种种措施分成若干个方面,是收敛思维指导下的发散思维.

研究总结模块不会抑制创造性.一方面,要教学生一题多解,抓思维的灵活性、发散性;另一方面,要教学生学会总结反思,抓思维的深刻性、收敛性.现在的情况是:重一题多解,轻总结规律.一题多解没有人会反对,有些老师甚至有点过头,似乎解法越多越好,越离奇越好,不加选择和比较.但归纳结构、总结模块没有得到应有的重视.

本书后面部分会提出归一原则、典型原则等四个习题教学的原则.我们认为,归一原则是当前数学教学最需要突出的原则,归纳能力是当前数学教师最需要加强的能力.因为典型原则的贯彻要借助于归一原则,只有把数学知识技能归纳清楚了,才能选择出典型的例题来.另外,反思能力是当前中学数学教师所忽视的、薄弱的一环,归纳能力是和反思能力直接相关的.

---

[1] 张奠宙.20世纪数学经纬[M].上海:华东师范大学出版社,2002.

四、解题模块的局限

当然,任何教学方法都是有利有弊的,利用解题模块的教学方法如果运用不当,也是会产生负面作用的.

1. 范围的局限

不是任何习题都可以归结成类型和模块的.在中学数学范围里,我们都能够体会到有好多题是没有模块可以套的,如平面几何的有些证明题,高考的压轴题和开放题等.

2. 模块的误用

不要担心模块本身有什么问题,担心的应该是模块的误用.教学时要强调理解,要把每一个操作过程的目的、依据、原理、蕴含的思想方法揭示清楚.如果说,总结出来的可操作的步骤是解题模块的骨架(知识结构)的话,那么蕴含在背后的原理、思想则是灵魂,理解了这些原理和思想,就形成了优良的认知结构.

不理解模块的本质,就不可能变通.如有位教师在讲解方程 $0.5x=10.5$ 时,有位学生提出两边同乘以 2,这位教师竟然给予批评,说学生没有按照课本上的解题格式(同除以 0.5)做.这样教格式和模块,学生必定被教死板了,但这不是格式、模块本身的错.

3. 需强调师生共做

波利亚在他的名著《数学发现》里说"自己的模块自己做".教师总结的往往只是知识结构,到了学生头脑里才是认知结构.我们主张师生共同归纳类型、模块,这可以使学生学会概括、学会总结,而且对相应的模块理解必定比较深刻.

这种解题模块,显示了解题经验的"显性化和算法化".但是,最好不要简单地把它当作诸葛亮给赵云的"锦囊妙计",而是要让学生自主生成.

例如,教初二学生"解一元二次方程"时,可以先让学生尝试解一些题,再总结得到:

一次项系数为 0——移项,开方;

常数项为 0——提取 x;

系数都不为零,进行十字相乘因式分解;

这些是特殊方法,最后再考虑使用通法——求根公式和配方法.

从而可以形成一元二次方程的解题模块(可以分为一般方法和特殊方法两大类).因为这个解题模块是自己尝试后总结出来的,印象肯定比较深刻.

4. 需提倡一题多解

按照类型解题,按照模块得到的解法,一般说是"通法",对某道题而言,不一定是"优法".一题多解有利于突破模块,有利于培养思维的灵活性.所以在提倡解题模块的时候,还是要提倡一题多解,鼓励学生提出问题.但是在一般情况下,应该遵循"思考时通法优先,落笔时优法优先"的顺序.数学修养不佳的人遇到问题,先是瞎碰,可能碰对了,侥幸成功;碰错了,就完全失去方向,导致彻底失败.而数学修养好的人,一般会先考虑有没有通法,再思考有没有更好的优法.这样的"程序化"的思维方式,本身就是一种数学思维.

第二节　命题联想系统

在解题的时候,有人常常在某个环节上卡住了,但别人一点拨,马上就做得下去了.这是一种"想不到"的思维障碍[①].但有人却能够突破这层障碍,想到解决问题的关键,实现起点和目标之间的链接.这常常是联想在起作用,甚至是直觉在起作用.这种联想能力、直觉,似乎很神.很多教师说要培养联想能力,培养直觉思维,但很少说怎么培养联想能力和直觉思维能力.联想能力、直觉思维能力是天生的,还是后天可以培养的? 我们不敢对"天才论"妄加评论,但我们认为,后天是可以培养的,将隐性的经验显性化,构建命题联想系统,可能是培养方法之一.

什么是命题联想系统? 数学解题往往是不断地转换,由题 A 想到题 B,由题 B 再想到题 C……通过联想,把两个或多个命题按照一定的需要联系在一起,深深地印刻在头脑中,就形成了一个认知结构——命题联想系统.应该说,这样的认知结构也是数学特有的,并且具有显性化、算法化的特点.

如果说,解题模块具有基础性和程序性的特点,能够使我们的思维更具规律性的话,那么命题联想系统具有思维的广阔性和开放性(其中一部分又是具有可操作性的),将使我们更灵活,对综合题、难度较大的题、开放题,作用更大.

有四类命题联想系统对中学生特别重要.

一、等价命题系统

在讲解数学问题时,有时候学生感到困难,教师就应该换个角度进行解释.这其实是数学教师的一个诀窍.

[①] 陈永明曾把数学的难点归结为 6 种,"想不到"是其中之一,参见《陈永明评议数学课》第 87 页.

例如,"ABCD 四人排成一行,A 不准排在首位",换个角度,就是"ABCD 四人排成一行,B 排在首位,或 C 排在首位,或 D 排在首位".从前者到后者,是一种等价的联想.这个转换很重要,原先是从反面角度叙述的,改为正面角度叙述,学生就比较容易理解了.

在讲解"直线 $y=kx+3$ 过点 $A(1,2)$"时,可以转换成"点 $A(1,2)$ 在直线 $y=kx+3$ 上",进一步转换成"点 $A(1,2)$ 的坐标 $x=1,y=2$ 适合方程 $y=kx+3$",这三种说法也是等价的,组成一个等价命题系统.按照最后的说法,把 $x=1,y=2$ 代入方程 $y=kx+3$,就可以求出 k,从而确定直线方程.前两种叙述"直线 $y=kx+3$ 过点 $A(1,2)$"和"点 $A(1,2)$ 在直线 $y=kx+3$ 上",涉及的对象没有变化,仍是直线 $y=kx+3$ 和点 $A(1,2)$,只是叙述的主体从直线转为点了.最后一种叙述涉及的对象发生了变化,这时,"问题系统"发生了变化.因为"$x=1,y=2$ 适合方程 $y=kx+3$"已经不是几何问题了,而是代数问题.

对于命题 A,如果命题 $B_1,B_2,\cdots$ 与 A 等价,那么就把命题 $B_1,B_2,\cdots$ 叫做命题 A 的等价命题系统.

对于一个命题,各人头脑中的等价命题系统是不同的,优秀学生的等价命题系统极其丰富,他们会把不同时期学到的知识组合在一起,形成一个知识跨度大的等价命题系统.例如,a、b 是非负实数,则
$a^2+b^2=0, \sqrt{a}+\sqrt{b}=0, |a|+|b|=0, a^{2n}+b^{2m}=0(m、n\text{ 为整数}), a=b=0$
等价,甚至和 $a+bi=0(a、b\in\mathbf{R})$ 也是等价的,这就构成了知识跨度较大的等价命题系统.

熟悉等价命题系统的好处是显而易见的.教学中,我们应该注意让学生把一些等价的命题构建成一个等价命题系统.看两个例子.

例 1 当 a 为何值时,由不等式 $1<x\leqslant 2$ 可以得到 $x^2-2ax+a<0$?[①]

转化问题的表述,上面的问题即:$f(x)=x^2-2ax+a$ 在区间 $(1,2]$ 上是负的. (不等式问题转化为函数问题)

再转化,即:$(1,2]$ 位于 $f(x)=0$ 的两根之间.

即:区间 $(1,2]$ 两个端点在 $f(x)=0$ 的两根之间.

(函数值范围的问题,转化为 x 轴上区间的比较问题)

于是得:$f(1)\leqslant 0, f(2)<0$,于是 $1-a\leqslant 0, 4-3a<0, a>\dfrac{4}{3}$.

例 2 如果三个实数的倒数和与这三个实数和的倒数相等,那么这三

---

① 戴再平.数学习题理论[M].上海:上海教育出版社,1996.

个实数必有两个互为相反数.[①]

解这道题很大程度上取决于把自然语言表述为符号语言:

条件可转化为: x、y、$z \in \mathbf{R}$,x、y、z 都不为 0,且 $x+y+z \neq 0$,$\dfrac{1}{x}+\dfrac{1}{y}+\dfrac{1}{z}=\dfrac{1}{x+y+z}$. （*）

其实该结论可以理解为

x、y 互为相反数,或 x、z 互为相反数,或 y、z 互为相反数.

还可以是

$$x+y=0, \text{或} y+z=0, \text{或} z+x=0.$$

如果理解成

$$(x+y)(y+z)(z+x)=0. \qquad (**)$$

解题就显得很简单了.

欲证(**)式,只要证明(展开)

$$2xyz+xy^2+x^2y+xz^2+x^2z+yz^2+y^2z=0,$$

即证(两边同除以 xyz)

$$\frac{y}{z}+\frac{x}{z}+\frac{z}{y}+\frac{x}{y}+\frac{z}{x}+\frac{y}{x}+2=0.$$

由已知条件 $\dfrac{1}{x}+\dfrac{1}{y}+\dfrac{1}{z}=\dfrac{1}{x+y+z}$,两边同乘以 $x+y+z$,整理即可得证.

可以看出,从"三个实数必有两个互为相反数",联想到与它等价的式子"$(x+y)(y+z)(z+x)=0$",正是解本题的关键所在.

这里,由以下 4 个命题组成等价命题系统:

◆ 三个实数必有两个互为相反数;
◆ x、y 互为相反数,或 y、z 互为相反数,或 z、x 互为相反数;
◆ $x+y=0$,或 $y+z=0$,或 $z+x=0$;
◆ $(x+y)(y+z)(z+x)=0$.

如果我们熟悉这些等价形式,并善于从中选择合适的形式,我们的解题速度就会提高.

二、下游命题系统

除了命题间的等价关系之外,命题间的推出关系也是很重要的.命题间的推出关系,可以根据解题本身的着眼点分成两类,一类是下游命题系统,

---

[①] 喻平.数学学习心理的 CPFS 结构理论与实践[M].南宁:广西教育出版社,2008.

一类是上游命题系统.

我们已经有了命题 A,可以推得命题 B,我们把命题 B 叫做命题 A 的"下游命题",研究从 A 可以推出些什么命题($B_1,B_2,B_3,\cdots$),这就得到命题 A 的下游命题系统.例如,

如图 2-2-1,在 □ABCD 中,对角线交点为 O,那么可以得到:

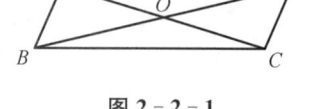

图 2-2-1

线段:

对边相等 $AB=CD,AD=BC$;

对角线互相平分 $AO=CO,BO=DO$.

角:

对角相等 $\angle ABC=\angle ADC,\angle BAD=\angle BCD$;

对顶角相等 $\angle AOB=\angle COD,\angle BOC=\angle AOD$;

内错角相等 $\angle ADB=\angle DBC,\angle DAC=\angle ACB,\angle BAC=\angle ACD,\angle ABD=\angle BDC$;

同旁内角互补 $\angle DAB+\angle ABC=180°,\angle ADC+\angle DCB=180°,\angle ABC+\angle BCD=180°,\angle BAD+\angle ADC=180°$;

各三角形的内角和等于 $180°$.

直线位置关系:$AB\parallel CD,AD\parallel BC$.

全等三角形:$\triangle ABO\cong\triangle CDO,\triangle BCO\cong\triangle DAO,\triangle ABD\cong\triangle CDB,\triangle ABC\cong\triangle CDA$.

等积三角形:除上述全等三角形是等积三角形外,还有 $S_{\triangle AOD}=S_{\triangle OCD}=S_{\triangle ABO}=S_{\triangle BOC}$.

对于这些性质,掌握得越多越好,而且特别要重视,性质所涉及的知识领域越多越好.往往有这样的情况,某个方面的性质,只要提起一个,其他的性质可以全部想起来.记得性质所涉及的"知识领域",反映了掌握下游命题的"宽度".再如,

如果给出了条件:已知二次函数 $y=ax^2+bx+c$ 的图像如图 2-2-2 所示.你可以从图中得出哪些信息?

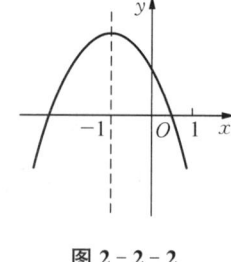

图 2-2-2

通过仔细观察图像,

由抛物线开口向下,可以得到 $a<0$;

由对称轴为直线 $x=-1$,可以得到 $-\dfrac{b}{2a}=-1$,即 $b=2a$;

由抛物线与 y 轴的交点在正半轴,可以得到 $c>0$;

由抛物线与 x 轴有两个交点,可以得到 $b^2-4ac>0$;

由 $x=1$ 时,$y<0$,可以得到 $a+b+c<0$;

由 $x=-1$ 时,$y>0$,可以得到 $a-b+c>0$;

......

如果我们更深层次去研究图形,我们还可以从图中得到更多的信息.

从几何里的基本图形,可以引出一些基本性质和常见的处理方法.例如,关于三角形的中线(图 2-2-3),头脑里要有个下游命题系统:

直接的性质有 $BD=DC$,$S_{\triangle ADC}=S_{\triangle ABD}$.

进一步,如果延长中线 AD 到点 E,使 $DE=AD$(这是个策略,见到中线,就应该想到这个策略.所以命题联想系统其实还是个策略系统),那么可知:

$$\triangle ABD \cong \triangle ECD, S_{\triangle ABC}=S_{\triangle ACE},$$

并且知道三角形的边 $AB(c)$、$AC(b)$ 和中线 $AD(m)$ 的两倍 AE 组成一个三角形(这尽管不是一个等式,但三线集中在一个三角形里,也是很值得重视的性质),于是有

$$\frac{b+c}{2}>m,$$

即一边上的中线 m 小于另两边 b 和 c 的平均数.

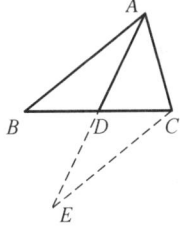
图 2-2-3

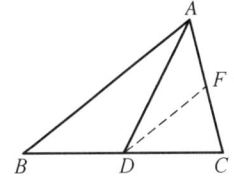
图 2-2-4

为了将 AB、AC、AD 集中在一个三角形中,还可以用如图 2-2-4 所示的方法添辅助线:取 AC 的中点 F,联结 DF.此时 AF(AC 的一半)、DF(AB 的一半)、AD 组成一个三角形(这又是个策略).

有些教师认为,证几何题总应该从结论倒过来追溯,其实从已知条件一眼看出很多信息(性质,处理方法)是极有价值的,即构建下游命题系统是十分重要的.头脑里关于某个定理,某个已知条件,某个图形的"二手"性质越多,而且这些"二手"性质涉及的知识跨度越大,那么在证题时,就越能够找到条件和结论间的联结,甚至是条件和结论间"神奇"的联结,从而找到证明的关键.这种情况在代数中也适用.譬如等差数列就有很多"二手"性质.

等差数列 $\{a_n\}$ 中,公式

$$a_n = a_1 + (n-1)d, d = \frac{a_n - a_1}{n-1}, n = \frac{a_n - a_1}{d} + 1$$

作用各异,但都是等价的,只是公式变形而已.进一步研究,可知等差数列 $\{a_n\}$ 还有以下性质:

◆ 项 a_n 的性质

(1) $a_{n+1} - a_n = d$.　　　　　　　　　　（相邻项的差是常数,定义）

(2) $a_n = a_1 + (n-1)d = a_m + (n-m)d$.　　　　（通项公式及其推广）

(3) 若 a、A、b 成等差数列,则 A 为 a、b 的等差中项,$A = \frac{a+b}{2}$.

（等差中项性质）

(4) 若 m、n、k、p、$q \in \mathbf{N}^*$,且 $m + k = p + q = n + 1$,则 $a_1 + a_n = a_2 + a_{n-1} = a_m + a_k = a_p + a_q = \cdots$.　　　　（对称项的性质）

(5) $a_n = an + b$（a、b 是常数）是 $\{a_n\}$ 成为等差数列的充要条件.

（通项表达式是 n 的一次式）

(6) $\{(n, a_n)\}$ 是一条直线上的点列.　　（等差数列通项的几何性质）

◆ 前 n 项和 S_n 的性质

(1) $S_n = \frac{n(a_1 + a_n)}{2} = \frac{n(a_2 + a_{n-1})}{2} = \cdots$.

（用首末项表示的求和公式及其推广）

(2) $S_n = na_1 + \frac{n(n-1)d}{2} = \frac{d}{2}n^2 + \left(a_1 - \frac{d}{2}\right)n$.

（用首项、公差表示的求和公式）

(3) $S_n = An^2 + Bn$ 是 $\{a_n\}$ 成为等差数列的充要条件.

（前 n 项和是常数项为 0 的 n 的二次式）

(4) $d > 0 \Leftrightarrow \{a_n\}$ 为递增数列,S_n 有最小值;

　　$d < 0 \Leftrightarrow \{a_n\}$ 为递减数列,S_n 有最大值;

　　$d = 0 \Leftrightarrow \{a_n\}$ 为常数列.　　　　　　　　　　（和的最值）

(5) 项数为偶数 $2n$ 的等差数列 $\{a_n\}$,有

(i) $S_{2n} = n(a_1 + a_{2n}) = n(a_2 + a_{2n-1}) = \cdots = n(a_n + a_{n+1})$;

(ii) $S_{偶} - S_{奇} = nd$;（$S_{偶} = a_2 + a_4 + \cdots + a_{2n}$,$S_{奇} = a_1 + a_3 + \cdots + a_{2n-1}$）

(iii) $\frac{S_{奇}}{S_{偶}} = \frac{a_n}{a_{n+1}}$.　　　　（项数为偶数时,$S_n$ 的性质）

(6) 项数为奇数 $2n-1$ 的等差数列 $\{a_n\}$,有

(i) $S_{2n-1} = (2n-1)a_n$;

(ii) $S_{奇} - S_{偶} = a_n$；$(S_{偶} = a_2 + a_4 + \cdots + a_{2n-2}, S_{奇} = a_1 + a_3 + \cdots + a_{2n-1})$

(iii) $\dfrac{S_{奇}}{S_{偶}} = \dfrac{n}{n-1}(n \geqslant 2)$.　　　　（项数为奇数时，$S_n$ 的性质）

(7) $\{(n, S_n)\}$ 是一条抛物线上的点列.　　　　（等差数列和的几何性质）

(8) $\left\{\left(n, \dfrac{S_n}{n}\right)\right\}$ 是一条直线上的点列.　　　　（等差数列和的几何性质）

◆ 特殊等差数列的性质

(1) 若 $\dfrac{a_{n+1}}{a_n} = q(q \neq 0, n \in \mathbf{N}^*)$，则 $\{a_n\}$ 为非零常数列.

（既等差又等比的数列性质）

(2) 若 $a_n = m, a_m = n(m \neq n)$，则 $a_{m+n} = 0$.

（项与项数交错相等的等差数列性质）

(3) 若 $S_n = m, S_m = n(m \neq n)$，则 $S_{m+n} = -(m+n)$.

（和与项数交错相等的等差数列的性质）

(4) 若 $S_n = S_m(m \neq n)$，则 $S_{m+n} = 0$.

（项数不同，和相等的等差数列性质）

◆ 由等差数列构造的数列的性质

(1) 若 $\{a_n\}$ 是等差数列，则 $\{b^{a_n}\}$ 为等比数列.

（指数成等差数列的数列是等比数列）

(2) 若 $\{a_n\}$、$\{b_n\}$ 均是等差数列，则 $\{ma_n + kb_n\}$ 仍为等差数列，m、k 为常数.　　　　（以等差数列通项的线性组合为通项的数列仍是等差数列）

(3) 等差数列中依次 k 项的和成等差数列，即 $S_k, S_{2k} - S_k, S_{3k} - S_{2k}, \cdots$ 成等差数列，公差为 $k^2 d$.

（等差数列的相同项数的片段的和，依次成等差数列）

(4) 若 $\{a_n\}$、$\{b_n\}$ 均是等差数列，且前 n 项和分别为 S_n 与 T_n，则 $\dfrac{a_m}{b_m} = \dfrac{S_{2m-1}}{T_{2m-1}}$.　　　　（两等差数列通项比的性质）

其中有些公式一般人不大注意，属于"知识跨度很大"的变形. 如果建立了这样的关于等差数列下游命题系统的知识结构，再加上对此有一定的理解，那么这种结构就是优良的数学认知结构.

例 已知等差数列 $\{a_n\}$ 的首项 $a_1 > 0, a_{2003} + a_{2004} > 0, a_{2003} a_{2004} < 0$，求使 $S_n > 0$ 的最大自然数 n.

解 由题意,该数列是首项为正数、递减($d<0$)的等差数列.

因为
$$a_{2003}+a_{2004}>0, a_{2003}a_{2004}<0,$$
所以从a_1到a_{2003}都是正的,从a_{2004}开始都是负的了.而且a_{2003}的绝对值大于a_{2004}的绝对值(否则两项之和不可能是正的),即
$$|a_{2003}|>|a_{2004}|.$$
到这里,很多同学就做不下去了,或者用求和公式,弄得很繁.

如果头脑里记住了等差数列的下游命题系统——对称项性质,于是可得
$$a_{2003}+a_{2004}=a_1+a_{4006}.$$
既然$a_{2003}+a_{2004}>0$,那么a_1+a_{4006}也大于0.再假如头脑里记住了下游命题系统中另一个公式——利用项的对称性改变求和公式,那么有
$$S_{4006}=\frac{a_1+a_{4006}}{2}\times 4006=\frac{a_{2003}+a_{2004}}{2}\times 4006>0,$$
而它的后面一项
$$S_{4007}=\frac{a_1+a_{4007}}{2}\times 4007=a_{2004}\times 4007<0,$$
于是,所求的最大自然数是4 006.

从这道题的分析可知,下游命题系统,特别是其中"知识跨度大"的性质,在解题时会起到"柳暗花明又一村"的作用.

为了帮助学生建立下游命题系统,教师应该经常问:这个图形(式子)给我们提供了什么信息?可以有怎样的变形和处理方式?这样做,既可以帮助学生建立下游命题系统,又可以培养学生的发散思维能力.这样的工作,在新授定理、公式时就要着手进行,并在习题课、复习课中逐步完善.

(请思考:试建立一次函数$y=kx+b(k\neq 0)$的下游命题系统)

三、上游命题系统

为了得到命题B,寻找命题A,即由命题A可推得命题B,我们把命题A叫做命题B的上游命题,如果命题$A_1,A_2,A_3\cdots$都可以推得命题B,这就得到命题B的上游命题系统.

如为了证明两线段相等,粗略统计就有方法:全等三角形的对应边相等;三角形中等角对等边;等腰三角形的顶角平分线是底边上的中线;等腰三角形的底边上的高是底边上的中线;直角三角形斜边上的中线等于斜边的一半;平行四边形对边相等;平行四边形对角线互相平分……类似地,还

有证明两角相等,两线平行,线段或角的和差倍分的证法,都应该及时复习总结,构成相应的上游命题系统.

数学教育前辈金品老师写过一本《高中平面几何学》,俗称"金品几何",当时影响甚大.这本书在讲授几何证明时,是这样安排的:怎样证两线段相等,怎样证两角相等……在每一章里,又是这样安排的(以证两线段相等为例):方法一,利用全等三角形;方法二,用第三线介绍;方法三,利用等腰三角形;方法四,利用平行四边形;方法五,利用三角形一边的平行线平分另一边;方法六,利用已知的等线化成;方法七,利用圆中的等量.所以说,总结上游命题系统是老一辈的优秀数学教师的经验,事实证明,这是有效的方法.近年来,几何简化、淡化是正确的.但是,即使再淡化简化,总还要学习证明,这些经验是有助于学习几何证明和思维发展的,应该继承发扬.

(请思考:证明两角相等的方法有哪些?)

不仅证明几何题,其实解代数题,也常常要双向分析(从条件出发伸展,由结论出发倒溯),这时候,下游命题系统和上游命题系统就会起重要作用.

和解题模块一样,命题联想系统,既是知识结构,又是认知结构.对于同一个命题,各人头脑里的等价命题系统(上游命题系统、下游命题系统)的内容都是不尽相同的;遇到问题时,联想的速度也是不同的;对它的理解深度也不会一致.同时,命题联想系统不但是知识系统,还是策略系统.

如果说,解题模块的思维方式主要是收敛思维,那么命题联想系统的思维方式主要就是发散思维.这两种思维方式其实是相辅相成的.一个命题的命题联想系统,在产生阶段是发散的,但之后就是归纳,一旦形成,就要把这个认知结构加以记忆,形成可操作的规律,以便在某种情况下可以搜寻检索,这里面有收敛思维的成分.

总结解题模块和命题联想系统,是解题教学的重要经验,是体现"归一"原则的重要方面,应给予十分的重视.

四、非因果关系的联想初探

前面研究了等价命题、上游命题、下游命题的联想系统,都是因果关系的联想.其实,除了因果关系的联想之外,还有非因果关系的联想.

自从古希腊哲学家亚里士多德在《记忆和联想》中指出,"我们的思维是从与正在寻求的事物相类似的事物、相反的事物、或者与它相接近的事物开始进行的,以后,便追寻与它相关联的事物,由此而产生的联想".这个观点为后人所接受,形成了三条基本的联想律,即接近性联想(包括因果性联想)、相似性联想和对比性(或相反性)联想[①].

◆ 接近性联想,是指在遇到新事物时,回忆到过去的与之接近的事物,数学中利用很多的数形结合,就是接近性联想.

◆ 相似性联想,是指在遇到新事物时,联想到过去的与之相似的事物,如遇到分式,联想到分数.

◆ 对比性联想,是指在遇到新事物时,联想到过去的与之相反的事物.

这几种联想,有时难以确切地划分.对于数学解题而言,或许以下两种联想,更能让教师和学生理解和接受.

1. 数形结合联想

题 1 试比较 $\sqrt{x}-\sqrt{y}$ 与 $\sqrt{x-y}$ 的大小,并证明你的判断.

本题问的是两非负数之差与另一非负数之间的大小关系,和"三角形两边之差小于第三边"有点相像!于是就要研究 $\sqrt{x}$、$\sqrt{y}$ 和 $\sqrt{x-y}$ 能否成为一个三角形的三条边呢?

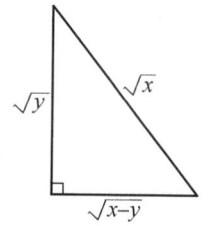

图 2-2-5

注意到 $(\sqrt{y})^2+(\sqrt{x-y})^2=(\sqrt{x})^2$,发现 $\sqrt{y}$ 和 $\sqrt{x-y}$ 为直角边的直角三角形的斜边恰为 $\sqrt{x}$,这样可得一直角三角形如图 2-2-5,从而有 $\sqrt{x}-\sqrt{y}<\sqrt{x-y}$.

这里的关键是从"比较 $\sqrt{x}-\sqrt{y}$ 与 $\sqrt{x-y}$ 的大小"联想到"$\sqrt{x}$、$\sqrt{y}$ 和 $\sqrt{x-y}$ 能否成为一个三角形的三条边",应该说这个联想不是因果关系的联想,是数形结合的联想.

2. 结构联想或相似联想

题 2 已知 x、y、z 为实数,$xy\neq-1$,$yz\neq-1$,$zx\neq-1$,求证:

$$\frac{x-y}{1+xy}+\frac{y-z}{1+yz}+\frac{z-x}{1+zx}=\frac{x-y}{1+xy}\cdot\frac{y-z}{1+yz}\cdot\frac{z-x}{1+zx}.$$

考虑到和两角差的正切公式的结构相似,或者说形状相似,所以可利用 $\tan(\alpha-\beta)$ 公式解之.

很显然这不是因果关系的联想,是由于 $\frac{x-y}{1+xy}$ 和 $\tan(\alpha-\beta)=\frac{\tan\alpha-\tan\beta}{1+\tan\alpha\tan\beta}$ 的形状相似,得到启发,从而找到了解法.

需要说明的是,第一,非因果关系的联想,只是在"怎么想到的"这个问

---

① 任樟辉.数学思维理论[M].南宁:广西教育出版社,2003.

题上,没有用到因果联系,但是一旦把想到的做法实施时,也就是具体解的时候,当然还是逻辑的、因果的.

第二,上面说到两种非因果的联想,可能是比较成熟的数学非因果联想.在其他参考书上,还会看到很多的联想,其中有些联想和业内广泛运用的数学思想方法难以区分.如特殊值法,可以说是一种联想,但是现在普遍解释为数学思想方法.

数学优秀生之所以成为优秀生,原因之一,可能在于他们的联想能力强,特别是非因果联想能力比较强.非因果关系的联想是很重要的.因果关系联想比较容易总结,容易显性化,而非因果关系的联想的显性化困难些.

五、命题联想系统的作用

命题联想系统无论对解题,还是对提高思维能力都有很大的作用.

1. 是解题经验显性化的重要手段

对于没有固定程式的题,有人思考得快而准,有人却常常难以入手,分析其原因,很大的因素在于他们是否把一些有用的知识技能和策略进行了有序储存,数学优秀生头脑里有组织得很好的上游命题系统和下游命题系统.前文已指出,命题联想系统,既是知识技能的系统,其实也是策略系统.如对于三角形的中线,我们可以得到一系列下游命题(知识技能),同时也可以延长中线(策略).既有知识技能的联想,又提供了可供选择的策略.因此学习、组织好命题联想系统,是把数学优秀生的解题经验显性化了.

2. 有利于思维水平的提高

组织上游命题、下游命题联想系统的过程,是收敛思维指导下的发散思维过程,无疑对提高思维能力大有益处.

3. 培养了良好的思维习惯

命题联想,特别是非因果关系联想,符合"反应块思想".提炼反应块,要求我们做有心人,随时随地对问题进行观察,进行事物间纵向、横向的联想,并且及时进行总结,这是一个很好的思维习惯.

六、命题联想系统的建构

大致有三种情况,需要建构下游命题系统.

- ◆ 对于定理公式
- ◆ 对于基本图形和基本式子(组块)

基本图形前文已经谈及,基本式子这个提法,我们也不完全有把握.我们把一组基本式子叫做"组块".如,$a,b,a+b,a-b$ 这一组式子构成了一组"组块",已知其中的两式的值,便可求得其余式子的值$\left(a=\dfrac{(a+b)+(a-b)}{2}\right.$,$\left.b=\dfrac{(a+b)-(a-b)}{2}\right)$.并且,利用这个组块求另外一些式子的时候,常常不用求出 a、b 的值,而是直接求解.如已知 $a+b=-2,ab=-2$,于是

$$\begin{aligned}a^3+b^3&=(a+b)(a^2-ab+b^2)\\&=(a+b)(a^2+2ab+b^2-3ab)\\&=(a+b)[(a+b)^2-3ab]\\&=-2[(-2)^2-3\times(-2)]\\&=-20.^{①}\end{aligned}$$

◆ 习题的已知条件

给出习题的已知条件之后,要尽量伸展,找出它的下游命题.这样对解题是有益的.

在建构下游命题系统时,一要尽量全面,如三角形中线这个基本图形,不但要找线、角方面的下游命题(这个容易想到),还要找哪些三角形全等,哪些三角形等积(这个往往被忽视);二要尽量有序,把这些下游命题按线段等量关系(相等、不等),线段位置关系(平行、垂直),角……有序组织起来,到时便于检索;三要尽可能地找出跨知识点的下游命题.

建构下游命题系统,要从新授课开始,即讲授定理公式时,或见到基本图形时就要开始.

在建构上游命题系统,强调不断积累和梳理.如讲了等腰三角形,就要提醒学生,"现在,证明两线段相等又多了一个方法——三角形的等角对等边",并要求把这一条记录在"证明两线段相等上游命题系统"里,渐渐地,"证明两线段相等上游命题系统"就建成了.

非因果关系联想的建构,强调有心,组成"反应块".

有时候,有些经验比较零碎,老师们常常把这些经验叫做小经验,难以形成系统.这时候,要尽量做到跳出具体的例题状态,抽象出有价值的经验,即压缩储存,这实际上就是概括化理论在起作用了.

例 设 $a、b、c、d、x、y、z、m$ 均为正实数,且满足 $a+x=b+y=c+z=d+m=1$.

求证:$am+bx+cy+dz<2$.

---

① 陈永明.陈永明讲评数学题——初中习题归类研讨[M].上海:上海科技教育出版社.2013.

分析 四个和式相等,并都等于1,可以联想到什么?am、bx、cy、dz又可以联想到什么?

由"$a+x=b+y=c+z=d+m=1$"联想到一个边长为 1 的正方形,并且,每条边被分成两段.如图 2-2-6 所示,如果能搭配好各数之间的位置,那么 am、bx、cy、dz 也可联想到三角形的面积(面积的 2 倍).

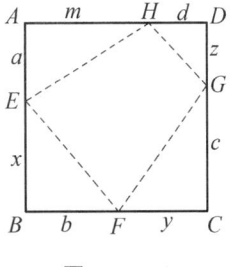

图 2-2-6

解 由题设,构造边长为 1 的正方形 $ABCD$,并在边 AB、BC、CD、DA 上分别取点 E、F、G、H,使 $AE=a$,$BF=b$,$CG=c$,$DH=d$(如图 2-2-6),则 $EB=x$,$FC=y$,$GD=z$,$HA=m$.

联结 EF、FG、GH、HE.

所求问题可转化为比较正方形 $ABCD$ 的面积与 $\triangle AEH$、$\triangle BEF$、$\triangle CFG$、$\triangle DGH$ 面积之和的大小关系.

显然有 $S_{\triangle AEH}+S_{\triangle BEF}+S_{\triangle CFG}+S_{\triangle DGH}<S_{正方形ABCD}=1$.

即 $\dfrac{1}{2}am+\dfrac{1}{2}bx+\dfrac{1}{2}cy+\dfrac{1}{2}dz<1$,

所以 $am+bx+cy+dz<2$.①

从此题可以提炼出一个反应块:

由两数和形式的四个式子连等,联想到构造正方形,并且,每条边被分成两段.

由两字母乘积 am、bx 等,联想到面积.

从前文的例题:"已知 x、y、z 为实数,$xy\neq-1$,$yz\neq-1$,$zx\neq-1$,求证:

$$\dfrac{x-y}{1+xy}+\dfrac{y-z}{1+yz}+\dfrac{z-x}{1+zx}=\dfrac{x-y}{1+xy}\cdot\dfrac{y-z}{1+yz}\cdot\dfrac{z-x}{1ївзx}.$$"

可以抽象出以下的反应块:$\dfrac{x-y}{1+xy}$,$\dfrac{x+y}{1-xy}$ 是正(余)切结构;

类似地,$\sqrt{a^2+b^2}$,$\sqrt{(x_1-x_2)^2+(y_1-y_2)^2}$,$\sqrt{x^2+6x+10}$ 是距离结构或勾股结构;

$\dfrac{y_1-y_2}{x_1-x_2}$,$\dfrac{b}{a}$ 都是斜率结构.

---

① 陈永明.陈永明讲评数学题——初中习题归类研讨[M].上海:上海科技教育出版社.2013.

再如,有关 $a^2+b^2=1$ 转化的做法有很多,就应该把这些做法尽可能地整理出来,形成条件反应:"一看到,就想到".这就做到了有序储存和压缩储存了.

有关 $a^2+b^2=1$ 的反应块:(一看到它就应该想到)

第一层面:

(1) 应该想到直角三角形(以 a、b 为直角边,斜边为 1 的直角三角形).

(2) 应该联想到圆方程(以原点为圆心、以 1 为半径长的圆).

(3) 令 $\begin{cases} x=\cos\theta, \\ y=\sin\theta, \end{cases}$ 可以转化为 $\sin^2\alpha+\cos^2\alpha=1$.

第二层面:

关于 $a^2+b^2=1$ 的广义理解.

(1) 只需 A、B 为正,$A+B=1$,只要令 $A=a^2$,$B=b^2$,就可以转化为 $a^2+b^2=1$ 的形式.

(2) 如 $a^2+b^2=k$,$k>0$,只需两边除以 k,得 $\left(\dfrac{a}{\sqrt{k}}\right)^2+\left(\dfrac{b}{\sqrt{k}}\right)^2=1$,就可转化为 $a^2+b^2=1$ 的形式.

第三层面:

看到 $(p-q)^2+(m-n)^2=1$,应该联想到点 $P(p,m)$、$Q(q,n)$ 的距离等于 1.[①]

我们主张,在教学中,要把一些小经验凸显出来,这些小经验往往就是"反应块".如教一元二次方程判别式时,一看到"a、c 异号",就要想到方程有两不等实根.一看到缺常数项($c=0$),就要想到有实根,且有一根为 0.这些反应块,可以写在黑板上,让学生记下来,还可以集体诵读"一看到……就想到……".

---

① 陈永明.陈永明讲评数学题——高中习题归类研讨[M].上海:上海科技教育出版社,2012.

第三章 各教学环节中的习题教学研究

通常认为,数学教学由若干个环节,如新授课、习题课、复习课、作业、测验,以及试卷讲评课等环节组成.其中,新授课、习题课、复习课和试卷讲评课,是以课的形式出现的,一般称为"课型";而作业是附属于各种课之后的;测验则可以是一种课,也可以附属于某课之后(小测验).各个环节一般都离不开数学题,这是数学教学的特点之一.

一般情况下,新授课上会安排例题、习题,作用是侧重于巩固新知识.之后往往还会专门安排习题课,作用是侧重于运用所教的知识技能,形成某些数学题的解题技能.一个单元之后,一般会安排复习课,复习课上通常也会安排例题、习题,其作用是侧重于知识技能的综合运用.但是,新授课、习题课、复习课的课型不能机械划分,其中的例题、习题的作用也不能机械地划分,它们是互相交叉的,互相渗透的.

第一节　数学新授课环节

一、关于新授课的习题教学的一般认识

新授课是以传授新知识,获取新技能为特征的一种课型,是数学课的主要课型.一般而言,新授课的任务是学习概念、公式、法则、定理等新知识,理解和初步运用这些新知识,其课堂结构常常是:复习、导入新知识、讲授新知识、巩固新知识、总结、布置作业.在每个步骤中,往往都会用到例题和习题.

新授课的例题、习题的作用主要体现在两个方面:一是为引入概念、定理、法则服务的例题;二是为巩固概念、定理、法则服务的例题、习题.

不要以为,新授课里的概念、定理、法则懂了,就能够顺利运用,能够顺利解题.概念、定理、法则和今后的解题,两者之间是有条"沟"的,懂了,未必会了.有经验的教师由于有足够的预见性,会考虑到怎么讲概念、定理和法则,做怎样的铺垫,会让今后的解题更有效.

为巩固新授课的概念、定理、法则的例题、习题,不要太难.这一点下文会进一步论述.

就目前情况看,新授课里的例题、习题教学往往有盲区.一是概念、定理、法则的引入过于马虎,一带而过,急于讲解例题,布置习题,把新授课混同于习题课.其实,由于概念、定理、法则的理解不透彻,会给今后的解题埋下隐患.二是例题、习题往往过难.

如何使例题、习题的设置更加合理,发挥最大功能,提高新授课的课堂效益,值得研究.

二、作为引入的例题

新授课是新知识入门课,概念、公式、法则、定理是新授课教学的重点,而概念、公式、法则、定理的引入则是关键之一.引入的方式不一样,就会使

学生对概念的理解千差万别,甚至会影响其数学观.

奚定华老师在《数学教学设计》中,谈到课的导入功能有以下几个方面:引起学生注意,使学生进入学习的情境;激发学生学习兴趣和学习动机;明确学习目的,调动学生学习的积极性;建立知识之间的相互联系,为学习新的内容做好准备.奚定华老师还提出了明确目的、短小精悍、别致新颖、因课制宜四条原则[①].

本书只讨论数学习题的教学,因此本节不准备全面论述数学课的引入.下面,就担当新授课引入功能的数学题,谈一些看法.利用数学题作为新授课的引入,应该遵循以上几条原则,当然也应该有其特殊性.作为引入新授课的数学题大致有以下几种:

1. 悬念型

就是利用数学题制造悬念,促进学生进一步学习的动机.

如在讲三角形内角和定理及中位线定理前,可分别提出下列问题:

三角形有机玻璃板的一角损坏了,想按原样复制一块三角形板,你有什么办法?

牛郎村和织女村之间有个湖,你有什么办法测量出两村的距离?

"想解决这两个问题吗?(制造悬念!)我们来学习今天的内容."用问题来引入三角形内角和定理(前者)和三角形中位线定理(后者).

再如,学习等比数列前,可提出问题:一张纸,对折,再对折,再对折……假如对折了 100 次,估计有多厚?(参考数据:200 页的书厚 1 厘米)

和前两题不同,第三题,不学习新知识也可以算出来,虽然可以算出来,但它的结果是让人吃惊的.这样产生了"等比数列威力这么大",以此引入等比数列.

一般说,充当悬念作用的数学题,应该是有趣的,和现实生活相关的,结果是出乎意料的,从而能够引起学生的惊讶、惊喜.

2. 复习型

用已学的且与新授课有关的数学题引路,导入新课,是一种联旧引新的方法.通过复习旧知识、拓广旧知识,使学生不满足已有知识,并引导学生把知识深化.

如给出方程 $x^2+3x+2=0, x^2-2x-6=0, 2x^2+4x-5=0$,分别(1) 求根;(2) 求两根之和;(3) 求两根之积.既复习了旧知(求根),又可以以此导入新知识(根与系数关系).这就是复习型的习题导入.

---

① 奚定华.数学教学设计[M].上海:华东师范大学出版社,2001.

3. 探索型

就是探讨某些数学题,或者可以找到规律,或者遇到困难解不下去,以此引出新知识.看以下两个教学片断.

片断1:上课伊始,老师发下一张作业纸,上面有10道题:

(1) $(a+b)(a-b)=$ _____.
(2) $(3m+2n)(3m-2n)=$ _____.
(3) $(x-6)(x+6)=$ _____.
(4) $(1-5y)(1+5y)=$ _____.
(5) $(5ab-1)(5ab+1)=$ _____.
(6) $(b^2-2a^2)(b^2+2a^2)=$ _____.
(7) $\left(-\dfrac{1}{2}x+2y\right)\left(-\dfrac{1}{2}x-2y\right)=$ _____.
(8) $102\times 98=$ _____.
(9) $9.9\times 10.1=$ _____.
(10) $(m+n)(m^2+n^2)(m-n)=$ _____.

师:我们学过了单项式乘法,现在举行一个"小小数学竞赛",看谁做得准、快.

3分钟后陆续有人举手,8分钟时多数人作答完毕,10分钟时还有几位学生没有做完.

师:A同学,你做得又快又准确,你是怎么做的?

生A:我做了前三题之后,发现得出的四项中,中间两项总是可抵消的.所以后面的题,我就不再算这两项了.

生B:对于第8题,可以拆项变形:$102\times 98=(100+2)(100-2)=10\,000-4=9\,996$.

……

在此基础上老师引进了平方差公式.[①]

这个引入既是复习性的导入,又有探索性.我国的传统是熟能生巧,这个例子正说明了这一点.A同学做了三题,经过反思、总结,就生了巧.

片断2:在讲二项式定理时,往往会让学生计算:

$$(a+b)^1=a+b;$$
$$(a+b)^2=a^2+2ab+b^2;$$
$$(a+b)^3=a^3+3a^2b+3ab^2+b^3;$$

---

① 杨世明,等.MM教育方式:理论与实践[M].香港:香港新闻出版社,2002.

$$(a+b)^4=?$$
$$\cdots$$
$$(a+b)^8=?$$
$$(a+b)^{100}=?$$
$$(a+b)^n=?\ (n\in \mathbf{N}^*)$$

多项式乘法运算是学习二项展开式的基础,当二项式幂指数 n 较小时,如 $n=4$,即求 $(a+b)^4$ 展开式,可用多项式乘法解决;但当 $n=8$ 时,再运用多项式的乘法运算,就会显得十分烦琐,自然会产生探求展开式规律的需求.至此,已经可以发现 $(a+b)^8$ 展开式里项数的规律(9 项),各项所含字母及其指数的规律(a 降幂,b 升幂,各项都是 8 次式):

$(a+b)^8=a^8+(\quad)a^7b+(\quad)a^6b^2+(\quad)a^5b^3+(\quad)a^4b^4+(\quad)a^3b^5+(\quad)a^2b^6+(\quad)ab^7+b^8$.

那么,展开式系数是多少呢?很自然地又可将问题转化为探究展开式系数规律.最终引导学生研究二项式定理.

4. 趣味型

这方面例子很多,如发明象棋的故事是引入数列的有趣的例子.这里不予展开.

三、作为巩固的例题、习题

经过新授课上对概念、法则等的讲解,学生初步理解了这些概念、法则,接下去,还必须消化、巩固.怎么消化?怎么巩固?固然可以通过辨析、复述、记忆等方法,但对数学课而言,通过例题、习题来巩固,效果更佳.为什么?因为解题的过程是学生动手做的过程,自己做过的东西肯定印象比较深刻.

重视"双基"是中国数学教学的特色.张奠宙教授在论述我国的"双基"时说:"在理解和操作的关系上,不主张'理解第一',而是两者并重.为了'理解'的课堂讲解,必须精要,以便留下更多的时间用于求解数学问题.在时间分配上,不必在数学理解阶段停留太久,理解数学往往不可能一次完成,数学是需要'做'的.因此,理解了当然要做题,不完全理解也可以做题,在做题的过程中加深理解.这也许是多数人学习数学的途径."[①] 张教授的这段话精辟地指出了练习对理解数学概念法则的重要性,当然,张教授这段话,并不

---

① 张奠宙,李士锜,唐瑞芬.中国大陆的"双基"数学教学.文章载入:范良火等.华人如何学习数学[M].南京:江苏教育出版社,2005.

意味着不讲清概念、法则,只要动手做题就行了.

新授课的例题、习题有巩固知识技能的作用,其选择不同于习题课,更不同于复习课,应注意以下几点.

1. 基础性

新授课的例题、习题,是在刚接触新授的知识和技能之后的例题习题,因此更应该强调基础性.如果说,数学题的难度,有模仿、变式、综合和应用、开放几个层次的话,新授课的例题、习题应该处在模仿阶段和初步变式阶段.尽管这几个层次不是绝对的,但新授课的例题、习题总体说,不宜太难、太综合、太开放.当然,基础性是因班而异的.

鉴于此,我们认为,对于承担"双基落实"任务的例题,应以教材、课程标准与考试说明为依据,与此直接相关的基本公式、数据要通过运算,达到熟悉、熟练,并加以记忆,如一元二次方程的求根公式,20以内整数的平方等.这就是张奠宙教授说的"双基"的"基桩".

不要随便超越教材、课程标准与考试说明的要求,难度增加的坡度不要过大.可是,我们有些教师常常做着欲速则不达的事情.初学提取公因式,就应该老老实实先做提取数字公因式和单项式公因式,不要一下子就要求提取多项式公因式.就是数字公因式还有正数和负数之分,单项式公因式还有一个字母、多个字母,字母还各有不同的指数等情况.特别是普通中学,要小步子前进.

2. 示范性、模仿性

模仿练习就是按照教师提供的模式进行学习,它直接依赖于教师的示范.模仿是必要的.我们知道,没有一定量的重复练习,是记不住的,是不能形成技能的.通过模仿,一来可以熟悉公式、定理,熟悉方法,让学生在头脑中留下清晰的印记;二是初学一类解题方法,如几何证明,利用方程解应用题,计算代数式的值,化简代数式,数学归纳法……它们有各自的表达方式,事实证明,学生一下子接受这种表达方式,是有难度的.因此,教师要起示范作用,并且要给一定量的练习让学生模仿,习得规范的运算步骤和方法.这也是新授课的任务.错过了这个时机,以后再纠正就困难了.

因此,新授课题目的难度要从模仿开始,一个新的公式,应该先有带模仿性的"代公式"的简单练习,不要急于变式,急于增加"转弯子",急于做难题.当然,模仿不宜过度,要适时向前推进.

3. 辨析性

除了正面的基础性习题模仿之外,辨析性也是新授课例题、习题的特点.一个概念、法则,常容易理解错误,则可以通过例题、习题(常常以填空

题、选择题的形式出现)进行辨析.在具体设计时,可针对关键要素,采用"否定假设法"设计.比如,

关于幂函数概念有如下表述:一般地,函数 $y=x^k$(k 为常数,$k\in \mathbf{Q}$)叫做幂函数.

此概念的关键要素有三:一是函数解析式是幂的形式;二是底数 x 是自变量,指数 k 是常数;三是指数 $k\in \mathbf{Q}$.

为了巩固概念的学习,可针对关键要素设计如下问题:

(1) 请举出几个学过的幂函数例子.

(2) 说明幂函数与指数函数的区别.

(3) 判断下列函数 y 是否是 x 的幂函数?

① $y=3^x$;② $y=2x^{-3}$;③ $y=\sqrt{x}$;④ $y=x^{\sqrt{2}}$.

又如,

关于椭圆第一定义有如下表述:平面内与两个定点 F_1、F_2 的距离的和等于常数 $2a$($2a$ 大于 $|F_1F_2|$)的点的轨迹叫做椭圆.

此定义的关键要素有三:一是平面内的动点 M;二是常数 $2a$ 大于焦距 $2c$,即 $2a>2c$;三是动点 M 到两个定点 F_1、F_2 的距离的和为常数 $2a$,即 $|MF_1|+|MF_2|=2a$.

为了达到正确理解概念的目的,针对"关键要素一":平面内的动点 M,假设不是这样,可设计问题:

(1) 与两个定点 F_1、F_2 的距离的和等于常数 $2a$($2a$ 大于 $|F_1F_2|$)的点的轨迹是椭圆吗?

针对"关键要素二":$2a>2c$,假设不是这样,可设计问题:

(2) 若 $2a=2c$,动点 M 的轨迹是什么?

(3) 若 $2a<2c$,动点 M 的轨迹是什么?

针对"关键要素三":$|MF_1|+|MF_2|=2a$,可设计问题:

(4) 平面内到两个定点 F_1、F_2 的距离的差(积、商)等于常数 $2a$ 的动点的轨迹是什么?

(5) 平面内到三个定点的距离的和等于常数 $2a$ 的动点的轨迹是什么?

基础题里,实际上有些基本方法已经涉及了.由于初学,必定不熟练,常会出现错误,因此要特别注意及时纠错,并且要把纠错过程和新授的知识技能联系起来.

如初学不等式时,常常在改变不等号方向上出现错误.

例 解不等式 $1-2a>3$.

解 $-2a>2,a>-1$.

这里的最后一步错了.必须及时纠正这个错误,因为是初学,容易错,也容易纠正,时间一长,就难以纠正了.纠正时,要让学生和新授知识——不等式性质——联系起来,如可以让学生重新读一遍性质,讲讲错在哪里,这样可以达到在实践中辨析新授知识的目的.

4. 初步变式

光是模仿,难度不够,而且因为单调,容易产生疲劳,所以我国的数学教学广泛采用变式教学.变式练习可贯穿数学习题教学的始终,无论是新授课、习题课、复习课的例题还是习题,都可以应用变式的方法.在新授课里,只是将概念、法则、公式进行初步的变式,主要就是进行公式变形.不要小看公式变形,实际上,这就开始形成了这个公式的等价命题系统或下游命题系统.这些"二手"结论对今后的解题是很有帮助的.

对于公式的变形问题,陈永明教授提出了四种基本的变形[①].

◆ 第一种是方向的变化,即公式的逆用.

如 $\sin^2 x + \cos^2 x = 1$,则 $1 = \sin^2 x + \cos^2 x$.

◆ 第二种是要素角色的变化.

如圆周长公式,公式涉及的要素是半径和圆周长,原本是已知半径求圆周长的,半径处在已知"角色",圆周长处在求的"角色",变形后可得到已知圆周长求半径的公式.又如,等差数列的通项公式,原先是已知首项 a_1,公差 d,项数 n,求 a_n,可以变形为已知首项 a_1,项数 n,项 a_n,求公差 d.下面是完全平方公式的系列变形,也可以看作是要素角色的变化.

完全平方公式:$(a \pm b)^2 = a^2 \pm 2ab + b^2$.

这是通过 a、b 求 $(a+b)$、$(a-b)$,我们知道 a、b,$a+b$,$a-b$,组成一个"组块",这个公式有好几个"潜在"的要素.把公式变为

$a^2 + b^2 = (a+b)^2 - 2ab$;　　　　　(这是通过 $(a+b)$、ab 求 a^2+b^2)

$a^2 + b^2 = (a-b)^2 + 2ab$;　　　　　(这是通过 $(a-b)$、ab 求 a^2+b^2)

$a^2 + b^2 = \frac{1}{2}[(a+b)^2 + (a-b)^2]$;　(这是通过 $(a+b)$、$(a-b)$ 求 a^2+b^2)

$ab = \frac{1}{2}[(a+b)^2 - (a^2+b^2)]$;　　(这是通过 $(a+b)$、a^2+b^2 求 ab)

$ab = \frac{1}{2}[(a^2+b^2) - (a-b)^2]$;　　(这是通过 $(a-b)$、a^2+b^2 求 ab)

$ab = \frac{1}{4}[(a+b)^2 - (a-b)^2]$;　　(这是通过 $(a+b)$、$(a-b)$ 求 ab)

---

① 陈永明.陈永明评议数学课[M].上海:上海科技教育出版社,2008.

$(a+b)^2 = (a-b)^2 + 4ab;$　　　　　（这是通过$(a-b)$、ab求$(a+b)$）

$(a-b)^2 = (a+b)^2 - 4ab.$　　　　　（这是通过$(a+b)$、ab求$(a-b)$）

◆ 第三种是字母的泛化.

这里的泛化是指,公式中的字母可以用数字,也可以用别的字母(甚至一个式子)代替.

如从倍角公式 $\cos 2x = 1 - 2\sin^2 x$,经过要素角色转换,得 $\sin^2 x = \dfrac{1-\cos 2x}{2}$,再字母泛化,用 $\dfrac{x}{2}$ 代替 x(这常常是一些学生想不通的地方:怎么可以用 $\dfrac{x}{2}$ 代替 x 呢? 注意:这不是要素角色转换!)①,得半角公式 $\sin^2 \dfrac{x}{2} = \dfrac{1-\cos x}{2}$.

（请思考:你遇到过类似的情况吗? 学生接受时有没有困难?）

◆ 第四种是公式的特殊化和弱化.

例如,二项式定理特殊化,得 $2^n = (1+1)^n = C_n^0 + C_n^1 + C_n^2 + \cdots + C_n^n$. 学生都知道,三角形面积公式 $S = \dfrac{1}{2}bh$,但是很多人不知道或不会利用"同底的两个三角形面积和高成正比".这里的"三角形面积和高成正比"是三角形面积公式的弱化.

弱化的情形常常没有引起大家的重视.其实,有时弱化的结论可以迅速解决问题.

四、有益于解题的数学新授课教学

有经验的教师能够体会到,光掌握定理法则本身,还不能应对解题.也就是说,定理、公式、法则都记住了,都理解正确,但还是不会解题.新授知识和解题,两者之间有条"沟"——这是运用之"沟".

光有知识,没有掌握好解题的方法和技巧,是跨不过这条沟的.但是解题方法和技巧,常常是隐性的,难以言传.那么,这隐性的解题方法和技巧,有没有可能让它显性化,或者部分显性化?

1. 公式变形,着手建立下游命题系统

事实上,课本上的定理、公式可以进行引申,这引申出来的"二手"结论,形成等价命题系统或下游命题系统.有了这样的等价命题系统或下游命题系统,就会给以后的解题带来很大的方便.等价命题系统和下游命题系统,

---

① 陈永明.高等数学引桥[M].上海:上海科技教育出版社,1992.

应该是逐步形成,逐步完整的,但在新授课上就应该开始着手构建.上面说到的公式变形,就是在构建等价命题系统或下游命题系统.这和新授课例题、习题的基础性并不矛盾.因为构建这个等价命题系统或者下游命题系统,仍是属于基础.构建这个等价命题系统或者下游命题系统,必须对后续教材、后面会出现的习题,特别是比较难的习题应该有所了解,有所预见.

如,上海初中教材曾引进了向量.在利用向量证明几何题时,因为思维一时转换不过来,学生往往有很大的困难.

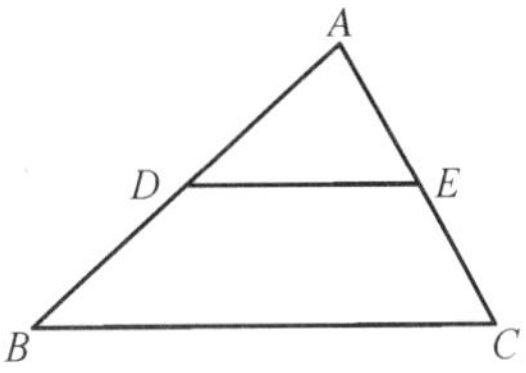

例 如图 3-1-1,D、E 分别是 AB、AC 的中点.

求证:$DE // BC$,$DE = \dfrac{1}{2} BC$.

图 3-1-1

证明 因为 $\overrightarrow{DE} = \overrightarrow{DA} + \overrightarrow{AE} = \dfrac{1}{2}\overrightarrow{BA} + \dfrac{1}{2}\overrightarrow{AC} = \dfrac{1}{2}\overrightarrow{BC}$,

所以 $DE // BC$,$DE = \dfrac{1}{2} BC$.

"你怎么想到 $\overrightarrow{DE} = \overrightarrow{DA} + \overrightarrow{AE}$ 的?"很多学生根本想不到这样的证法.

如果在讲解向量的加法法则(三角形法则)的新授课上,强调公式的变形,告诉学生,在图 3-1-2 中,既然 $\vec{a} + \vec{b} = \vec{c}$,那么 $\vec{c} = \vec{a} + \vec{b}$(这是原公式的逆用,也是原公式等价命题系统和下游命题系统里的一个内容),上述证法就不难想到了.

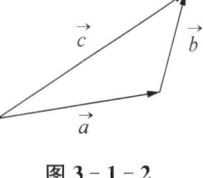

图 3-1-2

不要看这仅仅是公式的左右位置发生了变化,实际上,看问题的着眼点变了.如果三个向量构成一个三角形的话,原性质是"两个向量之和等于第三个向量",现在成了"一个向量可以看成另两个向量之和".如果头脑里记得这个"二手"性质,那么在证明三角形中位线定理的时候,由于 A、D、E 构成三角形,就会想到:把 $\overrightarrow{DE}$ 用 $\overrightarrow{DA} + \overrightarrow{AE}$ 来表示,想到了这一点,以后的证明就非常顺利了.本质上说,这个问题的解决,还是用了向量加法法则(实际上是用了其逆).但事实证明,光有这个加法法则,学生还是跨不过这条"沟".如果新授课上,对加法法则作了变形,得到了 $\vec{c} = \vec{a} + \vec{b}$,就为以后的解题作了合适的铺垫.

2. 把新法则纳入上游命题系统中

教了一个新法则,有经验的教师还会做这样一项工作.如教了三角形中位线定理,让学生回答:证明两线平行过去有多少种方法?现在又多了一种;证明线段的倍分关系,过去有多少种方法?现在又多了一种.这样把新法则纳入证明平行和线段倍分关系的上游命题系统中去.这样做,肯定对今后解题有益处.

似乎新授课只要把定理、法则讲清楚就行了,其实优秀教师会把新授课和今后的解题、今后的教学结合起来,提前作好铺垫.

第二节　数学习题课环节

一、关于数学习题课教学的一般认识

教师常常会用整节课来讨论习题,这样的课通常称为习题课.

习题课是对新授课的递进,如果说新授课的例题、习题主要是帮助巩固新知识,那么习题课里的例题、习题,要比新授课里的例题、习题的要求会更高些.它主要是运用前面学过的知识,形成某些数学题的解题技能,从而加深对数学知识的理解,并培养数学思维和数学意识.因此,习题课的例题、习题,要超越模仿和初步变式,应该进一步变式;应该和其他知识技能初步综合,进行初步应用,甚至初步的开放;随着习题的变化增加、涉及范围的扩大、难度的提高,要让学生对解题经验有所"悟",习题课应该要进行初步的总结.

我们常说"抛砖引玉",从本质上说,习题其实就是"砖",是个载体,其目的要引出学生"数学思维"的这块"玉";所谓"玉不琢,不成器",再对这块"玉"用"习题"这把刻刀进行雕琢.因此,"工欲善其事必先利其器",习题选择、搭配的重要性不言自明.

有些教师被称为"劳作型教师",他们辛辛苦苦,一心一意想提高教学质量.劳作型教师,在习题课(其实其他课型也是)的例题、习题教学中存在着三种主要的偏差.

◆ 一是选题随意性,缺乏典型性,数量过多,质量不高.

很多习题课的模式就是一节课由五六道题组成,做半节课,讨论讲评半节课.不少教师以为习题课就是拿几道题讲讲罢了.选的例题、习题是"东一榔头西一棒槌",东抓抓,西挠挠,很随意,我们把这种情况叫做"抓在篮里就是菜".有的教师则面对茫茫题海,总想以考试为中心,以尽可能大的半径画圆,将所有的题目都做个遍.学生上完课后,不能说一头雾水吧,至少不清楚这节课解决了什么,对于提高解题能力,帮助不大.

◆ 二是散.

因为选题随意,安排一定是无序的,好像"乱发扑克牌".而认知规律是先易后难,先单个再综合,先正面再反面.所以习题课应该"形散神不散",应该形成结构.习题课最好要围绕一两个主题.每一道题或每一套题是否紧扣主题,其显性标志就是在黑板的左端是否能把上课的主要内容,解题的要领,形成一个提纲(学生有权利知道本节课的目的、重点和难点).而且围绕主题,层层推进,要善于利用题组,组织例题、习题.

◆ 三是盲目拔高,追求难、偏、怪题.

盲目拔高,是目前一个比较普遍的现象,这是教师急于求成造成的.
下面是某位教师执教单项式乘以多项式习题课的情形.

目的:复习乘法分配律.

例题:(1) $2 \times (1-3x) = $ _____ ;

(2) $-3x^2(2x^2-3y-4) = $ _____ ;

(3) $\left(\dfrac{4}{3}x^2 - 2xy + y^2\right) \cdot 3x^2y = $ _____ .

练习:(略).

看看离下课时间还早,该教师又出了几个习题,其中有三个习题是这样的:

(1) $(-x)^n \cdot (x)^{2n} \cdot (-x)^{3n-2} = $ _____ ;

(2) $(-10)^{2m+1}(-10)^n \div 10^{2m+n} = $ _____ ;

(3) $2^n 3^n 7^n \div (-42)^n = $ _____ .(跑题了,这不是单项式乘以多项式)

突然,该老师插问一位学生:4^{13}的个位数字是什么? (和主题完全不相干)

……

课后思考题:

(1) $A \div \left(-\dfrac{2}{3}x^{n-2}\right) = x^3$,求 A.

(2) 2^{31}的末位数字是几? (这也不是多项式乘以单项式)

你看,这不是东抓抓、西挠挠吗?对于课中间为什么有这样的插问,后来和该教师个别交换看法时,她说,"我看这个同学不专心,就出道题目难难他."难难他,也应该和本节课的主题相关啊!怎么出了这么一道和主题完全不相关的题呢?课后思考题可以"出格"些,但一般也应该尽量和主题相关.总之,这节习题课很随意,例题的选择不典型,例题的安排没有层次,看不出一个结构,"形散神也散".

因此,对习题课进行研究是有必要的.提高习题课教学质量有很多措施,如渗透数学思想方法,发动学生讨论,等等.我们认为,以下两条也是十分重要的:选择的例题要有典型性,安排例题时要注意层次性.我们将此称为典型原则和层次原则.典型原则和层次原则,是许许多多优秀教师教学经验的总结.

二、典型原则

1. 典型例题的特征

笛卡儿曾说过,他所解决的每一个问题将成为一个范例,以用于解决其他问题.那么怎样的例题是典型的？前面说过,典型的例题,是指这个习题在所教授的章节中,有一定的代表性,掌握了它,对掌握别的一些题目有触类旁通的作用.具体说,应该是具有以下特点的数学题.

◆ 围绕主题

选择的例题应该有清晰的目的,服务于习题课的主题.有的是为了针对某个单元的某个"双基"要求,有的是为了让学生掌握某类题的解法,有的是为了让学生掌握解题的格式,有的则是针对学生常犯的某种错误.

◆ 可举一反三

它应该是某类数学题的代表,或者是体现某种数学方法、数学思想的代表.可以这样说,如果这个例题掌握了,那么这类数学题基本上就会做了,或者这类数学方法、数学思想就基本上掌握了.因为有代表性,所以通过这一个(组)题的解答,能够由此把握一类题,起到了举一反三的目的.这就是有些优秀教师说的"做一题,会一类".

每个典型题都代表了某类数学问题,或者是体现某种数学方法、数学思想,那么一组这样的典型题,应该覆盖某个单元主要的几类数学题,或者覆盖某种解题模块的各种情形,或者覆盖主要的几种数学方法和思想.这样,能够让学生掌握知识结构技能,形成知识整体脉络,为总结解题模块、总结命题联想系统打下基础;同时,对基本思想方法也有一定的认识.但是,这里说的覆盖,不是企图把所有的数学题都做遍.

◆ 能激发思维

典型例题要有启发性,简而言之,就是"入口浅,寓意深".题目本身有"陷阱",或者有多种解法,容易引起争议和讨论;还可以变化、引申、拓展,由一道题变出一组题.通过讲解、讨论这样的具有启发性的习题,可以激发学生的思维.

以上三个特征,主要是从数学本身总结的.结合学生的情况,还应该要求难度适当.这里不予展开.

作为新授课之后的习题课,选择和呈现典型例题时忌讳以下几点.

◆ 综合性过强

习题课上选择的例题是为上课主题服务的,有时候综合性过强的习题,让老师不得不加强对以往知识的复习,顾此失彼,对突出主题没有好处,特别是对把握新课内容没有好处.

◆ 计算量过大

计算过程是数学操作过程,是非常重要的环节,但它侧重于学生自身的操作体验,往往费时较多,习题课应尽量回避计算过繁的例题.

◆ 题意过于复杂

对于阅读量较大的习题,不适合在习题课上讲解,否则也会削弱主题.

◆ 方法过于特殊

我们不主张把精力花在只能解决一道题或几道题的特殊方法("小巧")上,所以解法过于特殊的例题应该回避.

2. 典型例题的把握

数学例题、习题的典型性怎样把握呢?或许,做到以下几个方面就比较容易把握.

(1) 按分解了的"双基"要求选择典型例题

把总要求分解成若干个分要求.按照分解的结果,针对各个分要求,配置例题、习题.这样,一个典型的例题,针对某个单元的某个"双基"要求;一组典型题目覆盖某个单元"双基"的各个要求.即:典型例题是覆盖某个单元各知识技能的主要题型.

因此,选择典型例题、习题,离不开对某单元"双基"要求、某类习题的总的把握.也就是说,教师应该钻研教材,还要钻研考纲考题,吃透"双基"要求,再挑选题目,而不是反过来.下面是一个"一元二次方程的判别式"习题课案例.

案例 "一元二次方程的判别式"习题课

上海市南洋初级中学吕湘霞老师在讲一元二次方程根的判别式时,把"双基"要求分解成四点:一是判别式的推导与识记;二是利用判别式,不解方程判断一元二次方程的根的情况;三是根据一元二次方程的根的情况与判别式,确定含字母已知数的方程中字母的值或取值范围;四是讨论有没有实数根.其中第二点又分解成两种情况:一是系数是数字的;二是系数含字母的.然后配置了如下的例题.

◆ 第一类,关于判别式的推导与识记.

题1 从一元二次方程 $ax^2+bx+c=0(a\neq 0)$ 的配方形式 $\left(x+\dfrac{b}{2a}\right)^2=\dfrac{b^2-4ac}{4a^2}$,说明当 $\Delta=b^2-4ac<0$ 时,方程为什么没有实数根.

题2 填空:一元二次方程 $ax^2+bx+c=0(a\neq 0)$,

当 Δ _____ 时,方程有实数根;

当 $\Delta>0$ 时,方程有 _____ 实数根;

当 Δ _____ 时,方程有两个相等的实数根.

◆ 第二类,关于利用判别式,不解方程判断一元二次方程的根的情况.

题3 不解方程,判别下列方程有没有实数根,或有几个怎样的实数根.

(1) $3x^2+4x+7=0$;

(2) $0.3x^2+0.4x-0.7=0$;

(3) $8y(y+3)=-9$.

题4 求证:方程 $(k^2+1)x^2-2kx-(k^2+4)=0$ 必有两个不相等的实数根.

◆ 第三类,关于根据一元二次方程的根的情况与判别式,确定含字母已知数的方程中字母的值或取值范围.

题5 k 是什么值时,方程 $(k-1)x^2+2kx+k+3=0$ 分别有以下几种情形:

(1) 有两个不相等的实数根?

(2) 有两个相等的实数根?

(3) 没有实数根?

在解题5第(1)小题时,学生往往由 $\Delta>0$,解得 $k<\dfrac{3}{2}$,就认为求出了 k 的取值范围,容易忽视 $k\neq 1$,即二次项系数 $k-1\neq 0$ 的条件,造成错误.这里要讲清:题目问到"何时有两个不等的实数根",已经蕴含了"该方程是一元二次方程".

题6 m 是什么值时,方程 $3x^2-mx-1=2x-x^2-m$ 有两个相等的实数根?求出这时方程的根.

◆ 第四类,综合题:讨论有没有实数根.

题7 k 是什么值时,方程 $(k-1)x^2+2kx+k+3=0$ 有实数根?

本题没有指明所给的方程是二次方程,所以应提示学生二次项系数应分为 $k-1\neq 0$ 和 $k-1=0$ 两种情况讨论.本题的目的是防止学生把二次项系数 $a\neq 0$ 绝对化.

（2）根据已经总结的解题模块来设计典型例题

某类问题,如果可以归结为一个解题模块,根据这个模块挑选例题、习题,肯定也是典型的,这说明了"归一"原则的指导作用.("归一"原则将在复习课这节中讨论)

在本书的第二章,我们讨论过条件求值的解题模块.在这个模块里,首先把这类题目分成两类情形:第一类是从条件里可以求出 x、y 的值,从而条件求值题可以转化为普通求值题;另一类是无法转化为普通求值题,因而要使用消元代入、整体代入,甚至参数法求解.教师掌握了这个模块,可以从每种情形中,分别挑些题目;第二种情形因为比较复杂,可以用一道合适的题目(也可以用稍多些题目)把三种解法展示出来.这样的题目就是典型题.再看几个案例.

案例1　直角三角形习题课

有位教师对解直角三角形的解题模块是这样理解的：

第一步,寻找或构造直角三角形.

第二步,观察该直角三角形里,有没有两个独立的条件.

（1）如果有,利用勾股定理和锐角三角比直接解——直接法,其中含有基本量思想.

（2）如果没有,设一个元素为 x,此时必定还有一个条件没有用到,利用它列方程——间接法,其中含有方程思想.

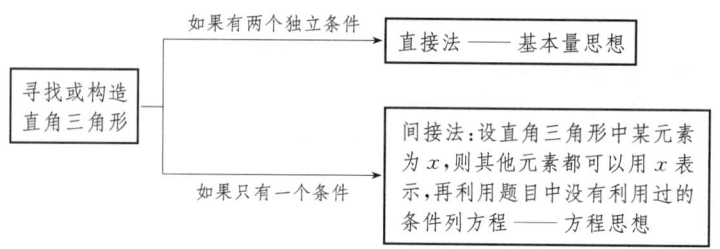

于是,根据这个解题模块,设计了以下例题：

题1 如图 3-2-1,在 Rt△ABC 中,∠C=90°,AC=5,∠B=60°,求边 BC 的长.

(本题已知两个独立条件——∠B 和 AC,可直接算出边 BC 的长.)

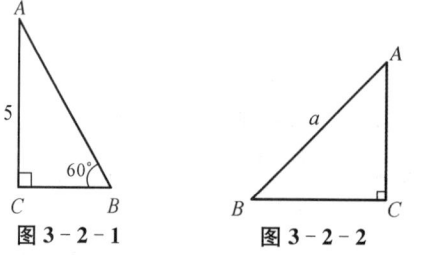

图 3-2-1　　图 3-2-2

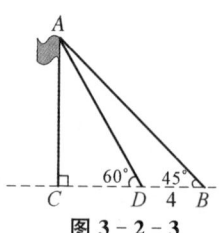

图 3-2-3

变式练习1:如图3-2-2,在Rt△ABC中,∠C=90°,∠B=45°,AB=a,求边AC的长.

(变式练习1中也是已知两个独立条件,只是原题1是已知直角边,这里是已知斜边,并用字母表示.)

变式练习2:如图3-2-2,在Rt△ABC中,∠C=90°,AB=a,AC=$\frac{\sqrt{2}}{2}a$,求∠B的度数及边BC的长.

(变式练习2中也是已知两个独立条件,只是已知斜边和一直角边.)

题2 如图3-2-3,两人一起测量旗杆高度,甲在点D测得点A的仰角为60°,乙在点B测得点A的仰角为45°,点C、D、B在同一直线上,而两人间距为4米,求旗杆的高度.

(本题有两个直角三角形:△ACD与△ACB,但都只有一个已知条件(分别是60°和45°),都没有办法直接求AC.于是设$AC=x$,这样,两个三角形中的边角都可以用x表示,然后用尚未利用过的已知条件"两人间距为4米"列出方程.)

变式练习:如果把题2稍作改动:已知的是旗杆高为a,两个测量点的仰角还是分别为45°和60°,求BD为多少米(用含a的代数式表示).

(把两题进行比较,发现题2是运用间接法解直角三角形,而变式练习是两个三角形都可以找到两个独立的条件,△ACD是旗杆高a和60°角,△ACB旗杆高a和45°角,可运用直接法经过两次解直角三角形得解.这是一个很好的题,可以将它和上题进行对比.)

这几道题是根据解直角三角形的解题模块设计的,覆盖了整个模块里的常见题型和方法,所以是典型的.

下面再看一个高中的案例.案例中的三道题围绕一个主题,而且覆盖了这个主题的各个方面,因此都是典型例题.并且这组题本身就组成了一个解题模块.

案例2 "二限"排列习题课

"二限"排列是指两个位置上可排元素有限制的排列,可以有三种情况:

◆ 无关型

题1 在6 000到9 000之间有多少个没有重复数字的5的倍数?

本题的特征是虽然有两个位置(千位和个位)可排的元素有限制,但各自可排的元素无关.解法是先排有限制的位置,至于是千位还是个位,都可以(图3-2-4).

◆ 影响型

题2 从 A、B、C、D、E、F、G 这 7 位歌手中选 4 个表演独唱,规定每位歌手最多只能出场一次,而且第一个节目不能排 A、B,第二个节目不能排 A、B、C、D,有几种排法?

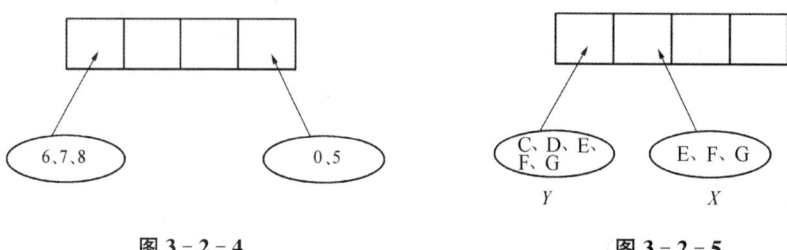

图 3-2-4　　　　　　　图 3-2-5

本题的特征是一个限制的位置里可排元素(看作一个集合 X)是另一个位置里可排元素(也看作一个集合 Y)的子集.解法是先安排第二个节目(和子集合 X 相应),再安排第一个节目(图 3-2-5).

◆ 混合型

题3 3 000 到 8 000 之间有多少个没有重复数字的奇数?

本题的特征是两个位置上可排元素构成的集合成互相交叉的关系.解法是将题目分拆成两个小题目:

(i) 3 000 到 8 000 之间有多少个没有重复数字的个位是 1 或 9 的奇数?(无关型)

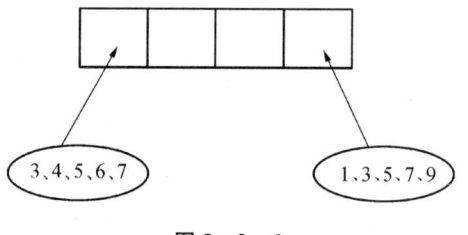

图 3-2-6

(ii) 3 000 到 8 000 之间有多少个没有重复数字的个位是 3、5、7 的奇数?(影响型)

然后分别解之,并用加法原理得到结果(图 3-2-6).[①]

(3) 根据"双基"中的重点、难点和学生学习的缺陷设计典型例题

知识技能是螺旋式上升的,对重点、难点的理解,有时在新授课上难以完成,一定要做了一点习题之后,才能比较深入地理解,于是习题课对重点、难点的深入学习有进一步巩固的作用.

典型例题的特征不止起承载典型知识和典型数学思想的作用.同时,对于学生的认知缺陷,也要在第一时间予以纠正、补救,据此可设计出典型例题,下面看两个例题.

---

① 陈永明.陈永明评议数学课[M].上海:上海科技教育出版社,2008.

题1 设函数 $f(x)=\lg(ax^2+2x+1)$.

(1) 若 $f(x)$ 的定义域是 **R**,求实数 a 的取值范围;

(2) 若 $f(x)$ 的值域是 **R**,求实数 a 的取值范围.

这道典型例题是高一学生学习对数函数时的常见类型,题意相似,仅仅把定义域和值域作了对照,解题方法正好相反,学生很容易出错.

题2 (1) 若函数 $f(x)=x^2+kx-3$ 是 $[1,+\infty)$ 上的单调递增函数,则实数 k 的取值范围是_____;

(2) 若 $\{b_n\}$ 是单调递增数列,$b_n=n^2+kn-3$,则实数 k 的取值范围是_____.

第(1)题利用二次函数的单调性,只需对称轴 $-\dfrac{k}{2}\leqslant 1$.而第(2)题当 $-\dfrac{k}{2}\leqslant 1$ 时,能得到数列 $\{b_n\}$ 是单调递增数列,但非充要条件,原因就在于数列的图像是离散的点. b_1 的对应点可以在对称轴的左侧,其余点在右侧,只需满足 b_1 对应点的位置最低.所以正确做法是将两种情形全部考虑进去,列式应为 $-\dfrac{k}{2}-\dfrac{1}{2}\leqslant 1$(也可直接由 $b_{n+1}-b_n>0$ 得到).这也是容易错的地方.

三、层次原则

对于例题的设计,我们除了在选择时要遵循典型原则外,还要在安排这些典型习题时遵循层次原则.

心理学研究指出,知识只有组织成系统,才会被学生迅速、准确而牢固地记忆并迁移.而这个系统应该是有序的、有层次的.所以,我们绝不要把习题课看成是众多题目的堆砌.习题只有按照层次安排,才能把各个局部知识按照一定的观点和方法组成整体,形成知识体系.

1. 层次安排的特征

(1) 分类处理

有时一类问题,有若干个方面,安排例题时应该先讲一个方面,再讲另一个方面.

如,在初中学习一次函数之后,一般布置分段函数的应用题,诸如出租车收费问题、邮包收费问题、某人时快时慢行进问题等.纵观这类应用题,从数学角度分,基本上可以分成两类:一类是单个函数,另一类是两个函数.下面两道题,前者是单个函数的,后者是两个函数的.

题1 出租车收费问题:前 3 千米为"起步费",11 元;之后每千米 3 元,试问行驶距离为 10 千米,车费应是多少.

题 2 龟兔赛跑:乌龟始终以每分钟 10 米的速度爬行.兔子先以每分钟 100 米的速度奔跑,跑了 5 分钟,就地休息并睡了 1 小时,当兔子醒来时,发现乌龟已经在它的前面了,于是以原速追赶,什么时候可以追及?

既然这类问题有两种情况(一种简单些,一种复杂些),那么就应该先讲授一种情形,再讲授另一种情形,而且应该先讲授简单的情形,后讲授复杂的情形,不宜将两类题混杂在一起呈现.可惜,不少初中教师对这类问题,一是先不作必要的知识铺垫,二是将两类问题混杂呈现.当然,教学效果也会大打折扣.

(2) 先易后难

心理学研究指出,先易后难,是符合学生的学习规律的.对于同一知识点、技能点,可以编出很多题,这些题有难易之分,一般应先易后难(先单个再多个,先正面再反面……),并以适当的步子推进.一般来说,对低年级的学生,对初学一个知识点,对基础较差的班,步子可以小一点.但是,一味强调小步子,也会减弱思维训练的力度,而且会使学生产生厌烦感.所以,适当的步子是很有学问的.先易后难,具体说应该先模仿,后变式,再综合和应用,甚至开放探究.

◆ 模仿练习阶段

这在本章第一节里已经论述.

◆ 变式训练阶段

"变式训练",保证了数学"双基训练"不是机械训练,是我国数学教学的基本经验之一.变式训练形式多样,应该是习题课的主要内容和形式.

◆ 综合、应用训练阶段

综合题,就是需要运用多种知识技能才能解决的问题,通常以知识的交汇点来设计习题,它强调的是知识之间的交叉、渗透与组合.应用题,则是结合了生产生活的实际问题.综合题和应用题可以训练学生确定操作方向,灵活运用法则、定理的能力,为技能向能力转化打下基础.综合题、应用题在习题课中可以出现,在复习课里出现得更多一些.

◆ 开放探究阶段

开放题特点是:非完备性、不确定性、发散性、探究性、层次性、发展性、创新性.如果说前三个阶段着重在落实"双基"的话,那么开放探究阶段,不但要运用基本知识技能,而且要创造性地运用;如果说前三个阶段主要训练收敛思维的话,那么开放探究阶段,着重培养发散思维,培养学生的高层次思维能力和创新能力.

以一元二次方程根与系数的关系习题课为例进行说明.

第一阶段——模仿训练阶段

题1 (1) 方程 $x^2-3x-4=0$ 的两根为 x_1、x_2，求 x_1+x_2 及 $x_1 x_2$.

(2) 求方程 $2x^2+3x-4=0$ 的两根之和、两根之积.

题2 如果一元二次方程的两根为 x_1、x_2，且 $x_1+x_2=2$，$x_1 x_2=3$，那么这个一元二次方程是怎样的？

第二阶段——变式训练阶段

题3 设方程 $2x^2-3x-4=0$ 的两根为 x_1、x_2．不解方程，求下列各式的值.

(1) $(x_1-1)(x_2-1)$； (2) $\dfrac{x_1}{x_2}+\dfrac{x_2}{x_1}$； (3) $x_1^2+x_1 x_2+x_2^2$.

题4 设方程 $2x^2-3x-4=0$ 的两根为 x_1、x_2．不解方程，求下列各式的值.

(1) $x_1^2-x_2^2$； (2) $x_1^6-x_2^6$； (3) $\dfrac{x_1^3-x_2^3}{x_1^4+x_2^4}$.

第三阶段——综合和应用阶段

题5 已知斜边为10的直角三角形的两条直角边 a、b 是方程 $x^2-kx+3k+6=0$ 的两个根，求 k 的值.

题6 设 a、b、c 分别是 $\triangle ABC$ 中 $\angle A$、$\angle B$、$\angle C$ 的对边，且 a、b 是关于 x 的方程 $x^2-(c+4)x+4(c+2)=0$ 的两个根，判断 $\triangle ABC$ 的形状.

第四阶段——开放探究阶段

题7 已知方程 $2x^2-3x-4=0$，能不能作一个新的一元二次方程，使它的两根分别是已知方程两根的立方.

这四个阶段，在实际教学中也没有必要分得十分清楚，重要的是掌握从易到难的原则.

层次安排除了以上三方面的特点之外，还有因材施教的要求，本书不展开讨论.

2. 变式

层次安排，主要呈现形式是变式，对某种基本知识技能、典型问题、思维模式等，在保持其本质特征不变的情况下，使非本质属性发生变化，或变更问题的情境，或改变问题的条件，或改变问题的结论，或改变思维的角度、方式，这样的变化过程叫变式．一般做法是从一道题出发，通过变化条件、结论等得到新题，通常称为一题多变．其实，只要一组题保持一个不变的中心，不管是外在或是内在的变化，还是可以认为是变式——广义的变式.

习题变式的具体操作方法很多，从题目的形式入手有：变化条件，变化结论,逆向调换条件和结论;从题目条件结论之间的逻辑关系入手有:类比,强化,弱化.这两种分类,一般都属于一题多变的范围.除此之外,还有把同一种解法(或者体现了同一种思想),但涉及了不同的知识点的若干道题组合在一起(多题一解,多题归一)的广义变式.

我们先看看如何从题目的形式入手产生变式题.

◆ 变化条件

对某一题目的条件进行变化,从而得到一类变式题组.

题 1 已知 E、F、G、H 分别是四边形 $ABCD$ 的边 AB、BC、CD、DA 的中点.

求证:四边形 $EFGH$ 是平行四边形.

变式(条件改变)有:

(1) 将"四边形 $ABCD$"改成平行四边形;

(2) 将"四边形 $ABCD$"改成矩形;

(3) 将"四边形 $ABCD$"改成边相等的四边形;

(4) 将"四边形 $ABCD$"改成对角线垂直的四边形;

(5) 将"四边形 $ABCD$"改成对角线相等且垂直的四边形.

题 1 的本质部分就是三角形中位线定理的运用,变化的部分仅仅是图形的改变(非本质属性的变化).本题的设计出发点是通过条件改变,理解和掌握三角形中位线定理,同时也帮助学生加深理解平面几何中几种重要图形相互之间的联系与区别.

◆ 变化结论

就是题目的条件不变,将题目的结论横向、纵向拓展求异,以达到以点串线,触类旁通的目的.

题 2 已知抛物线 $y^2=2px$,过其焦点 F 作斜率为 k 的直线交抛物线于 $A(x_1,y_1)$、$B(x_2,y_2)$ 两点.求证:(1) $x_1x_2=\dfrac{p^2}{4}$; (2) $y_1y_2=-p^2$.

结论变式有:求证:(3) $y_1+y_2=\dfrac{2p}{k}$; (4) $x_1+x_2=\dfrac{2p+pk^2}{k^2}$;

(5) $|AB|=\dfrac{2p(1+k^2)}{k^2}$;

(6) 弦 AB 的中点 C 的轨迹方程是 $y^2=p\left(x-\dfrac{p}{2}\right)$;

(7) $\triangle AOB$ 的重心 G 的轨迹方程是 $y^2=-\dfrac{2}{3}px+\dfrac{2}{9}p^2$;

(8) $S_{\triangle AOB} = \dfrac{p^2\sqrt{1+k^2}}{2|k|}$.

◆ 调换条件与结论

调换条件与结论,是将题目条件中的事项,与结论中的事项作相等个数的交换,以构筑新题的一种方法.

题3 已知抛物线 $y^2=2px$,过其焦点 F 作斜率为 k 的直线交抛物线于 $A(x_1,y_1)$、$B(x_2,y_2)$ 两点.求证:$y_1y_2=-p^2$.

变式:已知抛物线 $y^2=2px$ 上有两个动点 $A(x_1,y_1)$、$B(x_2,y_2)$,且 $y_1y_2=-p^2$.求证:直线 AB 过抛物线的焦点 F.

然后看看如何从题目的逻辑关系入手产生变式题.

◆ 平行变化

平行变化是指根据两个或两类事物在某些属性或结构上的相同或相似,而推出它们在其他属性或结构上也相同或相似.平行变化题组,难度可以递增.

题4 在 $\triangle ABC$ 中,若 $\sin A > \sin B$,求证:$A > B$.

对本题做平行拓展,可得如下例题:

(1) 在 $\triangle ABC$ 中,若 $\cos A > \cos B$,求证:$A < B$;

(2) 在 $\triangle ABC$ 中,若 $\cot A > \cot B$,求证:$A < B$;

(3) 在 $\triangle ABC$ 中,若 $\tan A > \tan B$,问:$A > B$ 吗?

(4) 把条件中 $\triangle ABC$ 去掉,$\sin A > \sin B \Rightarrow A > B$;$\cos A > \cos B \Rightarrow A < B$;$\cot A > \cot B \Rightarrow A < B$ 能成立吗?

◆ 强化

强化,可以是在原来的条件下得到更强的结论,也可以是减弱条件,得到原来的结论.

题5 已知函数 $y=(m-1)x-2m+8$,它的图像过第一、三、四象限,求实数 m 的取值范围.

变式一:已知 $y=(m-1)x-2m+8$,它的图像过点 $(5,3)$,求实数 m 的值.

变式二:已知 $y=(m-1)x-2m+8$,求证它的图像总经过某一点,试求出该点.

(同样的函数式,变式一条件变弱;变式二要求证它的图像过定点,结论变强)

◆ 弱化

弱化是指在原条件下,得到较弱的结论(特殊化就是弱化),或以较弱的条件来替换原来的条件,得到原结论.

题 6 三角形面积公式是_____.

变式一：如果两个三角形高相同，那么这两个三角形的面积比等于_____.

变式二：如果两个三角形等底等高，那么这两个三角形_____.

以上的变式都是在同一道题目基础上变化的，又称一题多变.从某种意义上说，是一种狭义的变式.

◆ 跨知识点的变式

再看看如何从多题归一角度产生变式题(跨知识点的变式).

数学知识划分为各个不同的章节，同一章节内又划分为若干个单元.在不同的章节之间或同一章节的不同单元之间，常常会出现在内容上的相互转换与渗透.据此我们可以将某一单元的题目改变表达形式，改变为另一单元的题目，无论形式和内容，都变了，而题目的本质没有变化，解答题目的方法相同.通过这种解法相同的"跨知识点"的题，可以体会多题一解，或多题归一的含义.

题 7 已知 $x>0, y>0, 2x+y=2$，求 $\dfrac{1}{x}+\dfrac{4}{y}$ 的最小值.

在不同章节知识点间进行引申与推广：

(1) 已知 $x>0, y>0, \dfrac{1}{x}+\dfrac{4}{y}=2$，求 $2x+y$ 的最小值.

（只不过将条件与结论对换）

(2) 已知函数 $y=-2\log_a(x-1)+1(a>0,$ 且 $a\neq 1)$ 的图像恒过定点 A，且点 A 在直线 $mx+ny-4=0$ 上，其中 $mn>0$，求 $\dfrac{2}{m}+\dfrac{1}{n}$ 的最小值.

由题意可知，点 A 的坐标为 $(2,1)$.代入直线方程，得 $2m+n=4$.本题就转化为：若 $2m+n=4$，且 $mn>0$，求 $\dfrac{2}{m}+\dfrac{1}{n}$ 的最小值.（形式上这是对数题）

(3) 已知直线 l 过点 $P(2,1)$，且与 x 轴、y 轴的正半轴分别交于点 A、B.求直线 l 在两坐标轴上截距之和的最小值.

可设所求直线的方程为 $\dfrac{x}{a}+\dfrac{y}{b}=1(a>0, b>0)$，由于过点 $P(2,1)$，可得 $\dfrac{2}{a}+\dfrac{1}{b}=1$.所以，上述问题转化为：已知 $\dfrac{2}{a}+\dfrac{1}{b}=1(a>0, b>0)$，求 $a+b$ 的最小值.

（形式上这是解析几何题）

(4) 若直线 $2ax-by+2=0(a>0, b>0)$ 始终平分圆 x^2+y^2+2x-

$4y+1=0$ 的周长,求 $\dfrac{1}{a}+\dfrac{1}{b}$ 的最小值.

若直线平分圆的周长,则此直线必过圆心 $(-1,2)$,整理得 $a+b=1$.上述问题转化为:若 $a+b=1$ 且 $a>0,b>0$,求 $\dfrac{1}{a}+\dfrac{1}{b}$ 的最小值.

(还是解析几何形式)

(5) 在算式 "$9\times\triangle+1\times\square=48$" 中的 △、□ 中,分别填入两个正整数,使它们的倒数和最小,这两个数(△、□)应分别为_____.

该问题即为:若 x、$y\in\mathbf{N}^*$,$9x+y=48$,当 $\dfrac{1}{x}+\dfrac{1}{y}$ 取最小值时,求出相应的 x、y 的值.

(形式上像智力测验题)

(6) 求 $y=\dfrac{2}{\sin^2 x}+\dfrac{8}{\cos^2 x}$ 的最小值.

该问题为:设 $a=\sin^2 x>0$,$b=\cos^2 x>0$,若 $a+b=1$(因 $\sin^2 x+\cos^2 x=1$),求 $y=\dfrac{2}{a}+\dfrac{8}{b}$ 的最小值.

(变为三角题了)

通过创设这样的变式题组,可以使学生通过不同章节知识间的联系,形成对基本不等式知识的运用与掌握.通过在不同单元内的表述等手段,得到与原命题的变式题组,帮助学生透彻理解题目的本质属性,多题归一,开阔解题思路,提高了学生的解题能力.

最后,通过两个案例从中学习如何运用变化方式.

案例 1[①]

原题:若 a、b、c 是实数,且 $a^2+b^2+c^2-ab-bc-ca=0$,求证:$a=b=c$.

只要将条件转化为
$$(a-b)^2+(b-c)^2+(c-a)^2=0,$$
结论可立得.

变式一:设 a、b、c 为三角形的三边,且 $(x-a)(x-b)+(x-b)(x-c)+(x-c)(x-a)=0$ 有两个相等的实数根,试判断此三角形的形状.

(主要是变化条件)

变式二:若 a、b、c 是 $\triangle ABC$ 的三边,$a+b+c=\dfrac{3\sqrt{2}}{2}$,且 $a^2+b^2+c^2=$

---

① 徐卫东.变式习题、变换思维[J].中国数学教育(高中),2009(9).

$\dfrac{3}{2}$,求证:△ABC 是正三角形. (主要是变化条件)

变式三:若 a、b、c 是△ABC 的三边,且 $a^4+b^4+c^4+a^2b^2+b^2c^2+c^2a^2=2abc(a+b+c)$,求证:△ABC 是正三角形. (主要是变化条件)

变式四:若 a、b、c 是△ABC 的三边,且 $a^2+b^2+c^2-3abc=0$,求证:△ABC 是正三角形. (主要是变化条件)

原题和四个变式题,用了同一个式子 $a^2+b^2+c^2-ab-bc-ca=0$,因而有多题归一的作用.

变式五:若 a、b、c、d 是四边形的四边,且 $4(a^2+b^2+c^2+d^2)=(a+b+c+d)^2$,试判断此四边形的形状. (基本上是平行变化)

变式六:若 $a+x^2=1997$,$b+x^2=1998$,$c+x^2=1999$,且 $abc=24$,则 $\dfrac{a}{bc}+\dfrac{b}{ca}+\dfrac{c}{ab}-\dfrac{1}{a}-\dfrac{1}{b}-\dfrac{1}{c}$ 的值是_____.

由条件可得
$$a-b=-1, b-c=-1, c-a=2.$$
$$\text{原式}=\dfrac{1}{abc}(a^2+b^2+c^2-bc-ca-ab)$$
$$=\dfrac{1}{2abc}[(a-b)^2+(b-c)^2+(c-a)^2]$$
$$=\dfrac{1}{48}[(-1)^2+(-1)^2+2^2]$$
$$=\dfrac{1}{8}.$$

变式七:已知 $x-y=a$,$z-y=10$,则代数式 $x^2+y^2+z^2-xy-yz-zx$ 的最小值是_____.

由题意知 $z-x=10-a$,
$$\text{原式}=\dfrac{1}{2}[(x-y)^2+(y-z)^2+(z-x)^2]$$
$$=\dfrac{1}{2}[a^2+10^2+(10-a)^2]$$
$$=(a-5)^2+75.$$

当 $a=5$ 时,有最小值 75.

变式八:若 a、b、c 为实数,$m=a^2-ab+\dfrac{\pi}{2}$,$n=b^2-bc+\dfrac{\pi}{3}$,$p=c^2-ca+\dfrac{\pi}{6}$,求证:m、n、p 中至少有一个值大于 0.

因为

$$
\begin{aligned}
m+n+p &= a^2+b^2+c^2-ab-bc-ca+\frac{\pi}{2}+\frac{\pi}{3}+\frac{\pi}{6} \\
&= \frac{1}{2}[(a-b)^2+(b-c)^2+(c-a)^2]+\pi \\
&\geqslant 0+\pi>0,
\end{aligned}
$$

所以，m、n、p 中至少有一个大于 0.

变式六到八，都用到了式子 $a^2+b^2+c^2-ab-bc-ca=\frac{1}{2}[(a-b)^2+(b-c)^2+(c-a)^2]$，也是多题归一.

案例 2

下列 6 道题，组成一组变式题(有关这组题涉及的解题模块将在下一节介绍).

例 1 如果实数 x、y 满足 $(x-2)^2+y^2=3$，那么 $\frac{y}{x}$ 的最大值为(　　).

(A) $\frac{1}{2}$　　(B) $\frac{\sqrt{3}}{3}$　　(C) $\frac{\sqrt{3}}{2}$　　(D) $\sqrt{3}$

解析 $(x-2)^2+y^2=3$ 表示以点(2，0)为圆心、以 $\sqrt{3}$ 为半径的圆，$\frac{y}{x}$ 表示该圆周上的点和原点之间连线的斜率.

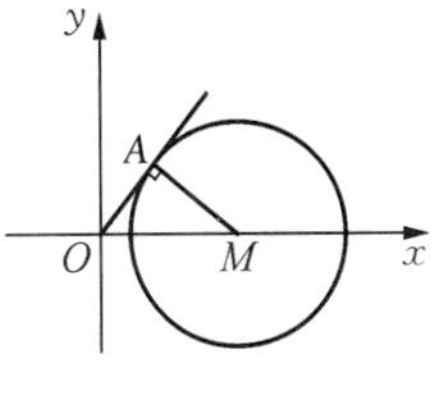

图 3-2-7

本题即是当点 A 在以点(2，0)为圆心、以 $\sqrt{3}$ 为半径的圆上移动，求直线 OA 的斜率的最大值，由图 3-2-7 可见，当 $\angle A$ 在第一象限，且与圆相切时，OA 的斜率最大，经简单计算，得最大值为 $\tan 60^\circ=\sqrt{3}$.

例 2 已知 x、y 满足 $\frac{x^2}{16}+\frac{y^2}{25}=1$，求 $y-3x$ 的最大值与最小值.

解析 令 $y-3x=b$，则 $y=3x+b$，原问题转化为：在椭圆 $\frac{x^2}{16}+\frac{y^2}{25}=1$ 上求一点，使过该点的直线斜率为 3，且在 y 轴上的截距最大或最小. 由图 3-2-8 知，当直线 $y=3x+b$ 与椭圆 $\frac{x^2}{16}+\frac{y^2}{25}=1$ 相切时，有最大截距与最小截距.

由 $\begin{cases} y=3x+b, \\ \dfrac{x^2}{16}+\dfrac{y^2}{25}=1, \end{cases}$ 得 $169x^2+96bx+16b^2-400=0$.

由 $\Delta=0$,得 $b=\pm13$,故 $y-3x$ 的最大值为 13,最小值为 -13. （这两题是这个模块的基本类型）

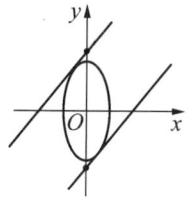

图 3-2-8

例 3 若集合 $M=\left\{(x,y)\bigg|\begin{cases}x=3\cos\theta\\ y=3\sin\theta\end{cases}(0<\theta<\pi)\right\}$,集合 $N=\{(x,y)|y=x+b\}$ 且 $M\cap N\neq\varnothing$,则实数 b 的取值范围为_____.

解析 $M=\{(x,y)|x^2+y^2=9,0<y\leqslant1\}$,显然,$M$ 表示以点 $(0,0)$ 为圆心、以 3 为半径的圆在 x 轴上方的部分(图 3-2-9).而 N 则表示一条直线,其斜率 $k=1$,纵截距为 b,由图 3-2-9 易知,欲使 $M\cap N\neq\varnothing$,即是使直线 $y=x+b$ 与半圆有公共点,显然 b 的最小逼近值为 -3,最大值为 $3\sqrt{2}$,即 $-3<b\leqslant3\sqrt{2}$.

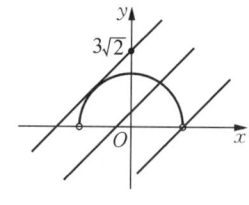

图 3-2-9

（可以看出,这仅是形式上用集合语言和参数方程表达而已,本题可改述为:动点 (x,y) 在圆 $x^2+y^2=9$ 上,求直线 $y=x+b$ 中的 b 的取值范围.属于跨知识点的变式.本题可用例 2 的方法处理）

例 4 已知复数 z 满足 $|z-2-2i|=\sqrt{2}$,求 z 的模的取值范围.

解析 由于 $|z-2-2i|=|z-(2+2i)|$,有明显的几何意义,它表示复数 z 对应的点到复数 $2+2i$ 对应的点之间的距离,因此满足 $|z-(2+2i)|=\sqrt{2}$ 的复数 z 对应点 Z,在以点 $(2,2)$ 为圆心、以 $\sqrt{2}$ 为半径的圆上(图 3-2-10),而 $|z|$ 表示复数 z 对应的点 Z 到原点 O 的距离.显然,当点 Z、圆心 C、点 O 三点共线时,$|z|$ 取得最值,$|z|_{\min}=\sqrt{2}$,$|z|_{\max}=3\sqrt{2}$,所以 $|z|$ 的取值范围为 $[\sqrt{2},3\sqrt{2}]$.

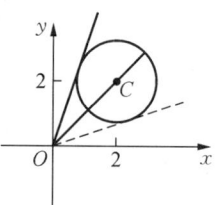

图 3-2-10

（这仅是用复数的方式表达而已,它可以改述为:已知动点 (x,y) 满足 $(x-2)^2+(y-2)^2=\sqrt{2}$,求 $\sqrt{x^2+y^2}$ 的取值范围.所以,半径也是跨知识点的变式.本题可用例 1 的方法处理）

例 5 求函数 $y=\dfrac{\sin x+2}{\cos x-2}$ 的值域.

解析 $y=\dfrac{\sin x+2}{\cos x-2}$ 的形式类似于斜率公式 $k=\dfrac{y_2-y_1}{x_2-x_1}$,$y=\dfrac{\sin x+2}{\cos x-2}$ 可

以看作表示过两点 $P_0(2,-2)$、$P(\cos x,\sin x)$ 的直线斜率,于是问题转化为:给出定点 $P_0(2,-2)$,求在圆 $x^2+y^2=1$ 上的动点 $P(\cos x,\sin x)$ 和定点连线的斜率的值域.

由于点 P 在单位圆 $x^2+y^2=1$ 上,如图 3-2-11 所示,显然有 $k_{P_0A}\leqslant k\leqslant k_{P_0B}$.

设过点 P_0 的圆的切线方程为 $y+2=k(x-2)$,则有
$$\frac{|2k+2|}{\sqrt{k^2+1}}=1.$$

解得 $k=\dfrac{-4\pm\sqrt{7}}{3}$,

即 $k_{P_0A}=\dfrac{-4-\sqrt{7}}{3}$,$k_{P_0B}=\dfrac{-4+\sqrt{7}}{3}$.

所以,$\dfrac{-4-\sqrt{7}}{3}\leqslant y\leqslant\dfrac{-4+\sqrt{7}}{3}$.

所以,原函数值域为 $\left[\dfrac{-4-\sqrt{7}}{3},\dfrac{-4+\sqrt{7}}{3}\right]$.

本题还可以用代数法解(略).

(本题需要通过技巧将它转化,然后用例 1 的方法处理,提高了难度)

例 6 求函数 $u=\sqrt{2t+4}+\sqrt{6-t}$ 的最值.

解析 设 $x=\sqrt{2t+4}$,$y=\sqrt{6-t}$,则 $u=x+y$.

消去 t,得 $x^2+2y^2=16(0\leqslant x\leqslant 4,0\leqslant y\leqslant 2\sqrt{2})$.

直线 $y=-x+u$,它与椭圆 $x^2+2y^2=16$ 在第一象限的部分(包括端点)有公共点(图 3-2-12).

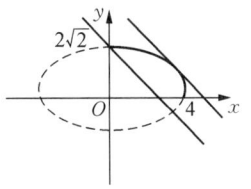

图 3-2-12

易知 $u_{\min}=2\sqrt{2}$.

相切于第一象限时,u 取最大值. 由
$$\begin{cases}y=-x+u,\\ x^2+2y^2=16.\end{cases}$$

得 $3x^2-4ux+2u^2-16=0$.

解 $\Delta=0$,得 $u=\pm 2\sqrt{6}$,取 $u=2\sqrt{6}$.

所以,$u_{\max}=2\sqrt{6}$.

(本题需要通过技巧将它转换,用例 2 的方法解,提高了难度)

这组变式题,前后安排了 6 道题,从字面看,相互没有什么联系,但围绕

了一个中心(下一节将正式提出,这属于"条件求最值"模块).前两道是交代了两个基本的处理方法,接着两道跨知识点,综合了其他知识,变换了条件,最后两道要使用一些技巧,难度更高,但方法是一样的——多题归一!

(请思考:试将这类问题和线性规划问题相比较,看看有什么异同?)

第三节　数学复习课环节

一、关于数学复习课的例题、习题教学的一般认识

讲授学习了一些知识之后，常常要安排几节复习课．复习课的例题、习题，当以综合题为主，还要有应用题、开放题．

复习课大致分一般的单元复习课，期中、期末复习课和毕业前的复习课．毕业班的复习课，因为内容比较多，往往时间较长．特别是现在，由于种种原因，绝大部分学校都压缩了平时教学课时，使复习课的课时数大大地超过规定的教学计划．所以毕业班的复习课，通常分一轮、二轮复习．一轮复习一般是逐章逐节进行，二轮复习一般是专题复习，到后期再做历年的试卷．

复习课很重要，就目前情况看，不少老师的复习课都有改进的余地．我们不全面展开，只是重点谈几点和本书主题"解题教学"相关问题的看法．

目前，有些复习课上得不甚得法．

◆ "以卷代复"式

有些老师往往不进行"双基"的梳理，以题代替复习，以测验代替复习，把复习课等同于习题课、测验课．其实，这样不好，按"卷子—批改—订正"这样的方式进行所谓的复习，学生的头脑里是乱的；而且觉得这道做不出，那道也做不出，内心很紧张．做试卷的确有必要，但应该是在充分复习的基础上，作为检验和模拟，适当做几张试卷，这才是有益的．

◆ "按部就班"式

对本单元的"双基"进行了总结梳理，达到了巩固的目的．但有时这种梳理有"炒冷饭"的感觉，缺乏新意，学生似乎并不喜欢．

数学复习课应该怎么上？数学复习课的例题、习题处在怎样的地位？怎么选择和使用？我们认为：

(1) 首先复习课里的例题、习题应该为复习服务.

(2) 复习课的例题、习题,重点应该是综合题,对此进行一题多解的讨论,这样可以提高思维的灵活性、发散性.不少教师都知道它的重要性,也都在这样做.

(3) 复习课上,要在解题之后,进行归纳、总结、串联重组,提炼思想方法,达到多解归一、多题归一的目的,其中总结解题模块,总结命题联想系统,使解题经验显性化、算法化,是重要内容.我们称它为数学习题教学的"归一"原则,这是有些优秀教师的经验.

(4) 复习课上,学生已经不是一张"白纸"了,因此复习课的解题过程,要特别重视师生互动.如一题多解的讨论,一起归纳解题模块和命题联想系统,让学生编题等.

二、梳理"双基"时的例题、习题配合

知识技能的梳理是十分重要的.平时的教学一般是一个一个知识点逐步进行教学的(也有先让学生从整体上把握,但这样的老师少之又少).孤立的知识点,孤立的技能点,难以形成良好的认知结构.而只有良好的认知结构,才容易记忆,也容易迁移,还可以让思维得到升华.

如到外地旅游,有地图和没有地图是不一样的.因为有了地图,对照地图选择一些景点旅游,你就能把这些景点在整个区域里的位置弄清楚.我国的数学大师华罗庚先生是自学成才的,他告诫我们,读书有两个过程.第一个过程是"由薄到厚",这个大家都能够理解,原先对这本书上的知识一无所知,或知之甚少,很浅"薄",通过学习,书本上做了不少标记,也解了不少习题,一下子觉得内容很多,很"厚"实.很多学生,也包括一部分老师,以为学习到此结束了.华老教导我们说,这是不对的.学习还要有第二个过程,那就是"由厚到薄".因为知识很多,如果不加整理,往往就觉得乱了,所以这个时候,一定要进行整理,用几句话,或者一个图表把这部分知识内容勾画出来,这样就容易记住了.华老把这个过程叫做"由厚到薄".这里的"薄",不再是一无所知了,而是知道得十分精炼.

其实,有的老师也不是不知道知识梳理的重要性,但是觉得如果给学生进行知识梳理,学生不爱听.这个情况确实存在,我们听课时遇到过这样的情况.老师在进行知识梳理,学生无精打采,梳理完毕开始做题,学生觉得这才是重要的.其实,这个情况是可以通过改进梳理的方式得到改善的.一般说,数学的复习课确实离不开解题,但要把解题和知识梳理结合起来,为复习服务.

这里推荐两个复习课教学设计的方法.

1. 由理到题

由理到题,即按本单元的概念、法则、原理,逐一举例.这是复习课的一种常规方法.这样复习,对高年级学生问题不大,对低年级学生新鲜感少一些,但也有老师做得很好.

下面介绍江苏南通一中符永平老师的一节初三的"一次函数"复习课[①].

案例 "一次函数"复习课

师:我们应该从哪些方面研究一次函数?

生1:从定义、性质、应用……

(开始构建知识体系,指出本单元的主要知识点)

师:请大家用定义设计一道有陷阱的题目.

(第一个知识点:一次函数定义,由学生来编题)

生2:当 $m=$ _____ 时,函数 $y=(m+1)x$ 是一次函数.

生3:陷阱太明显,$m\neq -1$.但此时 $b=0$(指一次函数 $y=kx+b$ 中的常数项 b),它不是一次函数.

生4:错.正比例函数也是一次函数,b 可以为 0.

生5:可以设计当 $m=$ _____ 时,$y=(m+1)x^{m+1}+m$ 是一次函数.

生6:把指数 $m+1$ 改为 m^2,即 $y=(m+1)x^{m^2}+m$ 是一次函数.

师:有创意.

生7:$m^2=1$,$m=\pm 1$.

生8:当 $m=-1$ 时,$m+1=0$,应该舍去,所以 $m=1$.

师:一次函数的图像可分成几种情况?　　　　　(第二个知识点)

生9:6种(图3-3-1).

师:请结合图3-3-1设计问题.　　　　　　　　　(继续让学生编题)

生10:一次函数 $y=mx+n-1$ 的图像分别如图3-3-1,确定 m、n 的值或取值范围.

生11:如图3-3-1,一次函数 $y=(k^2+1)x-k^2-2$ 的大致图像是_____.

师:这两位同学的问题都不错.请解答(略).请结合一次函数增减性再设计问题.　　　　　　　　　(第三个知识点,还是让学生编题)

---

① 符永平.以"再创造"的新课程观构建"三维"开放复习课——引导学生设计问题的开放性教学研究[J].数学通报,2004(6).

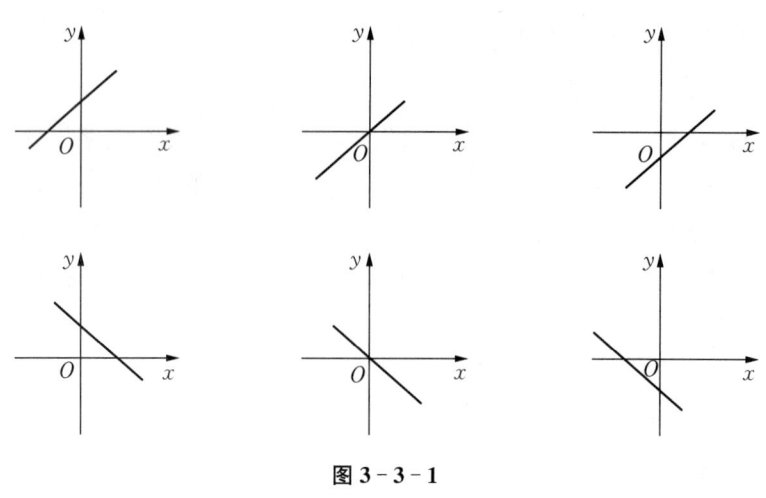

图 3-3-1

生 12:已知一次函数 $y=(2m+1)x+5$,若 y 随 x 增大而增大,则 $m=$ _____.

生 13:设直线 $y=-2x+3$ 经过 $A(x_1,y_1)$、$B(x_2,y_2)$ 两点,当 $x_1>x_2$ 时,则 y_1 _____ y_2.

师:这两道题,注意了题型的变化.

师:一次函数图像上的特殊点很重要,请编题. （第四个知识点）

生 14:当 $m=$ _____ 时,一次函数 $y=(m-1)x+m^2-1$ 经过原点.

生 15:若直线 $y=ax+2$ 经过点 $(1,1)$,则它与坐标轴的交点是 _____.

师:还有一类问题是根据条件求解析式.

（第五个知识点,确切说是技能点）

生 16:用待定系数法解决. y 与 $(x-1)$ 成正比例,当 $x=2$ 时,$y=3$,求解析式.

生 17:直线 $y=kx+b$ 过点 $(1,2)$ 和 $(0,-1)$,求直线的表达式.

生 18:直线 $y=kx+b$ 与直线 $y=3x$ 平行,且过点 $A(1,2)$,求直线的表达式.

生 19:某一次函数的图像经过点 $(-1,2)$,且函数值随 x 增大而减少,试写出一个符合上述条件的函数解析式.

师:这是一道不错的开放题.

生 20:一次函数图像不过第二象限,请写出满足条件的函数解析式.

师:更开放.下面讨论面积问题. （第六个知识点）

生 21:若函数 $y=3x+b$ 的图像与两坐标轴围成的面积等于 2,求该函数解析式.

生22:设生18的题中,两直线和 y 轴交点分别为点 B、C,求 $S_{\triangle ABC}$.

师:结合图3-3-2及3-3-3设计应用题.　　　　　　　(第七个知识点)

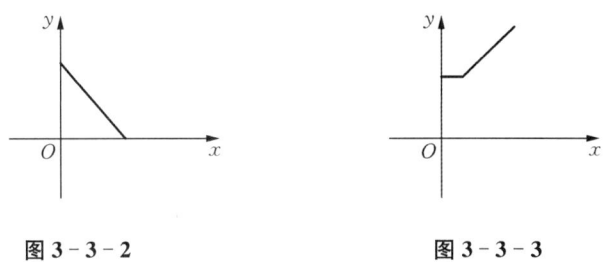

图3-3-2　　　　　　　　　图3-3-3

生23:(图3-3-2)一根蜡烛长20厘米,点燃后每小时燃烧5厘米,燃烧后剩下的高度 y(厘米)和时间 x(时)的函数关系是_____.

生24:(图3-3-3)出租车起步价是7元,每增加1公里增加2元……

生25:每增加1公里增加2元,这不合常理.

……

符老师把单元的知识和技能分解成7类,用学生编题的方法,让学生把握了整体知识,也掌握了每种情况的主要例题的解法."双基"是落实的,师生也互动了,学生的积极性得到充分的调动.灵活运用了传统的复习方法,可以说是推陈出新.

2. 由题到理

上面是先概念、原理、法则,再逐一举例解题的做法;反过来,可通过解题,总结本单元的概念、法则、原理,即"由题到理".

下面介绍的是上海理工大学附属中学王颖老师的一元二次方程的判别式、根与系数关系的复习课片段.

请同学们观察方程 $2x^2-3x-4=0$,得出结论或提出问题.(师生共同完成)

(在老师的引导下,师生共同归纳了可以求出根、判断根的情况;求两根的和、积;判断两根的符号,以及根的绝对值大小.让学生在归纳的基础上编题)

生1:求代数式 $x_1^2+x_2^2$ 的值.

生2:求新方程,使根等于原方程两根的相反数.

生3:已知两数之和是 $\dfrac{3}{2}$,之积是 -2,求这两个数.

生4:已知 $a\neq b$,$2a^2-3a-4=0$,$2b^2-3b-4=0$,求 a^2+b^2.

……

请同学们给方程 $2x^2-3x+m=0$ 加一个条件,确定 m 的值或 m 的取值范围.

生 5:有两个相等实数根,求 m;或已知 $x_1^2+x_2^2=\dfrac{9}{2}$,求 m.

生 6:设一个根是 1,求 m.

……

事实上,这个单元有两个维度.一个维度,从知识点来说,有求根公式、判别式、根与系数关系.另一个维度,从题目所涉及的思维方向来说,有正面出题和反面出题两类.正面出题,方程是已知的,进而求根,求两根和等.反面出题,方程里含参数,也就是方程不十分明确,根据题目的某个附加条件,要求确定参数,使这个方程变得确定.其实,这也是解析几何的两大基本问题:已知方程研究曲线及其性质;已知曲线的性质求方程.这两大问题甚至可以说是整个数学十分重要的研究方向.两个维度,一个是知识,一个侧重于技能,都应该复习到.

王老师首先着眼于思维方向这一维度,利用两道题目,而且这两道题目只有一个数字之差,却是体现了思维方向一正一反两面,通过这两道题目的讨论,复习了求根公式、判别式、根与系数关系这些概念原理法则,也就是覆盖、梳理了全部知识.

三、"归一"原则

前文提到,孙维刚老师提出"一题多解,多解归一,多题归一",赵宪初先生提出"先要举三反一,才能举一反三",在此基础上,我们提出"归一"原则."归一"原则,实际上就是华罗庚先生说的要"由厚到薄",要把知识技能总结归纳,对解题来说,就是要把解题的经验总结归纳.具体地说:

◆ 关注共性

多解归一、多题归一,举三反一,就是要找同类问题的共同点,把共同的经验总结出来,以便运用到新的场合.

◆ 形成结构

由厚到薄,就是要把大量的、凌乱的知识技能组织起来,用几句话、一个图表简洁地表示出来,并尽量把这类问题的解题经验形成可操作的结构.

◆ 新线索进行串联重组

前文提到的知识技能的梳理,也是一种归一,是常用的总结手法.但如果仅仅是简单的梳理,有"炒冷饭"的感觉.知识、技能、经验梳理的形式可以改进,可以用新的线索,把知识技能串联重组.

本书重点提出了数学习题教学的四个原则.上一节提到的典型原则,是针对例题、习题的选择;层次原则,是针对例题、习题的安排;第四章第二节将要论及的"有序分析"原则,是针对寻找解题方法;而这里提的"归一"原则,则是针对整个数学教学.在上习题课之前,教师头脑里就应该有经过"归一"了的数学知识技能、解题模块、命题联想系统等,用以指导选择典型题,并有序安排;在习题课后,还要用自己头脑里总结"归一"了的数学知识技能,和学生一起复习、梳理、归纳知识技能,和学生一起对解题的过程结果进行反思,帮助学生"归一",形成知识结构.

我们认为,数学习题教学肯定还应该有其他的原则.如数学强调灵活,应该有一个灵活原则,但在当前来看,灵活性已经得到了广大教师的认可,所以不再提它.再如,要渗透数学思想方法,这的确很重要,但是现在大家都在做,所以也不必再提醒广大教师.我们不认为以上提出的四个原则(典型原则、层次原则、"有序分析"原则、"归一"原则)是完备的,但它们是有针对性的,对当前的数学习题教学有比较大的指导意义.下面谈一谈"归一"原则的具体方法.

1. 知识技能的串联重组

孙维刚老师认为,复习课要"二次创业".二次创业,就应该有新鲜感,并在复习中加进新的成分,所以要把知识技能和解题经验串联重组.

华罗庚先生特别强调在复习的时候,可以用另一个角度把知识,把问题串起来[1].这样,不但有新鲜感,而且培养了学生多角度考察问题,组织知识技能的能力.

这里涉及了心理学的原理.工作记忆(瞬时记忆)到长期记忆有三大基本策略:复述,精细加工,知识的组织[2].复述,多次重复,并用自己的话重新叙述,是能够把知识形成长期记忆的.精细加工,大致上就是把知识分解剖析,并和其他的知识对比,当然有利于知识的理解和记忆.如果把知识技能串联重组,由于可以从另一个角度观察理解知识,不但增加了新鲜感,而且可以加深理解,因此,效果肯定更佳.把知识技能串联重组,可能是数学复习最有效的策略之一,也是数学习题教学"归一"原则的体现.

◆ 突破时空限制

串联重组往往是突破时空限制的.如由于教学顺序的限制,有些知识不得不分在不同的章节讲授(甚至不同的学科讲授),复习时就有条件将它们

---

[1] 杨世明,等.MM教育方式:理论与实践[M].香港:香港新闻出版社,2002.
[2] 吴增生.浅谈基础复习课中知识回顾与重组活动的有效开展[J].中国数学教育,2009(5)

串在一起.特别是新教材,讲究几个循环,系统整理就更有必要了.

如三角形中位线,因为要用到平行四边形的知识,所以新授课必须安排在后面,不能在三角形一章里和角平分线、高、中线一起讲授.但是,在复习的时候,则可以把三角形的角平分线、中线、高、中位线这四条特殊线段一起复习.

(请思考:还有类似的情况吗?)

◆ **新的线索**

既然是串联重组,就应有一条新线索.如在几何的不同章节里,陆续学过不少有关线段的中点,到适当的时候,就可以将其作为一条新的线索集中复习.问:"我们学过哪些关于线段中点的情况啊?相应的性质又是什么呢?"粗略统计,就有:中垂线定理;三角形的中线;等腰三角形底边上的中线;直角三角形斜边上的中线;中位线定理;平行四边形对角线互相平分;垂径定理……

(请思考:你利用过新线索串联复习过吗?)

下面一个案例,就是用一条新的线索进行复习的.

案例

在 $\triangle ABC$ 中,设 $AB=4$,以 AB 所在的垂直平分线为 y 轴建立直角坐标系 xOy,请你给出适当的条件,求出顶点 C 的轨迹方程.

一、从三角形形状的角度进行命题联想

线索是:等腰三角形→直角三角形→等边三角形→一般三角形.

1. 等腰三角形

给出条件:$CA=CB$,求出顶点 C 的轨迹方程.

解:方程为 $x=0(y\neq 0)$,即 y 轴去掉坐标原点.

2. 直角三角形

给出条件:$\angle C=\dfrac{\pi}{2}$,求出顶点 C 的轨迹方程.

解:由 $|CO|=\dfrac{1}{2}|AB|=2$,设顶点 $C(x,y)$,则顶点 C 的轨迹方程为 $x^2+y^2=4(y\neq 0)$.

3. 等边三角形

给出条件:$\angle C=\dfrac{\pi}{3}$,求顶点 $C(x,y)$ 的轨迹方程.(等边三角形的必要条件)

解:由夹角公式,得

$$\tan\frac{\pi}{3}=\left|\frac{k_{AC}-k_{BC}}{1-k_{AC}\cdot k_{BC}}\right|, x^2+y^2\pm\frac{4\sqrt{3}}{3}y=4(0<|y|\leqslant 2\sqrt{3}).$$

4. 推广到一般三角形

给出条件:$\angle C=\theta$,求顶点 $C(x,y)$ 的轨迹方程.

(1) 当 $\theta=\dfrac{\pi}{2}$ 时,顶点 $C(x,y)$ 的轨迹是以 AB 为直径的圆(去掉左右两个点);

(2) 当 $\theta\in\left(0,\dfrac{\pi}{2}\right)$ 时,顶点 $C(x,y)$ 的轨迹是以 AB 为弦、所对的圆周角为 θ 的上下两段优弧(除端点 A、B);

(3) 当 $\theta\in\left(\dfrac{\pi}{2},\pi\right)$ 时,顶点 $C(x,y)$ 的轨迹是以 AB 为弦、所对的圆周角为 θ 的上下两段劣弧(除端点 A、B).

二、从三角形元素的角度进行命题联想

线索是:角→边→周长→面积.

1. 角(前面已经探讨,略)

2. 边

(1) 两边之差

给出条件:$||CA|-|CB||=2$,求顶点 $C(x,y)$ 的轨迹方程.

解:由 $||CA|-|CB||=2<|AB|=4$,顶点 $C(x,y)$ 的轨迹是以 A、B 为焦点的双曲线,轨迹方程为 $x^2-\dfrac{y^2}{3}=1(y\neq 0)$.

(2) 两边之和

给出条件:$\triangle ABC$ 周长为定值 12,求顶点 $C(x,y)$ 的轨迹方程.

解:因为 $|AB|=4$,且 $\triangle ABC$ 的周长为定值 12,所以 $|CA|+|CB|=8>|AB|=4$,顶点(动点)C 的轨迹符合椭圆的定义,顶点 $C(x,y)$ 的轨迹方程为 $\dfrac{x^2}{16}+\dfrac{y^2}{12}=1(y\neq 0)$.

(3) 两边之和或两边之差的变式

给出条件:$\sin A+\sin B=2\sin C$ 或 $|\sin A-\sin B|=\dfrac{1}{2}|\sin C|$,求顶点 $C(x,y)$ 的轨迹方程.

(4) 两边之比

给出条件:$\dfrac{|AC|}{|BC|}=2$,求顶点 $C(x,y)$ 的轨迹方程.

解:由 $\dfrac{\sqrt{(x+2)^2+y^2}}{\sqrt{(x-2)^2+y^2}}=2$,得 $\left(x-\dfrac{10}{3}\right)^2+y^2=\dfrac{64}{9}(y\neq 0)$,轨迹为圆(除

圆与 x 轴的交点).

(推广)给出条件:$\dfrac{|AC|}{|BC|}=t(t>0)$,求顶点 $C(x,y)$ 的轨迹方程.

解:当 $t=1$ 时,轨迹为去掉原点的 y 轴,轨迹方程为 $x=0(y\neq 0)$;当 $t>0,t\neq 1$ 时,轨迹为圆,轨迹方程为 $x^2-\dfrac{4t^2+4}{t^2-1}x+y^2+4=0$,即 $\left(x-\dfrac{2t^2+2}{t^2-1}\right)^2+y^2=\dfrac{16t^2}{(t^2-1)^2}(y\neq 0)$.

3. 面积

给出条件:$\triangle ABC$ 面积为定值 S,求顶点 $C(x,y)$ 的轨迹方程.

解:由 $\dfrac{1}{2}|AB|\cdot h_c=S$,得 $y=\pm\dfrac{S}{2}$,即顶点 $C(x,y)$ 的轨迹是平行于 x 轴的两条直线.

三、结合圆锥曲线的类型从所得结论的角度进行命题联想

线索是:直线→圆→椭圆→双曲线→抛物线.

1. 直线

给出条件:$\triangle ABC$ 面积为定值 S,求顶点 $C(x,y)$ 的轨迹方程.

解:由 $\dfrac{1}{2}|AB|\cdot h_c=S\Rightarrow y=\pm\dfrac{S}{2}$,即顶点 $C(x,y)$ 的轨迹是平行于 x 轴的两条直线.

2. 圆

给出条件:顶点 C 满足 $\overrightarrow{AC}\cdot\overrightarrow{BC}=0$,求顶点 $C(x,y)$ 的轨迹方程.

解:顶点 C 的轨迹方程为 $x^2+y^2=4(y\neq 0)$.

3. 椭圆

给出条件:$\sin A+\sin B=2\sin C$,求顶点 $C(x,y)$ 的轨迹方程.

4. 双曲线

给出条件:$|\sin A-\sin B|=\dfrac{1}{2}|\sin C|$,求顶点 $C(x,y)$ 的轨迹方程.

5. 抛物线

给出条件:取一个定点 $D(0,2)$,顶点 $C(x,y)$ 到定点 $D(0,2)$ 与到直线 AB 的距离相等,求顶点 $C(x,y)$ 的轨迹方程.

解:由抛物线的定义,知顶点 $C(x,y)$ 的轨迹为抛物线,其方程为 $x^2=4(y-1)$.

四、结合三角形本身的特殊性进行命题联想.

1. 重心

给出条件:△ABC 的重心 $G(x_0,y_0)$ 在圆 $x^2+y^2=2$ 上运动,求顶点 $C(x,y)$ 的轨迹方程.

解:由 $\begin{cases} x_0=\dfrac{x}{3}, \\ y_0=\dfrac{y}{3}, \end{cases}$ 得 $\dfrac{x^2}{9}+\dfrac{y^2}{9}=4$,即 $x^2+y^2=36(y\neq 0)$.

2. 外心

给出条件:△ABC 的重心和外心两点所在的直线平行于 x 轴,求顶点 $C(x,y)$ 的轨迹方程.

3. 内心

给出条件:△ABC 有内切动圆和边 AB 相切于点 $D(1,0)$,求顶点 $C(x,y)$ 的轨迹方程.

我们相信,这样换角度把知识技能、解题经验串联重组的复习方式,学生思路容易被打开,会感到有收获,不易感到厌烦.

2. 解题模块的构建

"归一"时,特别应该重视解题模块和命题联想系统的构建.我们说,解题模块和命题联想系统,在新授课里就应该开始着手构建,在习题课里应该逐步发展,在复习课应该基本构建完成.这里再次探讨一下解题模块的构建.

(1) 解题模块的种类

解题模块大致上有两种.

◆ 第一种是固定某类程序、法则和方法,也就是属于"术"的范围.如待定系数法、配方法的程序,分式加减法的法则,解一次方程的法则,解一元二次方程的方法尽管有几种,除了因式分解法之外,都是有固定套路的.因此,一元二次方程的解法可以看成是固定的.我们理解,这部分技能应属于张奠宙教授说的"双基基桩"(当然"双基基桩"还应该包括其他的内容,如基本数据、基本公式等),应该说,大多数教师都注意到,并会让学生掌握的.

◆ 第二种是某类习题的解决思路,没有第一种"术"那样固定,但是有基本思路,有一定的可操作性.这也是解题模块.这类模块,一是没有受到必要的重视,二是由于总结这样的模块要求比较高,不少教师还需要提高水平.

(2) 教师要有总结归纳解题模块的意识

数学教师要有总结归纳解题模块的意识.我们做老师的,常常要解好多题;同时,也会看好多解题的书籍,有些题不一定是自己解出来的,而是从参考书上看来的.这是正常的,没有什么不光彩.问题是要消化、要深入思考.消化,就是要弄懂怎么解的,并思考怎么想到的,再深入思考,这本书这样解,那本书那样解,为什么有这样的差异,其中是否有联系,这类习题是否还有其他解法.可惜,有一些老师满足于这道题目会了、懂了,就"拿来主义",拿到教室里去讲给学生听.老师没有多解归一、多题归一,自己的头脑里还没有形成一个良好的认知结构,怎么能够教好学生呢?

如有位老师在讲条件求值时,举了一个例题,解题方法很巧妙.

例 设 $abc=1$,求 $\dfrac{a}{ab+a+1}+\dfrac{b}{bc+b+1}+\dfrac{c}{ca+c+1}$ 的值.

解 因 $1=abc$,

所以 $\dfrac{a}{ab+a+1}=\dfrac{a}{ab+a+abc}=\dfrac{1}{bc+b+1}$.(将 1 用 abc 代换)

又因 $\dfrac{c}{ca+c+1}=\dfrac{c\cdot b}{(ca+c+1)\cdot b}=\dfrac{bc}{bca+bc+b}=\dfrac{bc}{bc+b+1}$.(将 bca 用 1 代换)

所以原式 $=\dfrac{1}{bc+b+1}+\dfrac{b}{bc+b+1}+\dfrac{bc}{bc+b+1}=\dfrac{bc+b+1}{bc+b+1}=1$.

这个解法很妙,先是将 1 用 abc 替代,后来又将 abc 用 1 替代.教师说,这叫做"1 的妙用",在数学里,尤其是在三角比和三角函数里经常用到.

"1 的妙用",足以让人感慨不已:数学真奇妙! 但这是"小巧",其中的巧妙,可能会引起更多学生爱上数学.但是,也可能让人感到数学难以捉摸,特别是基础较差的学生.因此,对多数学生来说,有一个需求:掌握这类题目的解题规律.

在本书第二章里,分析了条件求值问题,提出这类问题可以进行有规则的思考(解题模块).这道题,能不能用解题模块进行思考呢?

这位老师的解法看来很妙,但本质上是消 a(最后将所求的式子转化为只含 b、c 的式子,就是消去 a).因此,我们可以利用更朴素的解法来讲解这题:

另解 从 $abc=1$,得 $a=\dfrac{1}{bc}$,代入所求式子,化简成

$$\dfrac{a}{ab+a+1}+\dfrac{b}{bc+b+1}+\dfrac{c}{ca+c+1}=\dfrac{\dfrac{1}{bc}}{\dfrac{1}{c}+\dfrac{1}{bc}+1}+\dfrac{b}{bc+b+1}+\dfrac{c}{\dfrac{1}{b}+c+1}$$

$$=\frac{1}{bc+b+1}+\frac{b}{bc+b+1}+\frac{bc}{bc+b+1}$$
$$=\frac{bc+b+1}{bc+b+1}=1.$$

本题解法利用的是消元代入法(思路二).两种解法,达到的目的是一样的.本题利用消元代入法做起来不花哨,容易理解每一步在做什么,这样使这些题目有章可循,肯定优于原来的花哨解法.将多种解法分析比较,总结出一些规律来,这就是"多解归一"!这个朴素的解法讲完之后,也可以根据学生的情况,决定要不要介绍这个"巧妙"的解法.

(请思考:你看解题参考书时,有没有看到同类题目,解法却不同的情况?你当时是怎么想的?怎么做的?是直接搬到课堂?还是对不同的解法进行比较分析,做到"多解归一"?)

(3) 总结解题模块时的一些现象

有的教师想总结,想多题归一,但缺乏经验.主要表现为总结出来的比较空洞,比较一般化,只有"大帽子",不可操作.如有位教师在讲解列方程解应用题时,总结了下图:

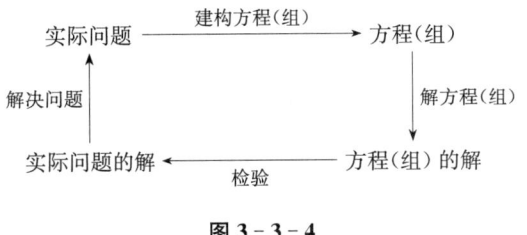

图 3-3-4

小结是需要的,但这个小结比较一般化,因为学生最困难的是怎样建构方程(组)?在这个小结里没有体现出来.

再如,下面评析一份"数形结合(1)"的复习讲义.

前言:数形结合就是通过数与形之间的对应和转化来解决数学问题.它包含以形助数和以数解形两个方面.其实质是将抽象的数学语言与直观的图像结合起来,关键是代数问题与图形之间的相互转化.利用它可使复杂问题简单化,抽象问题具体化,它兼有数的严谨与形的直观之长,是优化解题过程的重要途径之一,是一种基本的数学方法.

这位教师是想围绕数形结合这个主题做文章,也正确地说明了数形结合分为以"形"助"数"和以"数"解"形"两个方面.但是,究竟怎么以"形"助"数"及怎么以"数"解"形",没有总结出规律来.内容空洞,缺乏操作性.

接着这位教师给出了5道例题:

例1 方程 $\sin x = \lg x$ 的实数解的个数是_____个.

例2 已知方程 $|x^2-a|-x+3=0$ 有两个实数根,求实数 a 的取值范围.

例3 若方程 $|x|-ax-1=0$ 有且仅有一个负根,求实数 a 的取值范围.

例4 方程 $\lg(-x^2+3x+m)-\lg(3-x)=0$ 在 $[0,3]$ 上有唯一解,求实数 m 的取值范围.

例5 设 a 是实常数根,求方程 $\lg(x-1)+\lg(3-x)=\lg(a-x)$ 的实数解.

这5道例题,实际上只是利用图像研究方程的解,并根据方程的某个性质,确定方程中的参数,仅仅是以"形"助"数"的一个方面而已,把标题列为数形结合,"帽子"太大了.

还有教师,总结的模块归模块,做题目归做题目,没有用模块来指导教学,两者仿佛是"两张皮".如有位教师讲解无理(二次根式)方程解法.总结的步骤是:

(1) 把方程整理成一边是一个二次根式,另一边是多项式,或者两边都是一个二次根式的形式.

(2) 两边平方.

(3) 整理,并解这个整式方程.

(4) 检验.

这个总结没有什么大的问题,事实上也是教科书所提供的.可是,接下去这位老师举例,一开始就是这样的例子:

例1 解方程: $\sqrt{2x-1}=-3$.

例2 解方程: $\sqrt{2x^2-2}+\sqrt{x-1}=0$.

这是无理(二次根式)方程,但不必用上面总结出来的解法步骤解.例1是无解的,例2用"两个非负数之和为0,则这两个数都等于0"来解.可见这两个例题和刚才总结的步骤无关.

还有教师总结的解题模块不太合理.如,处理列方程解应用题是有两种不同的方法.一种是目前不少教学参考资料认为的,难点是找等量关系,并且从(用自然语言表述的)等量关系出发,转化、演绎出方程.另一种观点认为难点是厘清数量间的关系,认为数量间的关系整理清楚了(整理的同时设未知数),大多数情况下等量关系是不难找的.因此,主张先整理数据,同时设未知数,把自然语言表示的数量关系转化为用符号显现的数量关系,再找等量关系并列方程.

尽管两种方法都可以,但我们赞同后者,因为前者重点落在找等量关系.一般说,在开始的时候,这个等量关系是用自然语言表示的,转化为方程有时并不容易.

六年级一、二班各有44人,两个班都有一些同学参加课外天文小组.一班参加的人数恰好是二班没有参加的人数的$\frac{1}{3}$;二班参加的人数恰好是一班没有参加的人数的$\frac{1}{4}$.问两个班没有参加课外天文小组的各有多少人.

等量关系是用自然语言(而不是数式)表示的:

一班参加的人数=二班没有参加的人数的$\frac{1}{3}$;

二班参加的人数=一班没有参加的人数的$\frac{1}{4}$.

有位老师在教的时候,尽管列了个简单的板书:

一班　参加　没有参加
二班　参加　没有参加

还是显得很拗口,以致教师自己问学生:脑子有没有被弄"糊"了?[①]

如果先厘清数量关系(同时设未知数,使数量都用符号表示),并列成表:

班　级	参　加	没　有　参　加
一　班	x	$44-x$
二　班	y	$44-y$

显然很快可以得到方程组

$$\begin{cases} x=\frac{1}{3}(44-y), \\ y=\frac{1}{4}(44-x). \end{cases}$$

本题先找等量关系不是很合理.

还有的教师总结的解题模块表面化,没有揭示本质,也没有揭示解决此类问题的思想方法.

如对于条件求值题的解法,有的参考书是这样写的:

---

① 陈永明.列方程解应用题的关键在哪里?[J].数学教学,2008(11).

(1) 将所要求的代数式化简后再代入;

(2) 将所给的条件化简;

(3) 设法变换条件或变换所求的代数式;

(4) 根据条件求出字母间的等量关系后再求值.

前三点容易理解,第(1)点是先将目标式化简,第(2)点是先将条件式化简,第(3)点是两者都化简;第(4)点稍作解释,如原书的例子是:"已知 $x:y=2:3$,求 $\dfrac{x}{x+y}+\dfrac{y}{x-y}-\dfrac{y^2}{x^2-y^2}$ 的值.解:把 $x=\dfrac{2y}{3}$ 代入……"

实际上,这还是将条件式化简(第(2)点).

这个总结,没有揭示条件求值的本质,只是表面的,把条件式或者目标式化简,人人都会这样试试的.

这个模块的中心问题是条件求值,即条件是已知一个含有变元(如两个变元 x、y)的等式,求含有同样的变元 x、y 的某代数式的值.它和普通的代数式求值不同.不同在什么地方?

普通的代数式求值只要直接代入即可,而条件求值没有那么简单了.因此,首先想到,条件求值题能不能向普通求值题转化,也就是能不能由条件式得出变元 x、y 的值?如果可以求得,只要代入就行了.如果不能转化为普通求值题,那么要另想办法.

条件求值题和普通求值题还有一个重要差别,那就是,普通求值题都是可解的,但条件求值题不是都有解的.如,已知 $x+y=1$,就不可能求出 $x+2y$ 的值来.因此,本质上说,能够解的条件求值题,都是特殊情形,说得更清楚些,都是一类定值问题(不论 x、y 怎么变化,只要满足条件,目标式一定等于定值).这是这类题的本质.也就是"定值问题".

因此,要总结好解题模块,关键是对数学的理解.好的解题模块不但有可操作性,而且体现了数学的本质,反映了背后的数学思想方法.

(4) 怎样总结解题模块

很多教师反映,不会构建解题模块.下面我们共同来构建关于"条件求最值"问题的解题模块.

构建解题模块的第一步,应该多做一些有相同或类似特征的数学题——教师先跳进题海.

先看两个例题(这两个例题在本章第二节出现过).

题1 如果实数 x、y 满足 $(x-2)^2+y^2=3$,那么 $\dfrac{y}{x}$ 的最大值为(   ).

(A) $\dfrac{1}{2}$ (B) $\dfrac{\sqrt{3}}{3}$ (C) $\dfrac{\sqrt{3}}{2}$ (D) $\sqrt{3}$

题 2 已知 x、y 满足 $\dfrac{x^2}{16}+\dfrac{y^2}{25}=1$，求 $y-3x$ 的最大值与最小值.

做了很多题,经过归类后,发现某些题有共同的特征,有类似的解法.这两题都是限定变量在某个图形上运动,然后求某个量的最值.这样就界定了这类问题的主要特征.这是第二步——发现共同特征,给这类问题作个界定.这时,可以自己定义一些术语,如限定的范围,就叫它约束条件或约束曲线(如题 1 中的 $(x-2)^2+y^2=3$);题中要求的最值的变量$\left(\text{如题 1 的 }\dfrac{y}{x}\right)$,可以叫目标函数.

第三步,关注差别,研究这类题大致有几种情形.从题目表面看,上面两题几乎没有什么区别,但从解法看,可以发现差别:前一题的目标函数的几何意义很明确(斜率),后一题就不明确.

第四步,深入讨论这类问题的本质,形成可操作的解题步骤.这一步可能是最难的,最显功夫的.

这类最值题的本质是多元微积分里的条件极(最)值,即在约束条件 $F(x,y)=0$ 下,求目标函数 $z=z(x,y)$ 的最值.它们的几何意义是,在 O-xyz 空间坐标系内,O-xy 平面内有一曲线 $F(x,y)=0$,有一空间曲线 $z=z(x,y)$ 定义在其上,求这空间曲线的最值.在多元微积分里有解决这类问题的通法,但是涉及空间曲线和多元微积分知识,中学里还不涉及这些内容.中学里用的是一种初等方法,其精神是不研究三维坐标系和空间曲线,而仍在二维坐标系,即平面内,利用曲线族解决问题.方法是：

根据约束条件,画出相应的曲线(约束范围或约束曲线).

题 1 中就是圆 $(x-2)^2+y^2=3$,题 2 中就是椭圆 $\dfrac{x^2}{16}+\dfrac{y^2}{25}=1$.

接下去有两种处理方法.

第一种处理方法:将目标函数 $z(x,y)$ 理解成某个几何量.因为动点 (x,y) 在约束曲线上运动,所以可找出使这个几何量达到最值的位置.

题 1 中该几何量就是圆上的动点 (x,y) 和原点连线的斜率.

第二种处理方法:在 $z(x,y)$ 的几何意义不甚明显的时候,第一步可以设 $z(x,y)=m$,再将其转化成带参数的一元函数 $y=f(x,m)$,该一元函数是一个曲线族,m 有其几何意义;第二步,这族曲线中有些曲线和约束曲线应该有公共点,在这些曲线中,找出能使 m 达到最值的一条或若干条来.

题 2 中目标函数 $z=y-3x$ 的 $y-3x$ 几何意义不甚清楚,于是令

$y-3x=b$,则 $y=3x+b$,这是 $O\text{-}xy$ 平面上的一族曲线.在这族曲线中挑出和约束曲线有公共点的,且使 b 达到最值的曲线来.

这样就得到了这类条件求最值问题的解题模块,它是有可操作性的,并且覆盖了两种情形.

在《陈永明评议数学课》一书中介绍了一些解题模块,这里摘录两个,一个是初中的,一个是高中的,供读者参考.我们希望大家都来思考构建解题模块.

求一次函数解析式的解题模块是:

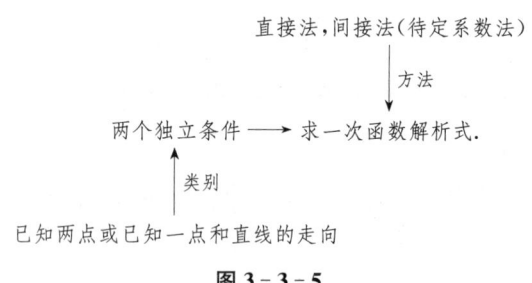

图 3-3-5

复合函数的"限制分解"问题的解题模块式是:

第一,复合函数的"限制分解"问题的本质是,已知复合函数和内层函数(常常是隐含的),求外层函数.如已知 $f(x+1)=x^2+2x+1$,求 $f(x)$.这是复合函数,可看作已知内层函数 $u(x)=x+1$ 和复合函数 $f(u(x))=x^2+2x+1$,求外层函数 $f(u)$.

第二,把复合函数看成是某外层函数和内层函数的复合,这个过程通常叫做分解.复合函数的"限制分解"(是指内层函数已经指定的情况下,将该复合函数分解)问题的解法,目前有三种常用方法:凑配法、代换法、待定系数法.前两种是基本方法,后者适用于函数的基本形式已知的情形.

3. 命题联想系统的构建

"归一"的另一种主要表现是构建命题联想系统,下面再次进行讨论.

(1) 等价命题系统和下游命题系统

在本章第一节里,我们研究了公式变形,初步构建了等价命题系统和下游命题系统.复习课里更需要总结等价命题系统和下游命题系统.

第二章提及,有三种情况要构建下游命题系统.对于定理法则等价命题系统和下游命题系统,在第二章里我们讲述过一些例子,如等差数列的一系列等价命题和下游命题.这里不多谈了.

下面我们从一节课看看关于基本图形,题目已知条件的下游命题系统.上海中国中学张荣老师的"平行四边形性质"复习课是这样上的.

案例　"平行四边形性质"复习课

一开始,张老师快速地让学生回忆了平行四边形的定义和性质.接着,就运用这些知识解题.

张老师用演示文稿(PPT)呈现了一个▱ABCD,问:这是个平行四边形,它给我们提供了什么信息?

学生回答:两组对边分别平行,两组对边分别相等……

(这句"它给我们提供了什么信息"在后面反复提出,成为整节课的关键句)

然后出示了第一道题目:

1. 如图 3-3-6,已知▱ABCD 的周长为 30 cm.
(1) $AB+BC=$ _____ cm.
(2) 若 $AB:BC=2:3$,则 $AB=$ _____ cm.
(3) 若 $\angle A = \dfrac{5}{4}\angle B$,求四个内角的度数.

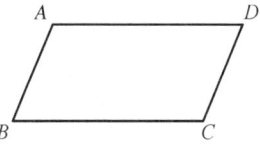

图 3-3-6

这是平行四边形性质1和2的简单运用.之后,张老师提出问题:"解了这道题目之后,有没有总结出一些小经验?"

生1:平行四边形的两条邻边之和等于周长的一半.

生2:平行四边形的相邻的两个内角互补.

张老师:很好,这两条小经验也是这个平行四边形能够提供的信息.

接着,演示文稿(PPT)呈现了一个画了一条对角线的平行四边形.老师问:"这个图形提供了什么信息?"之后第2题随之出现了.

2. 如图 3-3-7,在▱ABCD 中,BD 是对角线,图中有 _____ 对相等的角, _____ 对全等三角形.

再接着,出示了有两条对角线的平行四边形.还是这句问话:"这个图形提供了什么信息?"之后出现了第3、4、5三道题.

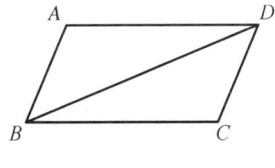　　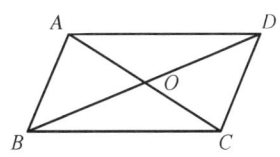

图 3-3-7　　　　图 3-3-8

3. 如图 3-3-8,▱ABCD 中对角线 AC、BD 交于点 O.图中有 _____ 对相等的角, _____ 对全等三角形.

4. 如图 3-3-8,在▱ABCD 中对角线 AC、BD 交于点 O.
若 $AC=8, AD=6$,则边 AB 的取值范围是 _____ ;
若 $AC=6, BD=8$,则边 AB 的取值范围是 _____ .

5. 如图3-3-8,在▱ABCD中对角线AC、BD交于点O,AB=8,把下列数值作为两条对角线的长,能组成平行四边形的是( ).
   (A) 4,12   (B) 6,8   (C) 8,26   (D) 12,20

然后,在这个图形里添了过对角线交点的一条线EF,还是问"提供了什么信息"之后,出示了第6题和第7题.

6. 如图3-3-9,在▱ABCD中对角线AC、BD交于点O,线段EF过点O交AD于点E,交BC于点F,图中共有_____对全等三角形.

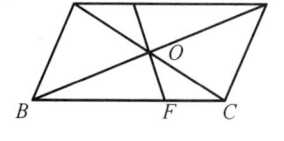

图3-3-9

7. 如图3-3-9,在▱ABCD中对角线AC、BD交于点O,线段EF过点O交AD于点E,交BC于点F,AB=5,BC=6,OE=2,则四边形EFCD的周长是( ).
   (A) 11   (B) 13   (C) 15   (D) 17

师:小结一下,添了这条EF之后,增加了哪些信息?

生3:EO=OF.

生4:这条EF将平行四边形的周长也平分了.

师:很好,像EF这样的过对角线交点的任意的线段,它本身被对角线交点平分,并且把平行四边形周长平分了.还有吗?

……

师:EF是不是把平行四边形面积也平分了呢?

很快得到了大家肯定的回答.接着张老师将EF两端延长,出示了第8题.

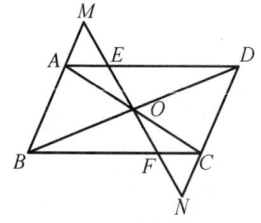

图3-3-10

8. 如图3-3-10,在▱ABCD中对角线AC、BD交于点O,直线EF过点O,分别交AD、BC于点E、F,交BA、DC延长线于点M、N.求证:EM=FN.

做了第8题之后,张老师出了一道发散型的第9题:

9. 请在下列平行四边形(图3-3-11)中,画两条直线,将平行四边形分割成四个部分,使含有一组对顶角的两个图形全等.满足这样的要求的分割线有多少组?你能找到什么规律吗?(略)

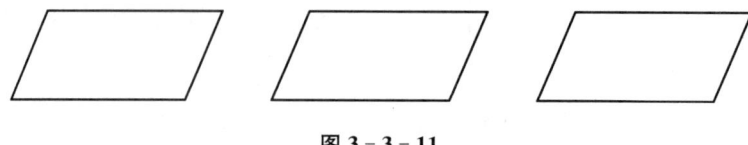

图3-3-11

接着出现了另一种基本图形,就是出现了平行四边形的内角平分线.

10. 如图 3-3-12，在 □ABCD 中，对角线 AC 是 ∠DAB 的角平分线，AD = 6，则 □ABCD 的周长为_____．

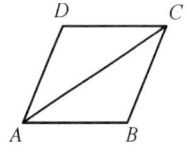

图 3-3-12

这是特殊的情形，我们知道其实这个平行四边形是菱形．张老师还是问："提供了什么信息？"

学生回答说：出现了两个等腰三角形．

11. 如图 3-3-13，在 □ABCD 中，∠DAB 的角平分线 AE 把边 DC 的长度分为 2 和 3 两部分，则 □ABCD 的周长为_____．

12. 如图 3-3-14，在 □ABCD 中，∠DAB 的角平分线交 CD 于点 E，交 BC 的延长线于点 F，∠DCB 的角平分线交 AB 于点 M，交 DA 的延长线于点 N，图中有_____个平行四边形．若 BC = 5，AB = 8，则 CE + CF = _____．

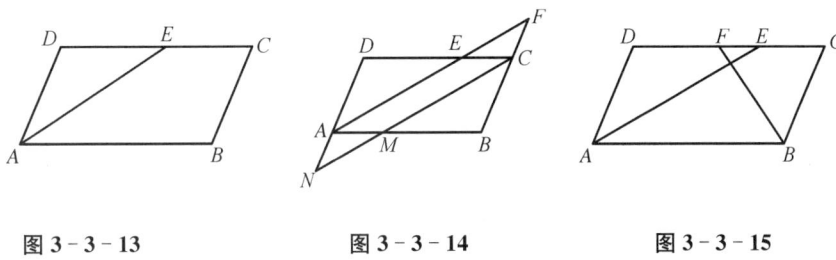

图 3-3-13　　　　**图 3-3-14**　　　　**图 3-3-15**

13. 如图 3-3-15，在 □ABCD 中，AB = 8 cm，AD = 5 cm，∠BAD 的角平分线交 CD 于点 E，∠ABC 的角平分线交 CD 于点 F，则线段 EF = _____ cm．

课的最后是小结．张老师的演示文稿(PPT)呈现了 5 幅图，第一幅是一个平行四边形，第二幅是添了一条对角线的平行四边形，第三幅是添了两条对角线的平行四边形，第四幅是添了过对角线交点的一条直线的平行四边形，第五幅是添了一条内角平分线的平行四边形．问这几个图分别给我们提供了什么信息(图 3-3-16)．

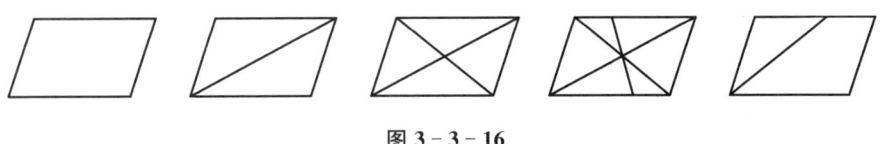

图 3-3-16

张老师在这节课里，给出了 5 个基本图形，发掘了它们各自所提供的信息.强调了从已知条件正面伸展，即组织了下游命题系统．这 5 个基本图形，应该说是张老师在林林总总的有关平行四边形性质的习题中提炼出来的．

整节课又通过变式教学,使教学流畅、紧凑、高效.

基本图形很多,有的比较常见,性质也比较明显.如几种常见的相似三角形:A字型,"错(位)A字型",X字型,"错(位)X字型(蝴蝶型)"(图3-3-17).

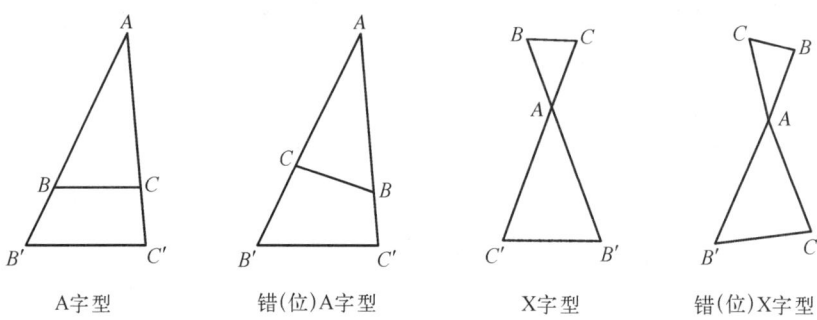

图3-3-17

◆ A字型的主要特征是$BC \parallel B'C'$,主要性质是$AB:AB'=AC:AC'$.

◆ 错(位)A字型主要特征是$\angle ACB=\angle C'$,$\angle ABC=\angle B'$,主要性质是$AB \cdot AC'=AC \cdot AB'$,另外,$C$、$B$、$C'$、$B'$四点共圆.

◆ X字型的主要特征是$BC \parallel C'B'$,主要性质是$AB:AB'=AC:AC'$.

◆ 错(位)X字型的主要特征是$\angle B=\angle C'$,$\angle C=\angle B'$,主要性质是$AB \cdot AB'=AC \cdot AC'$;另外,$B$、$C$、$B'$、$C'$四点共圆.

错(位)A字型,还有如图3-3-18的两种特例.

(请思考:这两个基本图形的特征和性质)

有一个对应的顶点是公共的两个相似三角形,俗称"旋转型相似三角形".图3-3-19中,$\triangle ABC \sim \triangle ADE$,且对应的顶点$A$是公共的,则这两个三角形是旋转型相似三角形.

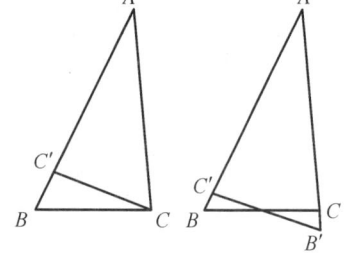

图3-3-18

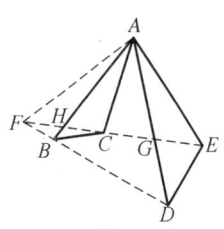

图3-3-19

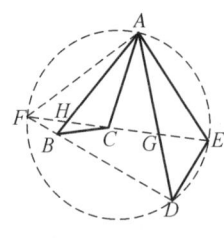

图3-3-20

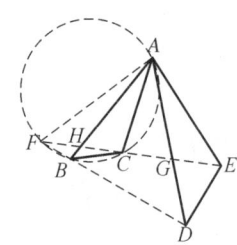

图3-3-21

看到这样一个图形,就应该想到它至少有以下三个性质:

◆ 必定还有一对旋转型相似三角形.联结另外的对应顶点 B 和 D,C 和 E,则 $\triangle ABD \backsim \triangle ACE$,也是一对旋转型相似三角形.

◆ 必定有两组四点共圆.延长 DB、EC,交于点 F,因为 $\triangle ABD \backsim \triangle ACE$,所以 $\angle AEC$(即 $\angle AEF$)$= \angle ADB$(即 $\angle ADF$),于是 A、F、D、E 四点共圆(图 3-3-20).同理,A、F、B、C 四点共圆(图 3-3-21).

◆ 必定还有四对"错(位)X字型相似三角形".因为 A、F、D、E 四点共圆,容易看出 $\triangle AGE \backsim \triangle FGD$,$\triangle AGF \backsim \triangle EGD$;又 A、F、B、C 四点共圆,故 $\triangle AHF \backsim \triangle CHB$,$\triangle AHC \backsim \triangle FHB$.

这个基本图形有许多变式,如图 3-3-22 中,$\triangle ABC$、$\triangle DEB$ 是等边三角形(可以看成两个旋转型相似三角形),则还有一对相似三角形:$\triangle AEB$、$\triangle CDB$;并且 B、F、A、C 四点共圆,B、F、D、E 四点共圆.

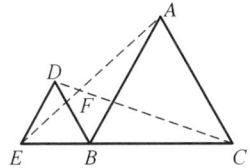

图 3-3-22 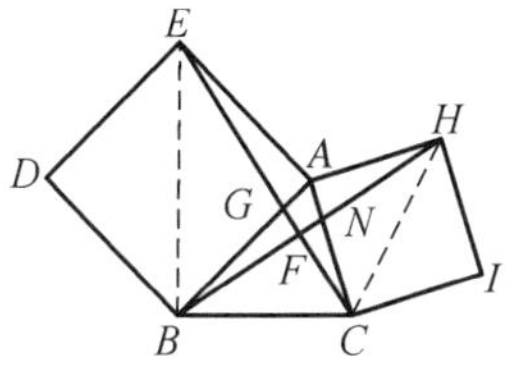   **图 3-3-23**

图 3-3-23 也是一种变式.四边形 $ABDE$、四边形 $ACIH$ 都是正方形,可知 $\triangle ACH$、$\triangle ABE$ 是两个旋转型相似三角形,则必定还有一对旋转型相似三角形,那就是 $\triangle AHB$、$\triangle ACE$(实际上还全等).A、F、B、E 四点共圆,A、F、C、H 也是四点共圆的.而 $\triangle AGE$、$\triangle FGB$ 是错(位)X字型相似三角形,$\triangle ANH$、$\triangle FNC$ 也是错(位)X字型相似三角形.

(2) 上游命题系统

复习的时候还要总结上游命题系统,而且要每学一章节,就复习总结,不断充实上游命题系统.

如在三角形一章里,学了很多证明两条线段相等的方法,像三角形中等角对等边;两三角形全等,对应边相等;等腰三角形的顶角平分线(或底边上的高)平分底边;直角三角形斜边上的中线等于斜边的一半;三角形两边中点的连线(中位线)等于第三条边的一半……当完成四边形的教学之后,就应该及时补充这个上游命题系统.如平行四边形对边相等;平行四边形对角线互相平分;矩形对角线相等;菱形四边都相等……到圆这个单元,又有很多证两条线段相等的办法:垂径定理,等弧所对的弦相等,切线长定理……这些都可以证明两线段相等.不断总结,不断丰富上游命题系统.

（请思考：我们提到了复习课里"归一"的三种具体方式：串联重组,解题模块,命题联想系统,还有别的方式吗？）

总的来说,解题模块的构建难度大,需要教师有较高的教学素质.命题联想系统的构建,难度不大,只是一要有这个意识,二要肯下功夫.

第四节　数学作业环节

一、关于数学作业的一般认识

作业是课堂教学的后续环节,属于反馈的环节,是整个教学活动中不可或缺的一个环节.而对数学来说,作业的主要形式是解数学题.对于教师而言,布置作业的目的是掌握学生的学习情况,对自己教学的得失作出客观评价,并及时查漏补缺、调整、改进教学方法;对于学生而言,完成作业的目的是及时巩固课堂知识,加深对所学知识的理解,并形成技能,通过作业检查、了解自己的学习水平和学习效果.

行为主义在作业环节中是有用的,但从目前的现状来看,大多教师执行行为主义过头了,在作业布置上普遍存在这样几种情况:

◆ 作业多

除了课本中的习题,还有练习册、补充题和练习卷等不计其数的教辅书.题海战术加重了学生的学习负担,作业已经成为影响学生睡眠质量的第一因素.有资料说,能在 3 小时内完成作业的高中生较少(约占 20%),27% 的学生用于完成作业的时间超过了 4 小时,其中数学作业的"功劳"不小.这是因为教师没有对习题进行分类研究,"抓到篮里都是菜",太随意,失去了作业的有效性.

◆ 作业难

课本中的练习和中考、高考的题目之间客观上有差距,为了应对考试,教师还会布置一些比较难的问题,这是正常的.但是有的在较低年级就用中考、高考压轴题做练习,有的甚至拿竞赛题来当作业,远远超出了考试要求.过难的作业打击了大多数学生的学习积极性.

◆ 作业划一

目前的多数教师为全班学生布置的作业往往是相同的,不论学生能力高低,不论学生成绩好坏,都完成相同的作业.作业缺少针对性,致使优等生吃不饱、学困生完不成.

◆ 作业形式单一

作业一律是解数学题,很少有实践性作业、反思性作业等.

◆ 学生被动

教师布置作业是"一厢情愿",学生没有权利选择自己愿意做的、适合自己的作业,只能是无条件地接受;学生做错了,被"勒令"订正,甚至被罚抄公式;教师也没有鼓励学生提出问题,然后共同解决,学生处于被动状态.

在这样的"管、卡、压"的作业模式下,"上有政策,下有对策":老师布置的作业必须要完成,但是有的学生不愿意做,或者实在不会做,于是出现了临交作业时突击或是抄袭;老师要求订正做错的题,甚至要罚抄若干遍,因此还出现过有个别学生练就了两只手"左右开弓"应付罚抄的情况,这真是作业的悲哀啊!究其原因,学生面对这样过量、过难、无新意、无自主权、没有选择、老师"硬塞"的作业,失去了做作业的积极性和主动性,产生了厌烦心理,这是和我们的教育初衷相违背的.高压下无创造性可言,适度宽松环境,才能产生互相激荡、互相促进的效应.即使一个好学生,对布置的作业按时完成,由于过于紧张,主体意识丧失,也难有创造性.

这样的作业模式对教师的影响也是很负面的.叶圣陶先生曾说过:"老师批改作文是够辛苦的.几十本,一本一本改,可是劳而少功.是不是可以改变方法呢?""我当过老师,改过学生的作文本不计其数,得到深切的体会:徒劳无功."[1]教师为了改大量的作业,花费了大量的精力,影响了教师备课,影响了教师自身的专业发展,影响了健康.

如何把这种"双厌""双累"的局面扭转为"双赢"?让学生愿意做作业、喜欢做作业、主动做作业,从作业中有所受益;让老师从繁重的作业批改中解脱出来,有更多的时间钻研教材、反思教学、研究教学,这需要我们的教师"解放思想",跳出固有的思维框架,将传统和改革相结合,构建新的作业模式.

二、数学作业要体现以人为本

我们认为,优质教学最根本的是调动学生的学习主动性,学生喜欢你这门课,你的教学才是成功的.反之,即使考分很高,学生不喜欢,甚至厌恶你这门课,这就不能说是优质教学.作业也要"以人为本".

1. 承认差异

固然我们现在有统一的教材和与之配套的练习册,但是对于不同的学

---

[1] 熊川武.零作业[J].教育参考,2007(4).

生,这些作业的"分量"是不一样的.有的学习能力较强、理解较快的学生,经过老师上课的讲解、例题的分析,就能够很好地掌握基本概念和基本方法;而有的学习能力相对弱、理解较慢的学生,听课后还需要同类型习题的巩固.因此,同一份作业可能对有的学生来说是多余的,但对有的学生来说可能就是必不可少的了.

2. 激发学习动机

学习最重要的是动机,是"要我学",还是"我要学"? 如果是"要我学",一般说是学不好的;只有"我要学",学习的积极性才会充分地发挥出来.为什么有些男生,小时候不懂事,学习不好;到初二开始,晚一点的到高一开始,突然懂事了,于是似乎换了一个人了,学习变得自觉了,思考问题时也开窍了,学习成绩直往上蹿? 就是因为懂得"我要学"了.

我们一直思考传统的划一式的布置作业的方式究竟好不好.好的方面肯定有,可以达到基本的要求,保证班级整体水平的提高.但是,划一的方式可能影响"以人为本"原则的贯彻.我们经常喜欢在做报告的时候讲一个故事.

资深影视人庄先生早年在小学做代课教师,那时正值"文革"时期.当时的课堂里很吵闹,庄老师走进教室,叫了几次"大家安静",小朋友根本不理他.庄老师灵机一动,对第一排的两名小朋友说:

"你们安静下来,我就给大家讲个故事."

第一排的小朋友一听,便对第二排和邻近的小朋友说:

"大家静下来,庄老师要讲故事了."

第二排的小朋友又对邻近的小朋友说:

"大家静下来,庄老师要讲故事了."

……

不一会,教室里安静了下来,庄老师讲了个故事,便顺利地讲课了.

为什么庄老师一遍遍要全体同学安静,没有效果,而只对第一排的两名小朋友说了"你们安静下来,我就给大家讲个故事",反而一下子全班都安静了? 普遍地下命令,一下子把要求布置到全班每一个学生,似乎效率最高,但恰恰"欲速则不达",少有人理他.而换个方式后,看来开始时只说服两个人,但调动了这两个人的积极性(这是因为涉及了"听故事"这样的个人利益的缘故),他们自觉自愿地帮老师做其他人的工作……于是反而达到了"由少而多""似慢却快"的"滚雪球"式的效果.

传统的布置作业的方式效果不怎么好,如果先让部分学生尝到做作业的好处,再带动其他学生,行不行呢?

上海市中国中学张荣老师课内高密度,课外轻负担,而且她还提出了"弹性作业".因为她留的课外书面作业不多,学生就有时间做些其他形式的作业,如让学生编题,甚至编试卷(经教师修改后用于课堂练习),讲题(讲题的学生一本正经备课,还做演示文稿(PPT)),甚至让这个班的学生代表到另一个班去讲评试卷,这极大地激起了另一个班学生的"自尊心",发誓"我们班也要派代表到他们班去讲评",引发了"热学效应",和庄老师的做法有异曲同工之妙.

上海心理学专家徐正言老师曾经当过一所中学的教导主任,规定:实在无法完成作业的同学,可以向老师提出不交作业的申请,经班主任和任课教师协商同意之后,可以免交.孰料,那些原本横催竖骂也不按时交作业的学生,反而不在此列.这又是为什么?这是因为激发了学生的自尊,也激发了学习的动机.

(请思考:假如你班也实行作业"可以申请免交"制度,将会出现什么后果?)

我们非常希望看到在统一布置作业(总体上看,统一布置些作业还是需要的)的同时,激发学生做作业的自觉,加入"弹性"元素,产生"热学效应".

3. 保护自尊,帮助成功

除了激发自尊之外,还要保护学生的自尊心.

上海市西南位育中学叶慧勤老师在面批作业、个别辅导的时候,十分注意方式方法.是教师站着学生坐着,还是反过来,学生坐在座位上,教师站在一旁;是教师自己把学生叫来,或是让别人把他叫来,或是坐到他身边去……都注意到了.并且,她先用微笑消除学生的紧张心理,让他知道不是来挨骂的,最后,再用商量的口吻布置"额外"任务.

杭州市上城区特级教师张化万有段话颇有意思:"……比如听写,'你今天怎么又错了,你留下来'这是老师通常的第一反应.我说我建议你换一换顺序,师生双方都很幸福.明天要听写,放学的时候我会对某学生说:'李明,放学的时候留一下,张老师有事情要找你.'谁也不知道什么事情,也不会有人歧视.我对李明说:'明天要听写了.张老师先给你听写一下,不打分的.''好的.'听写完了,'今天的错误你把它订正一下.明天就会听写对了.记住了吗?''记住了.''晚上吃过饭后再记一遍啊.'第二天上课,李明这几个字都听写对了……他也得到了成功的满足感,……可师生的工作量有没有增加啊?没有,只是换了一下顺序.换换顺序,心态和结果都不一样."

(请思考:你觉得学生要鼓励,还是要施压?)

有人会说,这老师不是在帮学生作弊吗?在这些人眼里,分数是"神圣"

的,冷冰冰的.其实,分数固然有评价的作用,但也还有激励学生的作用.这样"归过于私室,扬善于公庭",充分保护了学生的自尊,帮助学生取得了成功.刘京海老师说,成功也是成功之母.这是很有道理的.

4. 体现自主

上海市中山北路小学提出要"允许学生量力而行"."教师设计难易有别的作业,让学生针对自身情况选择合适的作业;要求优等生隔天交的作业,学困生可以宽限几天,学生不再把完成作业视为难事,在完成作业的同时感到轻松愉快,又扎实掌握了知识和技能."①这些主张,取得了很好的效果.

江苏省苏州实验中学周建华老师做了一个让人震惊的实验.下面是周老师撰写的教学案例.②

案例

那一天我走进教室,在黑板上写下几个大字"假如从今天起不布置数学作业了".然后说,想听听同学们的想法.

学生们颇感突然,目光在黑板上的字和我的脸上来回扫视.

(1) 真的不布置数学作业啦?

S1(指学生,下同)轻声道:"老师,你是真的还是假的?"

T(指教师,下同):"我就是要听听同学们的意见.你看呢?"

S2:"不布置作业当然好.但我的自觉性不好,我本来数学成绩就一般,我担心这样下去,我的数学会学不好."

S3:"我对文学有兴趣,可是好多世界名著我都没时间去读.不布置数学作业好,我可以多花些时间读读这些名著,拓宽自己的视野."

S4:"我不同意S3的看法.老师不布置数学作业是完全可以的,但老师为什么在黑板上写下'假如'两个字呢?我认为,老师就是要看我们对不布置作业有没有正确的认识.我觉得,老师不布置数学作业不等于我们不做数学作业."

S5:"我认为有些同学就可以不做数学作业.比如S4同学,数学学得那么好,好多作业,比如课本上的习题,对她来讲根本没有必要去做."

T:"我非常同意S5的意见.的确,有些数学学得很好的同学,完全可以不做数学作业.而用节约下来的时间和精力去发展自己的爱好特长,或是在数学上进行更深层次的研究与应用.我们不妨把不布置作业叫做'自主作业'."

---

① 上海市中山北路小学.要关注学生的学习情感[J].现代教学,2009(4).
② 李士锜,等.数学教育个案学习[M].上海:华东师范大学出版社,2001.

S6:"原来还是要做作业,那还是跟以前一样好了."

S7:"我不同意 S6 的意见.老师不布置作业,正是希望在作业这个环节上充分培养和发挥我们的自我管理能力.就我的体会,学习数学不做一定量的习题是不行的,但是已经掌握的方法,还要重复训练,就没有意义了.另外,大家都知道,我们班的数学作业原本就是全年级最少的!"

S8:"对,以后我做数学作业,已经掌握得较好的题型,就少做或不做了,集中精力攻克我还掌握得不太好的方法."

T:"同学们的讨论越来越有深度.刚才 S2 同学提到自觉性不好,就我的教学经验看,这些同学做作业恰恰经常碰到难题,因而'自主作业'改革对他们的影响最大,我们如何帮助这些同学呢?"

(2) 自觉性不好,又经常碰到难题,怎么办?

S9:"我觉得,自觉性不好的同学不妨每天仍旧交作业;同时,通过这种方法提高自己的自觉性."

S10:"我们可以建立互帮对子,让数学学得好的同学帮助数学学得一般的同学."

T:"这两位同学说得都很好."

S11:"我认为还可以成立一个我们班的'数学学术委员会',其成员是我们班的数学'权威'.大家有难题可以向他们请教.他们解决不了的,再让老师来答疑."

T:"这真是一个好想法.说干就干,数学学术委员的事就委托数学课代表负责."

S12:"对了,以后还要不要每天交作业呢?"

(3) 每天还要交作业吗?

S13:"如果我每天做作业,那我就会每天交作业.因为自己的错误自己最不容易发现.老师可以及时地帮助我们纠正错误."

S14:"我也是这样想的.老师帮我们改在本子上,我们自己要改在行动上."

我拿起黑板擦,擦去黑板上"假如"二字,并把"."改为"!".教室里响起热烈的掌声.

第二天上课前,我做了一个问卷调查,下面是对回收的 52 份有效问卷所做的统计结果:

1. 昨天是否做作业	是		否	
	49人		3人	
2. 习题来源	课本	配套练习册	其他	
	2人	45人	7人	
3. 题量(系人均题量)	选择题	填空题	解答题	
	4.94道	4.59道	1.86道	
4. 所用时间(约多少分钟)	60分钟以上	45分钟至60分钟	30分钟至45分钟	30分钟以下
	5人	16人	16人	12人
5. 做在何处	草稿本	作业本	配套练习册	
	9人	1人	43人	
6. 您的自主作业希望老师批改吗？	希望	一般	无所谓	不喜欢
	11人	18人	16人	7人
7. 您喜欢这种自主作业方式吗？	喜欢	一般	无所谓	不喜欢
	33人	13人	6人	0

(4) 反思

① "以学生的发展为本"是现代教育的一个理念.如何具体地与教育和教学行为联系？在听取了个别学生的意见以后,我打算在布置作业这个环节上也做一些改革性的尝试,但我希望这次尝试是基于全班同学的共同认识,变"要我做作业"为"我要做作业",让所有学生发表看法,在相互交流中提高学生对作业的认识.另外,我认为这一尝试似乎也体现了"给不同的学生提供不同的数学"的理念.

② 简单的机械重复的作业,是造成学生过重学业负担的重要原因之一,数学作业造成的负担尤为沉重.让学生自己选择作业,一方面可以有效地减轻学生的学业负担,另一方面也可以还学生以更多的时间与精力,去发展他们感兴趣的方向.学生若对一件事物感兴趣,甚至痴迷,则再苦再累,他们也浑然不觉.一位数学学习的优秀生,当天的数学作业做了6页纸,还提问了一个数学题(我做了一个多小时,才找到完整的解答).

③ 批改次日学生的作业花去了我平时批改统一作业时间的3倍.作业题五花八门,什么都有,但总的说来,学生的作业质量似乎有所提高.

④ 有3人当天未做数学作业,其中两人是班级里数学学习困难且学习

自觉性不高的学生,需要找他们谈话,进一步了解情况,以帮助他们适应新的自主作业方式.

我们十分钦佩周老师的胆识,敢于进行如此大胆的试验.周老师的做法,就是旨在调动学生学习的自觉性、自主性.

(请思考:对于周老师的做法,你怎么看?)

三、改进数学作业环节的几条建议

1. 要"备"作业

不应该否认,现行教材上的习题和中考、高考的考题之间存在差距,因此补充例题、习题是必然的.大量的教辅书也就应运而生.这就产生了"怎么对待、运用这些教辅书"的问题.有些老师用的是最简单的办法:"撕一张纸"(某教辅书上的一页)让学生做;或者是,课本上做某某题,这本教辅书上做某某题,那本教辅书上做某某题.书本、练习册、教辅书上的题目非常多,随意地找一些给学生做会显得非常的盲目,没有针对性.有些教师仅仅从题目文字上大致判断一下,哪些题目和当日的教学内容相关,没有思考过每个问题的本质有什么不同?做这道题的意义何在?会不会仅仅是简单重复?有没有超出学生能力范围?是不是每个人都要这样完成?甚至是不是错题?……

教辅书可以参考,但它不能解决各个不同的学校、不同的班、不同的学生所面临的问题.如果滥用教辅书,会造成教师丧失钻研教材教法的能力,助长教师的依赖性,同时也会助长题海战术的盛行.上海静安区教育学院附属学校不准教辅书进学校,也有不少学校规定,不许用"撕一张纸"的方式布置作业,教辅书上的练习必须经过改造.这是正确的.

有人提出"为了让学生跳出题海,教师首先要跳进题海","要学生做一道题,老师要先做100道题",现在的情况是,几乎每位老师都跳进了题海,但在这个浩瀚的题海中怎么做?似乎并不是每位老师都清楚.这"100题"的意义不仅仅是简单的重复劳动,教师应当将做过的问题归类.有些优秀教师的做法是,将题目做在活页纸(或卡片)上,一张一题,经过一个章节或是一段时间,便进行"理牌",将同类型的题目归类提炼.教师如果能够对各章节的典型问题类型、解题方法了然于心,那么在挑选作业时便会有的放矢.

2. 布置作业

布置作业这个环节应当是教师精心策划的一个环节,为了让每一个学生都能在其能力范围内、在其最近发展区内有最大的收获,教师必须要充分考虑个人因素,而不能一味地将"大锅饭"进行到底.

(1) 控制数量,大胆取舍

把握作业的数量,固然有些方法需要一定量的练习才能达到熟练的程度,但绝不是多多益善.从效益来说,多了未必好.而且过多的练习,容易使人产生厌烦感.就学生承受能力来说,数学作业时间,中等学生每天半小时到三刻钟左右.其实,若干门学科都控制在这个时间内,也已经三个小时左右了,因此,布置作业绝对不能"贪婪".

(2) 针对性

根据焦虑理论,适度压力与适度焦虑是最合适的.作业过于容易,学生没有压力,与严峻的升学考试也不适应;过难也是有害的,做不出,就会产生抄袭现象.所以,习题难度要控制.

由于我国目前大多以中班、大班化形式教学,针对每一位学生布置不同的作业尚有难度,但至少能够将班级学生按照学习能力、学习水平大致分为3到4个不同的层次(有的老师将练习题分为一星级、二星级、三星级).同时,教师可以将现有的习题分类成几个不同的难度级别,分配给相应的学生,甚至可以像设置了一个"作业超市"一样,让学生自主选择.这样能够调动学生学习的积极性,不再是一味地接受.让每一位学生能够在自己的能力水平范围内解决问题,摘到属于自己的果子,让每一位学生都有学习的成就感和愉悦感.

布置作业的针对性不仅是针对水平不同的学生,还应该针对不同的要求.高三复习时肯定会布置大量的作业,怎样以较少的作业,达到复习的要求呢? 上海市南洋中学高三年级备课组的经验是要特别注意作业的针对性.他们制定了下面的原则:

1. 为落实知识点达标布置的作业

第一轮复习时:落实每一个章节每一个知识点的配套练习;注重过程,注重格式,要求详细解答.

第二轮复习时:对于学生知识盲区或遗忘率较高的内容再进行反复,不要求全体学生都完成.

2. 分层练习(他们学校的高三,每周安排一次分类补课)

针对学困生补缺的:以基础题为主,边讲边练,掌握学生思维进度.出卷者借鉴周测中学生暴露的问题,巩固训练.

在高三上半学期,针对每年的高校推优选拔的数学优秀生:讲解和布置超出高考要求的竞赛类型的题.学生思考一周,下一次讲解,并先由学生讲解,再讨论.

3. 限时作业(10 到 16 道小题,视情况可增加 1 到 2 道大题,有时间要

求,与教学进度同步,同时又能滚动出现以前复习过的内容)

随堂型:布置基本习题,课堂20—30分钟完成,把握速度和准确率.

测试型:这是为适应高考的过渡性测试,2小时的题量,综合性试卷.

(3) 滚动练习

遗忘是难以抗拒的,但也是有规律的,德国心理学家艾宾浩斯先生曾提出过一条遗忘曲线.克服遗忘的办法之一是适时反复练习.因此,布置作业的时候,不要只布置这节课的相关习题,要适当地布置和过去知识相关的习题.有的优秀教师利用课前10分钟,利用小练习的方式,做若干道涉及过去知识的基本题,并简单评析一下.这样,能够比较好地克服遗忘.在布置综合题时,要有意识布置和过去的知识相关的综合题,这样也能够唤起记忆.

(4) 丰富作业类型

传统的作业,尤其是数学作业,类型较单一,大多以练习本、练习卷等书面形式完成.从多元智能角度、从培养学生多种能力的角度来看,这种形式不利于学生的全面发展.开辟新的作业形式,充分挖掘学生潜力,培养学生对数学的兴趣和爱好,是值得教师研究的新课题.

对于识记的内容可以采取口头作业的形式,如一些常见的定义、定理和要求学生掌握的公式.如果一味地让学生几遍、几十遍地抄写,不如让学生在课堂上口头回答.更重要的是,通过眼、口、耳的共同刺激,会对要求记忆的内容记忆得更加深刻.

对于一题多解的问题可以让学生演讲.让学生准备好自己对问题的多解,在课堂上由学生代替老师讲解,还可以以小组的形式进行比赛,比一比谁讲得有条理、谁的方法更好.

对于章节的复习可以以小组展示.复习课往往是教师把一章的知识点罗列在黑板上,或者打在幻灯片上,这样学生看了也会容易忘记,不易形成自己的知识框架和体系.可以让学生自己动手整理知识点、习题类型,做成幻灯片并讲解.正如美国华盛顿国立图书馆的墙上写有三句话:"我听见了,但可能忘掉;我看见了,就可能记住;我做过了,便真正理解了."学生亲身体验、亲手实践、自己感悟才能算"做过".同时全方位地完成任务,还能更好地发挥学生的多方面的才能,让学生产生成就感和继续努力的动力.

上海市西南位育中学刘辰老师在上课的前5分钟,设置了一档节目,轮流由一位同学对上节课的内容,或者以前学过的内容上台讲自己的学习体会,可以谈知识的小结、解题的经验,也可以谈网上查到的补充知识,还可以提出问题……之后再由另一位学生对他的发言进行点评.该校邵翼如老师在一个单元结束以后,常布置"阶段性作业".内容往往是要求将所学知识用图表整理出来,以及应用性的题目等.这类阶段性作业的交卷时限比较宽裕.

(5) 创新作业

跳出常规的做法,可以根据班级情况,适当布置"创新作业".

如孙维刚老师认为从初一开始就提倡和指导学生开展问题研究,练习写论文.

又如,针对学生不讲究思路,只管埋头计算的情况,有教师建议设计有效的外显方法:在作业中挑一道题,要求先写出思考过程,再着手解题.

还有,要鼓励学生提出问题,把"你有什么问题?"也列为作业题.

要知道,提出问题比解决问题可能更重要.西方的学生脑子里有很多很多的问题,而且敢于提出来."长方体表面,小虫吃蜜糖,怎样行程最短?"这是个经常被提起的趣味问题.我国学生就题论题,回答了就完了,而有的美国学生问:"那么,哪条线最远呢?"尽管这个问题提得完全不合理,但能够想到并敢于提出,这种精神是值得赞许的.

我国的教师总希望自己讲解清楚,讲得学生都懂,没有问题,这就是好教师.而西方教育界认为:"学生没有问题,还要你老师做什么?"学生不敢提问,不会提问,的确是我国教育的一个软肋.有人听了两个学校的6节课,只有一个学生问了一个问题:"$\dfrac{2x}{x}$是分式吗?"[1]有学者针对学生不问问题这一状况作了调查[2]:

你不问问题的原因是什么?

(A)无疑可问	(B)不知怎么问	(C)懒得问	(D)没机会问	(E)不敢问
7%	49%	16%	9%	17%

我们认为,可以在我国现行的做法中融入西方的一些做法,提出问题就是其中之一.让学生敢想、会想,甚至可适当采取加分政策.如果怕影响正常教学进度,可以利用墙报、博客来公布这些问题,并自由讨论,这样可能会把班级的数学学习气氛带起来.

3. 评价作业

长期以来,批改作业一直是教师教学工作的一个重要组成部分,占时长,耗精力.然而学生对待教师批改的态度又是怎样的呢? 在主观上,学生

---

[1] 季素月.给数学教师的101条建议[M].南京:南京师范大学出版社,2005.
[2] 王存荣.在反思性数学教学中培养学生提出问题的能力[J].数学教育学报,2009(1).

对教师批改的作业通常会持四种不同的态度:一是根本不看;二是看了,却没看懂;三是虽看懂了,但由于没有动脑筋,留下的印象不深,掩卷即忘;四是思考了教师批改的内容,并悟出了一些道理.只有持第四种态度的学生,才会从教师批改的作业中获得一定的教益.由此可见,"全批全改"并不像人们想象的那样必不可少[①].心理学家黎世法教授说:背着学生批改作业、作文、评析试卷等,基本上都属于无效的教学措施.[②]

作业批改确实是值得讨论的问题.当前有些校长、教导主任,喜欢查教师的备课笔记,查听课笔记,查作业批改,我们对此不以为然.这样的做法只是表面的,简单化的,效果未必好(事实上确有一些教师用种种办法应付.须知,任何纪律,虽然能够制约落后的人群的行为,但给积极的、自觉的人群带来的负面影响不小,一定程度上压制他们的积极性).这种简单化的做法,可能和目前校长、教导主任受到过大的升学压力有关.我们主张作业抽批,改一半即可.

(1) 鼓励性评价

强化理论是行为主义的一个内容,即合理的奖惩有利于提高学习效果.但人都喜欢得到赞赏,特别是青少年,因此要多表扬,少用、慎用批评和惩罚.教师应当思考在作业评价中如何调动学生的积极性,"钩"和"大叉"是冷冰冰的,如果因为学生作业做得不好,再把学生叫到办公室训斥一番,那更糟糕了.

心理学家佩奇教授做过一个试验,试验对象是 74 个班共 2000 多名学生.他将每个班的学生分为三组.对第一组学生的作业,教师只打等第,无评语;对第二组,教师除了打等第之外,还给予顺应性评语,即按照学生答案的特点,分别给予适当的矫正,或相应的好评;第三组则是以统一的评语代替等第,如得甲等的,一律评以"优异,保持下去",得乙等的,一律评以"良好,继续前进",丙等的,一律评以"试试看,提高点吧",丁等的,一律评以"让我们把这等级改进一步吧".结果第二组顺应性评语效果最好,第三组的统一评语效果次之,第一组打等第无评语的效果最差[③].

第 一 组	第 二 组	第 三 组
打等第,没有评语	顺应性评语	统一的评语代替等第
效果最差	效果最好	效果较好

---

① 熊川武.零作业[J].教育参考,2007(4).
② 杨世明,等.MM教学方式:理论与实践[M].香港:香港新闻出版社,2002.
③ 皮连生,等.现代认知学习心理学[M].北京:警官教育出版社,1998.

可见,在评价作业时,老师和学生应该有感情交流,既有实事求是的批评,更应该有热情的鼓励.对好的作业可以展示,对好的解法可以让学生在课堂上宣讲,或打印张贴.我们曾经办了名为《少年数学家》的墙报,由数学课代表总负责,小组轮流编辑出版,造成了各组争优的良好局面,有效带动了学习数学的气氛,也产生了"热学效应".

(2) 作业评价中的互动

适当的面批可以沟通师生感情,可以了解学生的思维过程,还可以答疑,实际上是个别辅导的一种很好的形式.上海市徐汇中学要求每次作业都有一定数量的面批,它的效果远胜直接批改.他们提出面批中的"三要三不要":要讲究方法,不要千篇一律;要微笑鼓励,不要训斥;要善于沟通,不要态度冷漠[①].

让学生也参与到作业评价中来,并且通过评价自己或他人的作业加深对所学知识的理解和认识.如自评和他评相结合.对于基础的常规作业,可以采用让学生自己批改的方法.即老师在课堂上公布正确答案、说明必要解题步骤,学生在教师指导下自己完成评价.同样在教师指导下,学生评价其他学生的作业,可以是同桌交换、小组交换,也可以是班级与班级之间交换.有经验的老师会发现,学生往往对于批改他人的作业有很高的积极性,同时,教会别人,自己更明白.

对于口头作业、小组演示、论文等,亦可采用小组互评的形式.首先对班级学生分组,可以是每个小组中都有不同程度的学生,也可以按照同程度进行分组,还可以确定好组长后,由组长挑选组员,甚至完全是自由组合等.小组成员进行分工、互助完成小组作业,再展示给全班.其他小组与教师共同参与评价,最后计算总分.山东济南第二十中学刘雅娟老师就用这样的方法,创立了"合作+竞争"的教学风格.这样不仅打破沉闷的作业模式,增加了学生的学习积极性和学生间的互动,还可以从观摩其他小组的展示中,学习到自己小组所不具备的优点.也就是说,通过小组学习,不论是从组内还是从组外,都能够取长补短.不同形式的数学活动,使每个学生都有展示自己的舞台,更加能够激发学生学习数学的兴趣.

上海市中国中学张荣老师采用互帮小组的形式颇有特色.她把若干个水平在40～50分左右的学生和数学优秀生一一对应组合成若干对子.(班上有成绩更低的学生,她暂时不组织,她认为40～50分的学生有迅速提高的可能,这样可以让全班学生树立信心.等取得成功后再扩大战果)要求同

---

① 庄小凤.坚持多彩发展教育,建设生态型学校[J].现代教学,2009(5).

一对子的两个学生一起做作业,优秀生要帮助学困生,是否进步的标志是两人的总成绩有没有提高.结果几个对子都有进步.张老师给各对发奖,奖金是每人2元人民币,而且张老师一本正经地将钱放入盖了学校大红校章的信封里,郑重其事地发奖.对上海的孩子来说,2元钱是很不起眼的,但是学生们却十分珍视这件奖品,有的学生把这个信封放在家里的装饰柜里展示.这个做法,就调动了学困生和优秀生两方面的积极性,这也是张老师追求的"热学效应"之一.

4. 订正作业

长期以来,教师在错题上打个"×",在最后写上"订正"和日期,学生在"订正"下面写上错题的正确答案,教师再批个"√",订正就算结束了.是不是学生交来了正确答案,就说明是订正过了呢? 是不是订正过了,就知道究竟错在哪儿,下次会引以为戒、不再犯了呢? 有的学生是教师边讲评边记录,有的学生是事后拿别人的本子"借鉴"一下,有的学生甚至不订正.为什么学生对待订正如此马虎? 这可能是因为,做重复的事情,心理容易产生疲劳.有些老师"变着法儿",让学生改正错误.上海市徐汇中学林静蕴老师在发现学生比较普遍的错误之后,立即出几道类似的题,让大家做.因为有新鲜感,效果比较好.

更值得研究的是,传统的订正作业的方法是,教师要求,学生执行,学生是被动的.要培养学生养成自我评价、反思问题、查找根源的学习习惯,教师应当教会学生如何分析自己的错误原因.有很多学生往往将自己的错误归结于"粗心",而真的就是粗心那么简单吗? 事实上,通过跟学生面对面的交流,教师会发现学生的"粗心"有很多不同情况:有的是概念不清;有的是公式记错、用错;有的是审题不清,加条件、漏条件;有的是看错题,加号变减号,等比变等差;有的是解题方法不正确导致算错或算不出结果;有的是计算出错;有的是因为时间不够随便写了个答案……面对做错的题一定要回想为什么会错,将错误的原因记录下来,订正过的问题,一定要找到根源,彻底弄明白,不能一错再错.

学生应该经常地、自觉地问自己三个问题:

这节课(单元)涉及哪些知识? 我都理解掌握了吗?

这节课(单元)里有哪些典型的题? 我都会做了吗?

在这节课(单元)的作业里,我最容易犯什么错误? 为什么?

这"三问",就是自我评价.自我评价能力是元认知能力的一种,对学习质量起着十分重要的作用,而且是终身受用.

上海市中山北路小学提出,在做作业之前先回忆当天学习的知识点,练习之后要求在纸上写一两句话作为自我评价.效果很好.有学生写道:"这学期老师布置了一个新的作业……就是自我评价作业.一开始,我觉得这个作业没有什么用处……渐渐发现有许多好处……有了自我评价作业,我就能把所学的东西在脑子里回忆一遍,感觉就像放电影一样……还能帮我找出错误的原因……"[①]

新疆乌鲁木齐第八中学的刘婷老师利用数学作文进行纠错的教学试验,收到了很好的效果.实验是这样进行的:[②]

要求实验班的学生对作业和考试中的错解原因作出书面分析,写成反思性作文,并且不能简单地归结于不认真、马虎、粗心等原因,而要从审题、知识掌握、计算程序及选用的方法等方面进行细致分析,每周交一次反思性作文.

经过实验,得到的结果是:实验班的成绩高于对比班,差异显著;并且作业错题再错现象明显减少;作业比以前认真,书写也变得比较规范了.

测试卷1

	均分	标准差	错题再错率
实验班	71.3	11.9	10%
对比班	66.7	12.7	27.5%
Z检验	2.03($p<0.05$)		

测试卷2

	均分	标准差	错题再错率
实验班	72.1	10.9	8.3%
对比班	65.9	11.7	25.8%
Z检验	2.97($p<0.05$)		

为什么效果这么显著?原先订正作业的做法是被动的,大多数学生是应付的.现在尽管数学作文的办法也是"规定"的,但毕竟促使学生进行了深层次的思考.

(请思考:作业问题深深困扰着学生和教师,你有什么改进的办法?)

---

① 上海市中山北路小学.要关注学生的学习情感[J].现代教学,2009(4).
② 刘婷,罗增儒."数学作文与元认知开发"的纠错实验[J].数学教育学报,2009(8).

第五节　数学测验(考试)环节

一、关于数学测验(考试)的一般认识

测验(考试)是一项常规教学活动,是一种评估的方式,总的来说是用来检验教师的教学效果、学生对已学知识的掌握情况.

测验(考试)有两种.一是形成性测验,即在学生知识形成过程中的测验,其目的侧重于检查教与学的情况,以便改进今后的教学.平时的测验考试都应该是形成性测验.二是终结性考试,如毕业考、升学考、竞赛考等,其目的就是检查学习者的学习情况.

形成性的测验主要应该以课标为依据,当然也应该考虑学生的实际水平.终结性考试除了以课标、考纲为依据之外,还要考虑区分度,以利于选拔.

就目前的情况而言,数学测验考试有以下这些特点:

1. 密度大

好多学校有周周练、月月考.这些周周练、月月考,都是像中考、高考那样的"大卷子",花的时间都是整节课.这样一来,一周5节数学课,一节用于测验,还要用一节讲评订正,用在讲新课、习题课、复习课还能有多少呢?这种"以考代教"的情况是不妥当的.时间不够,就加课时,于是有的学校数学课每周有八九节,大大超过规定的课时.

而且,周周练、月月考,以自然的周和月来安排测验是不科学的.测验考试应该是一个单元结束之后,学生经过比较充分的复习,有准备地参加测验,才会有好的效果.单元的教学进度与自然的周和月一般说是不能相配合的.这就打乱了学生的学习节奏,对学生厘清头绪没有好处.

2. 题目难,评分严

测验考试的题目,明显比上课例题以及课后作业的难度要大.为了要让

试卷难度的"尾巴翘一翘",甚至把竞赛题目也作为测验考试题目.教师因为班级人数多或者急于反馈讲评,阅卷中基本不给步骤分,只要答案错,一律算全错.

作为形成性的测验考试应当对学生起到鼓励的作用.可是有些老师"以学生为敌人",考得大家"大红灯笼高高挂",似乎这样才能"唬"住学生,让他们不要骄傲.

有一所示范性高中,老师说,"中考题目太容易,要重新测试你们的水平",所以进校第一天就是摸底考.结果是学生考得唉声叹气.老师说:"你们以为在我们这个学校得高分是容易的吗?"(其潜台词是:"生源这么不好,今后这些学生成绩不好,校长可别怪我啊!")读了一年之后,换了个数学老师,新老师第一课又是摸底测验,又是考得大家垂头丧气.新老师批评大家说:"你们太糟糕了!"(其潜台词是:"以前的老师基础打得不好.今后成绩不好,是因为基础不好;成绩上去了,是我的功劳.")在这样的压力下,有部分学生自暴自弃.这实在是失败的教育!

其实,虽然在教育学生时,表扬和批评都是不可缺少的方法,但人人都希望成功,希望得到赞扬,因此鼓励应该是主流.被誉为当代毕昇的王选院士是上海南洋模范中学的毕业生,他在回忆学生时代时说:"好学生是夸出来的."

笔者之一早年在著名的上海中学求学,回头看那时的学习生活,确实是紧张的,但有两个特点,一是考试时题目不难,一次考试下来,4分(良好)、5分(优秀)是多数,3分(及格)是少数,2分(不及格)是个别的.因此,大家对学习满怀信心,得了5分,希望下次再得5分,这门课得到5分,希望别的课也得5分.二是几乎天天有测验,节节课要提问,但大多是10分钟的小测验.

3. "架势"大

不论小测验、大考试,一律是大卷子——填空题若干、选择题若干、简答题若干题.

其实形成性测验还应该分两种.一种是单元测验和期中考试、期末考试,需要检查比较长的一段时间里的教与学的情况.另一种是检查一两节课的教与学情况的小测验.

小测验有及时反馈的特点,可以及时纠正教与学中间的偏差和问题.小测验有很强的针对性,可以针对学生学习中出现的问题进行测验.

大测验的特点是全面,比较适合一个单元之后作全面评价时使用.另外,大卷子的试卷是按试题的形式来编排的:先是12道填空题,再是4道选择题,后面才是5~7道解答题,而不是按照知识点来安排的.内容相关的试题(如,一元二次方程解法的试题)可能出现在填空题里,也可能出现在简答题里.在全面评价时这是合适的,但小测验的题最好按学习的内容安排在一起,以便建构知识框架.

因此,对平时教学来说,小测验是很有效的检查教与学的手段.

4. 交叉命题

有的学校为了力求公平,出现了"交叉命题"的现象,即本年级的考试题由其他年级的相关学科备课组长来命题.如高一出高三的,高三出高二的,高二又出高一的.还有学校竟然请外校(当然是学业水平较高的学校)教师命题.命题教师不了解本年级教师的教学情况和学生的学习水平,往往不能起到真正的反馈作用,而且容易引起不必要的麻烦.这又是"以教师为敌"了.(这是我国当前教育的两件怪事之一:一是校长没有颁发毕业证的权力;二就是教师没有命题权,这好像医师没有了处方权一样.)

现在不少学生"谈考色变",无数的考试、铺天盖地的试卷几乎弄得他们焦头烂额.尤其在高年级,前一份试卷的内容还没消化,后一份试卷又跟着来了.让我们来看看下面这些统计数据:

据广东省越秀区的调查,考试焦虑随年级提高而增加,36.4%的被访初中生、50.5%的被访高中生每次参加正式考试或考核的成绩,常常比不上平时的成绩,四成高中生压力大,常想喊叫[①].

石家庄三所区重点的统计,19.5%的高中生处于镇定水平,58.9%的高中生处于轻度焦虑水平,处于中度焦虑水平的高中生占20.9%,处于重度焦虑水平的占0.7%,中度焦虑和重度焦虑的高中生占21.6%[②].

山东省某中学对538名高中生进行调查,结果考试焦虑的检出率为65.2%[③].

据新浪网调查,升入高年级后,八成中学生感觉数学考试最难,认为数学考试成绩不理想者则高达81.25%[④].

这些数据是在提醒我们的教师,我们现在所使用的考试方式不仅没有达到预设的目的,而且对学生身心的健康发展产生了严重的影响.

事实上,不仅是学生,不少教师也很害怕考试.没完没了的排序、五花八门的分数统计、各种各样的评比,让教师也产生了很大的心理负担和焦虑情绪.

[①] http://www.xlzx.cn/html/counselling/student_subject/other_problem/2007/0515/4518.html.
[②] 孙新卫.高中生考试焦虑程度及其成因分析[J].中小学心理健康教育,2008(4).
[③] 周伟,孟宪鹏.高中生考试焦虑与学习成绩的关系[J].中国学校卫生,2006(3).
[④] 据调查升入高年级八成中学生感觉数学考试最难.东方今报,2008-11-28.

5. 统测排名

现在中考、高考,省市区县都会给各校排名.除此之外,还有区县一模考、二模考,以及非毕业班的统测,也会给各校排名.这就给校长套上了"紧箍圈".于是,校长也给各班排名,而这又给教师套上了"紧箍圈",结果是教师给每位学生排名,"紧箍圈"自然就套到了学生头上.现如今,教育行政部门口口声声要素质教育,反对应试教育,而且下达了一个个不准的指令,如不得全班补课,不得挤占体育课等,但却没有不准排名的规定.

如果各级领导和教师为了了解教学状况,内部排名无可厚非,但这排名不应公开.排名压力实在大似虎!

二、改进数学测验的几点建议

测验考试究竟为什么?口头上会说是检查教与学的情况,改进教与学,其实,是给学生(也给教师)加压.似乎不频繁考试,学生就不认真学习了.这不是把学生当作"不敲打不行"的懒汉,"不点不亮"的蜡烛了吗?这哪里还谈得上主动学习.

那么怎么改变现状,让测验考试起到真正检验、评估、促进教学的作用呢?要让学生不再畏惧考试,让教师和学生都真正从考试中受益,就必须改变现在考试的模式.是否可以从以下几方面进行探索.

1. 鼓励为主的评价

首先,测验有评价教学的功能,也有鼓励学生进一步学习的功能,因此试题不要太难,评分不要太紧,更不要交叉命题.

其次,教师不要"以分取人".试卷的评价方式通常是以分数的形式呈现的.学生一拿到试卷会先看分数,分数高的喜形于色,分数低的闷闷不乐.不少教师也是以分数评价学生的,分数高的学生聪明,分数低的学生能力差.这种"唯分数论"是万万不可取的.尤其作为一名教师,应该牢记,不能用分数衡量学生的一切.应当时时向学生灌输这样的思想:测验考试的最终目的是促使学生掌握学过的知识,分数只是一种呈现的方式,这个分数打或不打、打几分是次要的,关键要找出知识上的不足,并加以改进,争取下次少犯、不犯同样的错误,这样才能体现学习的价值.

还有,帮助考得不好的学生"争取考后 100 分".对于学习能力相对弱、成绩较差的后进生,教师可以进行专门的考前辅导.把三五个后进生请到专用的教室或办公室,帮助他们进行一个单元知识的再整理,把重要的内容和解题方法进行梳理,然后再让他们做试卷.这样做看似是"开小灶",甚至有"作弊"的嫌疑,但是经过教师的再一遍整理和整理后的立即应用,无疑能够加深学生对知识的记忆和理解.这要比学生抓耳挠腮地苦思冥想更有效果,同时也潜移默化地教会了学生复习整理的必要性,能够让学生体会到"学有所用"的快乐.同样地,在测验结束后,对部分学生(或全体学生)进行第二次测验,测验的试题可以是原题,也可以稍加改变,并把较高的分数作为正式成绩.这样的做法可能会有教师不认同.其实,何必把分数看得这么"神圣",分数不就是为了"刺激"学生好好学习嘛,让学生掌握应该掌握的知识技能嘛,现在学生通过复测掌握了,不是好事吗?何必跟学生"分分计较"呢?这就是前辈数学教育家、上海市南洋模范中学赵宪初先生提倡的"力争考后100分".

(请思考:你同意"力争考后100分"的观点吗?)

赵宪初先生还有一招.他教"三角",不仅要求计算正确,而且还要求演算速度快,卷子写得整整齐齐.凡符合要求的,可以在100分以外加分,学生可以拿到105分、110分.这样打破了传统的"满分100分"的格局,不仅能够激发学生的信心,还能够鼓励学生养成良好的学习习惯.

2. 减少考试,增加小测验

有的学校每周定时测验、每月定时月考,前面分析过,这样的做法其实是不合理的.科学的做法应该是根据教学进度确定考试周期.比较理想的做法是将周练月考改为单元练习,即在结束每一个单元教学后进行测验,而且要事先告知,让学生进行充分的复习,做好测验的准备.可能这种做法在实际操作中比较困难,因为毕竟每一门学科都有各自的教学进度,但是这种做法是"以人为本"的,能够适时地起到检验、评估的作用.

增加小测验.前面也说过,小测验有及时反馈的特点.20世纪50至60年代,还用记分的课堂提问方式作为检查教与学情况的手段,这应该没有过时.

试卷不宜采用单一的"大卷子"的形式.这种形式是按照题型编制的,并不是按照知识点编排的,不利于巩固知识,也不利于教师发现学生的问题.

如不等式章节中,绝对值不等式、分式不等式都是学生的薄弱环节.在测试时,应该让学生充分暴露其解题思维过程,如果简单采用填空题、选择题的形式,教师就不能很好地分辨出究竟是解题方法错误还是计算失误.再比如,对于一些需要学生熟练掌握的基本知识,像三角公式、圆锥曲线基本量等,就应当采用小题形式反复巩固.如果放在综合题中,有的学生会因为公式的一个小小的失误而导致整个大题不得分.这样是事倍功半的.

对于形成性的测验,量宜小,难度也要控制,知识面要新旧结合,以新带旧,有利于巩固旧知.对于需要进行综合评价的大卷子的试题编制,要能够全面照顾到知识技能,把握好难度,控制好容易题、中等题、较难题8:1:1

的比例.

总之,试卷的形式应当结合所学知识的结构特点,不能一概而论.

三、试卷的编制

有些老教师认为,衡量一个教师水平如何,要看能不能上好一节课,能不能出好一份试卷,能不能分析一段教材.因此,命题出卷,是数学教师的重要能力.有眼光的校长、教研组长会通过一些大型考试的编题、改题和评题等环节来提高教师的考试习题的编制能力,同时促进专业能力的进步.

试卷编制,有种种要求,如难度、信度、效度等,但是对学校来说,一般不必如此讲究,重要的原则是:知识技能的分布(重点知识技能必须落实),难度的控制等.

我们不拘泥于考试的理论,拟通过案例来探讨编题、出卷,以及考试后的反思等问题.

下面通过两个案例来说明编制习题和试卷的策略,案例取自上海市南洋中学.

案例1 试题的改编

学情分析:

这道习题是高二学生的期末考试的最后一道压轴题,而此次考试的知识点要求"概率统计30%,复数20%,立体几何50%",其中立体几何回避向量法解决问题(文科学生不作要求,因此没有全体渗透).因为是大考,涉及补考,甚至升留级,所以计划将试卷的预估平均分必须设定在75分左右,所以基础题尽量能够让大部分学生得分,而压轴题也尽量能减少绝对高分的产生.

当"压轴题"设定为立体几何后,由于不能用向量解决几何问题这个知识点,因此这道题的编制更加困难:把考查知识点放在哪个模型里呢?

步骤一:确定几何模型.

参考了 2012 年上海高考题中第 14 题:如图 3-5-1,AD 与 BC 是四面体 $ABCD$ 中互相垂直的棱,$BC=2$.若 $AD=2c$,且 $AB+BD=AC+CD=2a$,其中 a、c 为常数,则四面体 $ABCD$ 的体积的最大值是 _____.

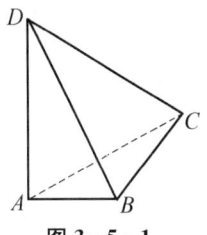

图 3-5-1

答案:$\frac{2}{3}c\sqrt{a^2-c^2-1}$.

当时这道题引起来自全国各地老师的分析和评述,习题中渗透立体几何、解析几何、基本不等式等诸多知识点,而且能力要求非常高.于是笔者把知识点初步定在四面体的分析上,而且没有直角元素的四面体也可以回避部分精通向量的学生解决同一问题,否则文科学生少了一类解题方法,不能体现考试的公平性.

步骤二:确定知识点.

纵览整个试卷前面的试题,"点面、线面距离问题""球""体积"等问题侧重不多,考虑在这些方面展开,同时回想到刚开始学习"立体几何"的阶段,学生有一个坎始终跨越不过去,就是"作几何体的截面",或者说"截面的定义——当一个平面截多面体时,多面体的表面与平面的交线所围成的平面图形叫做平面截多面体的截面①".因此,笔者希望有一个关于截面的问题,回顾这么一个知识点.

步骤三:确定"母题".

一道新题的产生往往是陈题给予的"灵感",再融合命题的目的和想法,以达到测试的最终目标.

原题 1:一个四面体的所有棱长都为 $\sqrt{2}$,四个顶点在同一球面上,则此球的表面积为_____.(答案:3π)

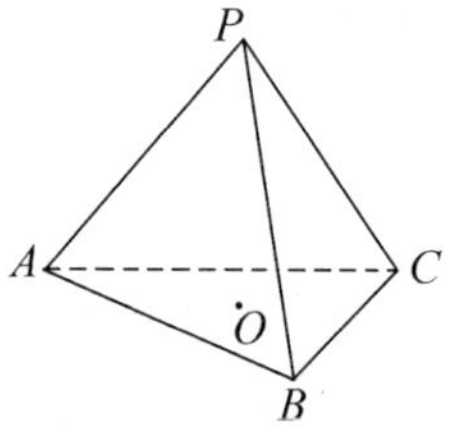

原题 2:(2005 年上海春季高考试题)如图 3-5-2,已知正三棱锥 $P-ABC$ 的体积为 $72\sqrt{3}$,侧面与底面所成的二面角的大小为 $60°$.

(1) 证明:$PA \perp BC$;

(2) 求底面中心 O 到侧面的距离.

证明:(1) 如图 3-5-3,取边 BC 的中点 D,联结 AD、PD,则 $AD \perp BC$,$PD \perp BC$.

故 $BC \perp$ 平面 APD.

所以 $PA \perp BC$.

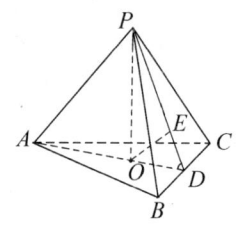

图 3-5-2

图 3-5-3

解:(2) 如图 3-5-3,由(1)可知平面 $PBC \perp$ 平面 APD,则 $\angle PDA$ 是侧面与底面所成二面角的平面角,即 $\angle PDA = 60°$.

过点 O 作 $OE \perp PD$,E 为垂足,则 OE 就是点 O 到侧面的距离.

设 $OE = h$.由题意,可知点 O 在 AD 上.

---

① 上海市中小学(幼儿园)课程改革委员会.高级中学课本数学高中三年级(试用本).上海:上海教育出版社,2008.

因 $\angle PDO = 60°$,所以 $OP = 2h$.

因 $OD = \dfrac{2h}{\sqrt{3}}$,所以 $BC = 4h$,

所以 $S_{\triangle ABC} = \dfrac{\sqrt{3}}{4}(4h)^2 = 4\sqrt{3}h^2$.

因 $72\sqrt{3} = \dfrac{1}{3} \cdot 4\sqrt{3}h^2 \cdot 2h = \dfrac{8\sqrt{3}}{3}h^3$,所以 $h = 3$.

即底面中心 O 到侧面的距离为 3.

步骤四:初步形成新题.

如图 3-5-4,已知正四面体 $P-ABC$ 的棱长为 $2\sqrt{6}$.

(1) 求侧棱与底面所成角的大小;(结果用反三角数值表示)

(2) 求底面中心 O 到侧面的距离;

(3) 其四个顶点在同一球面上,设球心为 O',求过 O'、B、C 三点的平面交三棱锥 $P-ABC$ 的截面面积.

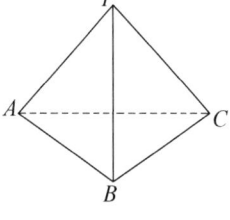

图 3-5-4

根据原先设想,把两道习题稍作修改,主要考虑到为了计算简单,基本方法运用得当,因此运用正四面体模型,并且为了使主要元素——四面体的高成整数,因此棱长设定为 $2\sqrt{6}$.主要是考虑到"割补法""截面面积"的概念运用,"球"的模型等.因为原题 1、2 中欠缺考查线面所成角这个知识点,所以补充第(1)小题.

步骤五:确定考题.

如图 3-5-4,已知正四面体 $P-ABC$ 的棱长为 $2\sqrt{6}$.

(1) 求底面中心 O 到侧面的距离.

(2) 若 M 为 $\triangle ABC$ 内(含边界)一动点,且点 M 到三个侧面 PAB、PBC、PCA 的距离成等差数列,请用确切的语言叙述点 M 的轨迹及其所在位置.

(3) 已知点 P、A、B、C 四个顶点在同一球面上,设球心为 O',求过 O'、B、C 三点的平面交该四面体 $P-ABC$ 的截面面积.

解:(1) $\dfrac{4}{3}$.(过程略)

(2) 由于 $P-ABC$ 的三个侧面积相等,因此点 M 到三个侧面 PAB、PBC、PCA 的距离成等差数列等价于三个三棱锥 $M-PAB$、$M-PBC$、$M-PCA$ 的体积成等差数列,即 $2V_{M-PBC} = V_{M-PAB} + V_{M-PCA}$.所以,$3V_{M-PBC} =$

V_{P-ABC},从而 $S_{\triangle MBC}=\dfrac{1}{3}S_{\triangle ABC}$.即点 M 到边 BC 的距离为 $\dfrac{1}{3}AE$,即 $\sqrt{2}$.

(3) 注意学生求作截面过程:过 O'、B、C 三点的平面交三棱锥 $P-ABC$ 所得的截面交棱 AP 于点 F.

由于 O' 既在平面 FBC 上,又在平面 APE 上(E 为 BC 的中点),因此在交线 FE 上,F、E、O' 三点共线.

(三点共线证明可以忽略)

证法一:过点 P 作 $PO\perp$ 平面 ABC.

由已知,得 $PO=2\sqrt{6}\times\dfrac{\sqrt{6}}{3}=4$.

另求得 $PO'=3,OO'=1,OE=\sqrt{2}$.(用等积法或勾股定理皆可求得)

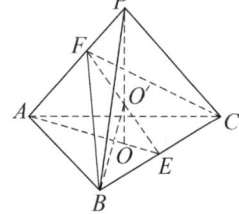

图 3-5-5

所以 $O'E=\sqrt{3}$,$\tan\angle FO'P=\tan\angle OO'E=\sqrt{2}$.

又 $\tan\angle FPO'=\tan\angle APO=\dfrac{1}{\sqrt{2}}$,故 $\angle PFO'=\dfrac{\pi}{2}$.

所以 $O'F=O'P\cdot\cos\angle FO'P=3\times\dfrac{1}{\sqrt{3}}=\sqrt{3}$,$EF=2\sqrt{3}$,

$S_{\triangle FBC}=\dfrac{1}{2}\times 2\sqrt{6}\times 2\sqrt{3}=6\sqrt{2}$.

证法二:可以先取 AP 中点 F,联结 BF、CF 作截面 FBC 交高 PO 于 O' 点,简单证明 $O'P=O'A$,再利用三角比证明 $O'P=O'A=O'C=O'B$.

证法三:可以将正四面体置放于正方体中进行说明.

反思:第(1)小题尽管可以考查知识点,但是与后两题关系不大,显得过于牵强;而第(2)小题虽然类似母题二,但是因为是在正四面体中,因此难度降低,于是就设计一道与之类似,但有一定转折的习题衍生,进一步加强对体积分割法的灵活运用.而第(3)小题确实有学生认为截面积就是三角形 $O'BC$ 面积,得到的结果是 $3\sqrt{2}$.而基本功扎实的学生能分辨出截面情况,并能说明 F 为 AP 中点,问题也就迎刃而解.

第(2)小题学生的答题不是很理想,首先,问题中"请用确切的语言叙述点 M 的轨迹及其所在位置"这句话命题者权衡了许久,生怕学生曲解这个意图,确实学生把"轨迹"理解为"轨迹方程",又用建系来解决问题,因此在空间直角坐标系中探索轨迹方程,拿捏不准确,耗费大量的时间.显然原本希望第(3)小题压轴,但是因为第(3)小题做错的学生大多是快速得出错误答案 $S_{\triangle O'BC}$,没能引起他们的强烈思考.因此最后的结果却是,(1)(3)两题有人作答

(不管对错),而第(2)小题学生束手无策,"开了天窗",与笔者初衷有些违背,有些遗憾,好在整张试卷的均分为74.8,达到了预期估计,也算顺利完成任务.

案例 2 试卷的编制

学情分析:

考试范围为高二年级,知识点有解析几何、复数、立体几何中的"直线、平面"内容(不含多面体),比例约为4∶3∶3.

期望平均分在72~75分,在出卷前,命题者仔细研究了双向细目表、作业习题和平时测试卷,大致预估了学生的水平.一部分试题由学生做过的习题和试题修改而成.例如第6,8,10,11题等,其余试题难度不高,最后一题稍"跳"一下.估计平均分应该在78分左右.

高二年级数学学科期中考试试题及考试分析

一、填空题(每题3分,共42分)

1. 设 i 为虚数单位,若复数 $(m^2-3m-4)+(m^2-5m-6)i$ 是纯虚数,则实数 $m=$ _____.

2. 已知边长为 a 的正方形 $ABCD$ 外一点 P,且 $PA\perp$ 平面 $ABCD$,$PA=a$,则二面角 $P-CD-A$ 的大小为 _____.

3. 负实数 a 的平方根是 _____.

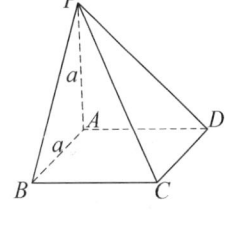

图 3-5-6

反思:本题是教材后练习题,原意是让学生和教师回归课本.当时审题老师建议改成数字,可能"送分"更彻底,笔者认为是教材上原题,坚持了一下,果然作为第3题,得分率相对过低.以后对于字母问题还是要一再小心.本题得分率为0.65.

4. 棱长为2的正四面体中,任意一组对棱的距离为 _____.

反思:鉴于笔者的授课经验,通常会将后续的"多面体"中的正四面体的定义提前至"空间直线与平面"①中教学,以便于讲解"异面直线",没想到这个名词不是每位教师都在这个时段定义的.因此,巡考教师帮学生解释了一遍,添了很多麻烦.而且,"异面直线的距离就是公垂线段的长"这个概念,命题前笔者担心可能教师没有强调到位,后来看过被测年级一张练习卷有类似习题,才放心把这道题放上,没想到在"正四面体"这个名词上还是出了问题.预估还是不足啊.本题得分率为0.68.

---

① 空间直线与平面原为高三第一学期的内容,此处将其移至高二教学.

5. 双曲线 $\dfrac{y^2}{4}-\dfrac{x^2}{9}=1$ 的倾斜角为锐角的渐近线的一个方向向量为_____.

6. 直线 l 过抛物线 $y^2=2px(p>0)$ 的焦点,且与抛物线交于 A、B 两点,若线段 AB 的长是 10,AB 的中点到 y 轴的距离为 2,则抛物线的方程为_____.

7. 正方体 $ABCD-A_1B_1C_1D_1$ 各面上的对角线与体对角线 AC_1 垂直的有_____条.

反思:对于这类结论性的习题,对教师和个别学生来说,可能比较熟悉,对于刚学立体几何的学生,对图形也不太理解,不太适合出此类问题.索性编一道大家都需要探索的结论性问题比较妥当.(本题的得分率为 0.79)

8. 椭圆 $5x^2-ky^2=5$ 的一个焦点是 $(0,2)$,那么 $k=$ _____.

9. 一束光线从点 $A(-1,1)$ 出发经 x 轴反射,到达圆 $C:(x-2)^2+(y-3)^2=1$ 上一点的最短路程是_____.

反思:解析几何是本次考试范围中较早时期的内容,关于反射、对称等内容,学生有一定的遗忘率,因此造成得分偏低.(本题得分率为 0.64)

10. 已知复数 z 满足 $|z-3|=1$,则 $u=\left|\dfrac{z-\bar{z}}{z+\bar{z}}\right|$ 的最大值为_____.

反思:关于复数与几何的综合,学生已经训练了很多.这道题最后其实还是求斜率范围问题,只是平时都是给了条件,直接问 $\dfrac{y}{x}$ 等,而经过变化的 $u=\left|\dfrac{z-\bar{z}}{z+\bar{z}}\right|$ 形式,学生化简可能比较困难,没有用最基本的通法:设 $z=x+yi$ 来代入.可能平时 z、$\bar{z}$ 的转换技巧讲得太多,反而让学生产生负迁移.(本题得分率为 0.48)

11. 设点 A 到平面 α 的距离为 a,过点 A 作平面 α 的两条斜线 AB、AC,分别与平面 α 所成的角分别为 $\dfrac{\pi}{4}$、$\dfrac{\pi}{6}$.若 $\angle BAC=90°$,则两斜足 B、C 之间的距离为_____.

12. 若 α、β 是实系数一元二次方程 $x^2+kx+2=0$ 的两根,当 $|\alpha|=|\beta|$ 时,k 的取值范围为_____.

反思:本题是在原有一直求 $|\alpha+\beta|$、$|\alpha-\beta|$ 等问题上改编,其实还是考查学生对实系数一元二次方程的根与实部虚部的关系,计算也比较简单.(本题得分率为 0.68)

13. 已知复数 x 满足 $x+\dfrac{1}{x}=1$,则 $x^{2013}+\dfrac{1}{x^{2013}}=$ _____.

反思:这是关于 $-\dfrac{1}{2}\pm\dfrac{\sqrt{3}}{2}i$ 的计算问题,题设对学生的转化有一定要求,而且它是 $-\omega$ 的形式,因此答案凑了一个 -2,需要对这个问题了解透彻的学生才能真正理解.做题过程中,不少学生认为2012是3的倍数,因此反而觉得2013是被3除余1,这令笔者非常意外.(本题得分率为0.40)

14. 已知曲线 $y^2=ax$ 与其关于点 $(1,1)$ 对称的曲线有两个不同的交点 A 和 B,如果过这两个交点的直线的倾斜角是 $45°$,那么实数 a 的值是_____.

反思:根据两条曲线相互对称,或者是利用代入法求轨迹问题编写了这一道曲线系问题,基本能够押住最后一道填空.当然学生也有用特殊值完成本题.(本题得分率为0.33)

二、选择题(每题4分,共16分)

15. 若直线 $l \not\subset$ 平面 α,则(   ).

(A) α 内所有直线与 l 异面

(B) α 内存在无数条与 l 垂直的直线

(C) α 内存在唯一的直线与 l 平行

(D) l 与平面 α 所成角的范围为 $\left(0,\dfrac{\pi}{2}\right]$

16. 如图3-5-7,在正方体 $ABCD-A_1B_1C_1D_1$ 中,点 E 在 A_1C_1 上,$|A_1E|=\dfrac{1}{4}|A_1C_1|$,且 $\overrightarrow{AE}=x\overrightarrow{AA_1}+y\overrightarrow{AB}+z\overrightarrow{AD}$,则(   ).

(A) $x=1,y=\dfrac{1}{2},z=\dfrac{1}{2}$

(B) $x=\dfrac{1}{2},y=1,z=\dfrac{1}{2}$

(C) $x=1,y=\dfrac{1}{3},z=\dfrac{1}{2}$

(D) $x=1,y=\dfrac{1}{4},z=\dfrac{1}{4}$

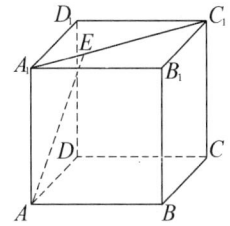

图 3-5-7

17. 已知复平面内 $\triangle AOB$ 的顶点 A 所对应的复数为 $1+2i$,其重心 G 所对应的复数为 $1+i$,则以 OA、OB 为邻边的平行四边形的对角线长为(   ).

(A) $3\sqrt{2}$ (B) $2\sqrt{2}$ (C) 2 (D) $\sqrt{5}$

反思:这道题也是出于复数的几何表示,也可以联系向量的方法完成,不过在编题过程中没有指明是哪一条对角线,笔者自己想当然觉得是同一个起点出发的那条,遗漏了长为$\sqrt{2}$的那条,也是不应该发生的.

18. 已知点$A(1,0)$,$B(1,\sqrt{2})$,将线段OA、AB各n等分,设OA上从左至右的第k个分点为A_k,AB上从下至上的第k个分点为$B_k(1\leqslant k\leqslant n)$,过点$A_k$且垂直于$x$轴的直线为$l_k$,$OB_k$交$l_k$于点$P_k$,则点$P_1,P_2,\cdots,P_n$在同一( ).

  (A) 圆上   (B) 椭圆上

  (C) 双曲线上   (D) 抛物线上

反思:这道题阅读、分析的量比较多,但是只要根据题意写出相应结论就能完成.但是没有想到,最后用了消参数来解决轨迹问题的方法老师得心应手,而对于高二没有经过理科数学参数方程训练的学生不是非常拿手,好在是选择题,而且只要求探索出轨迹,而非具体轨迹方程,因此得分率还是比较正常.(本题得分率为0.66)

三、解答题

19. (本题8分)已知复数w满足$w-5=-2iw$(i为虚数单位),复数$z=\dfrac{5}{w}+|w-1|$,试确定一个以z为根的实系数一元二次方程.

解:由$w-5=-2iw$,得$w=\dfrac{5}{1+2i}=1-2i$.

所以$z=\dfrac{5}{w}+|w-1|=\dfrac{5}{1-2i}+|1-2i-1|=1+2i+2=3+2i$.

因$z+\bar{z}=2a=6$,$z\bar{z}=13$,

所以方程可以是$x^2-6x+13=0$.

反思:这道习题是简单的复数计算和实系数一元二次方程根与系数的关系,也是简单的开放习题,当然也是"送分"题.但现在想想,复数计算和化简最好不要这么出题,因为现在的学生也可以用计算器进行复数运算,没有什么大的意义,而且有些学生的计算器不具有这项功能,就不公平了.

20. (本题10分)如图3-5-8所示,正方体$ABCD-A_1B_1C_1D_1$的棱长为1,点M、N分别是面对角线A_1B和B_1D_1的中点.

 (1) 求证:$MN\perp AB$;

 (2) 求MN与平面A_1BCD_1的所成角.

解:(1) 如图3-5-9,建立直角坐标系.

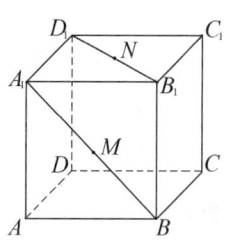

图 3-5-8

由已知,得 $M\left(1,\frac{1}{2},\frac{1}{2}\right)$, $N\left(\frac{1}{2},\frac{1}{2},1\right)$, $A(1,0,0)$, $B(1,1,0)$.

则 $\overrightarrow{AB}=(0,1,0)$, $\overrightarrow{MN}=\left(-\frac{1}{2},0,\frac{1}{2}\right)$.

因 $\overrightarrow{AB} \cdot \overrightarrow{MN}=0$,所以 $AB \perp MN$.

(2) 因 $B_1(1,1,1)$, $\overrightarrow{AB_1}$ 为平面 A_1BCD_1 法向量 $\vec{n}$,所以 $\vec{n}=(0,1,1)$.

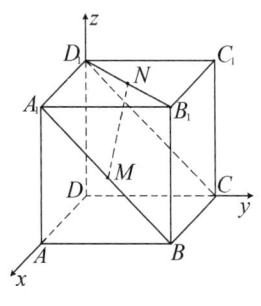

图 3-5-9

设 θ 为 $\overrightarrow{MN}$ 与 $\vec{n}$ 的所成角,则

$$\cos\theta = \frac{\overrightarrow{MN} \cdot \vec{n}}{|\overrightarrow{MN}| \cdot |\vec{n}|} = \frac{1}{2}.$$

所以 $\theta=\frac{\pi}{3}$, MN 与平面 A_1BCD_1 的所成角为 $\frac{\pi}{6}$.

反思:本题与第16题背景有些重复,只是第16题的侧重点检测空间向量的分解.因为学生刚开始学习立体几何,所知的多面体模型比较少,原想改一个长方体,想想计算可能会复杂一点,而且学生向量建系也不够熟练,就还是回归到正方体上.

21. (本题12分)设复数 z、z_1、z_2 在复平面内对应点分别为 M、F_1、F_2,其中 $z_1=\sqrt{2}$, $z_2=-\sqrt{2}$,且满足 $|z-z_1|-|z-z_2|=2$.

(1) 试求出点 M 对应的轨迹 C 的方程,并在图 3-5-10 中画出该轨迹的草图.

(2) 设直线 $y=mx+1$ 与轨迹 C 交于 A、B 两点,另一直线 l 经过点 $P(-2,0)$ 及 AB 中点,求直线 l 在 y 轴上的截距 n 的取值范围.

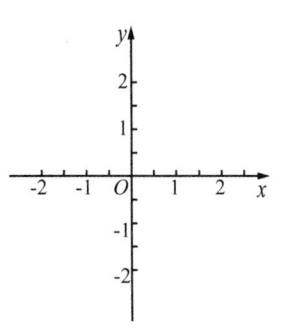

图 3-5-10

解:(1) 由题意,得点 M 满足

$$|MF_1|-|MF_2|=2.$$

则点 M 的轨迹为以 $(F_1,0)$、$(F_2,0)$ 为焦点,$a=1$,$b=1$,$c=\sqrt{2}$ 的双曲线的左半支.

因此,点 M 的轨迹方程为 $x^2-y^2=1(x<0)$.

作图,所求该轨迹的草图如图 3-5-11.

(2) 建立方程组:
$\begin{cases} x^2-y^2=1(x<0), \\ y=mx+1, \end{cases}$ 消去 y 得

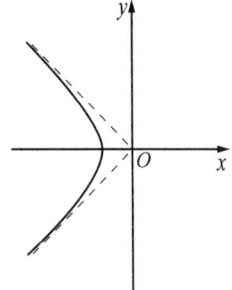

图 3-5-11

$$(1-m^2)x^2-2mx-2=0.$$

由题意,设 $y=mx+1$ 与 $x^2-y^2=1(x<0)$ 的交点为 $A(x_1,y_1)$、$B(x_2,y_2)$,则

$$\begin{cases} \Delta=4m^2+8(1-m^2)>0, \\ x_1+x_2=\dfrac{2m}{1-m^2}<0, \\ x_1x_2=\dfrac{2}{m^2-1}>0 \end{cases} \Rightarrow 1<m<\sqrt{2},$$

且 AB 的中点坐标为 $\left(\dfrac{m}{1-m^2},\dfrac{1}{1-m^2}\right)$.

设直线 l 的方程为 $y=\dfrac{\dfrac{1}{1-m^2}}{\dfrac{m}{1-m^2}+2}(x+2)$,

令 $x=0$,则直线 l 与 y 轴的交点为 $\left(0,\dfrac{2}{-2m^2+m+2}\right)$.

所以 $n=\dfrac{2}{-2m^2+m+2}=\dfrac{2}{-2\left(m-\dfrac{1}{4}\right)^2+\dfrac{17}{8}},m\in(1,\sqrt{2})$.

令 $f(m)=-2\left(m-\dfrac{1}{4}\right)^2+\dfrac{17}{8}$,当 $m\in(1,\sqrt{2})$ 时 $f(m)$ 为单调递减函数.

又 $f(1)=1,f(\sqrt{2})=\sqrt{2}-2$,故

$$n\in(-\infty,-2-\sqrt{2})\cup(2,+\infty).$$

反思:这道习题也是一道常规习题的改编,前半部分改用了复数的几何方法引出方程,其实是比较牵强的,而后半部分比较常规,只是计算量和计算值域的方法确实对学生的要求非常高,具有一定的区分度.(本题得分率为 0.42)

22.(本题12分)已知曲线 $C:x^3+xy^2-4y^2=0$,试研究该曲线五个方面的性质,请你选择其中的三个方面进行研究,并说明理由.

① 对称性;

② 顶点坐标;(定义:曲线与其对称轴的交点称为该曲线的顶点)

③ 图形范围;

④ 渐近线;

⑤ 当 $y\geqslant 0$ 时,讨论方程 $F(x,y)=0$ 对应的函数 $y=f(x)$ 的单调性.

解:① 关于 x 轴对称.

将方程中的 (x,y) 换成 $(x,-y)$,方程的形式不变,则曲线 C 关于 x 轴对称.

② 曲线 C 的顶点为 $(0,0)$.

在方程 $x^3+xy^2-4y^2=0$ 中,令 $y=0$,得 $x=0$.则曲线 C 的顶点坐标为 $(0,0)$.

③ 图形范围:$0\leqslant x<4, y\in \mathbf{R}$.

由 $y^2=\dfrac{x^3}{4-x}\geqslant 0$,得 $0\leqslant x<4, y\in \mathbf{R}$.

④ 直线 $x=4$ 是曲线 C 的渐近线.

$0\leqslant x<4, y^2=\dfrac{x^3}{4-x}$,当 $x\to 4$ 时,$y\to \infty$,则直线 $x=4$ 是曲线 C 的渐近线.

⑤ 当 $y\geqslant 0$ 时,函数 $y=f(x)$ 在区间 $[0,4)$ 上单调递增.

$y^2=\dfrac{x^3}{4-x}(0\leqslant x<4)$.设 $0\leqslant x_1<x_2<4$,则

$$y_1^2-y_2^2=\dfrac{x_1^3}{4-x_1}-\dfrac{x_2^3}{4-x_2}=\dfrac{x_1^3(4-x_2)-x_2^3(4-x_1)}{(4-x_1)(4-x_2)}$$

$$=\dfrac{(x_1-x_2)[x_1^2(4-x_2)+x_2^2(4-x_1)+4x_1x_2]}{(4-x_1)(4-x_2)}<0.$$

则 $y_1^2<y_2^2$,即 $y_1<y_2$.

所以,当 $y\geqslant 0$ 时,函数 $y=f(x)$ 在区间 $[0,4)$ 上单调递增.

反思:试卷大部分题是常规题,本题是想给个别学生一点发挥的空间. 因为核对了教材对圆锥曲线的性质分析内容,觉得①②③问还是可以入手的,而教材上渐近线的证明非常详尽(甚至原本想让学生证明一下双曲线的渐近线来考查学生是否仔细看教材,想想这样命题太过刻板,也就算了),而这个曲线的渐近线的说法有点含糊,因此只需要学生能够大致有这个方向就可以了.最后一问基本没有学生答出来,当然这是高一函数内容,而且题目主干比较新颖,学生已经慌了手脚,因此得分率就自然下降了.(本题得分率为 0.26)

本次试题反思如下:

◆ 全年级 310 名学生的平均分为 68.06 分,最高分 90 分,最低分 36 分,80 分以上全年级有 39 位.这个结果与事先估计 78 分,以及教导处标准 72~75 分差距甚大,如果全年级是 68 分的话,就有可能有班级会平均分不及格,应该不是一次非常成功命题过程.学生做完以后感觉题目路数与平时练

习有差别,非常不顺,甚至有一位平时基础还不错的学生考完竟然哭了.

◆ 难点、重点落实偏移

因为该年级的考试范围为"解析几何,复数,立体几何中的'直线、平面'内容(不含多面体)",而解析几何无疑是最具分量的部分,但是解析几何是学期初学习内容,而且考试前也仅仅复习了两三节课,做了2套复习卷,鉴于学生课业繁多,让学生再静心复习以前内容,显然也是不太可能的.所以,虽然解析几何比重较多,难度还是应该落实到寻常程度(如第5、6、8题),而每一大题都用解析几何押题显然不是非常理想,不能在此过多做文章.

◆ 立体几何应该定位在点、线、面上

学生是学习立体几何的初级阶段,他们比较会把握类似第11、15题的层面上的习题,平时教师在这个阶段,这类题训练也比较多,而第4、7题,对这个阶段的学生而言,他们对图形的融会贯通还没有达到这个程度,不太适合.

教师编制或改编习题和试卷也是数学教师专业素养的一项重要组成部分,"拿来主义"毕竟不能针对自己的学生准确地达到预期的检测、评估和反馈的目的.波利亚对习题改编也有其独到的见解:"正如对前面的例子中那样,我们常常必须尝试对题目作不同的修改.我们必须一次又一次地变化、重述、变换,直到最终成功地找到一些有用的东西.我们可以在失败中学习,在一次不成功的尝试中也许会有某个好的想法,而且我们通过修改一次不成功的尝试也许可以得到一个更为成功的尝试."[①]

---

① [美]G.波利亚.怎样解题:数学思维的新方法[M].涂泓,冯承天,译.上海:上海科技教育出版社,2011.

第六节　数学试卷讲评课环节

试卷讲评课是最常见的课型之一,也是很重要的一个教学环节,而且就目前情况看,也值得研究.在有些教师看来,讲评课的作用无非是纠正错误而已,所以不认真准备,随意对待.其实,我们的学生已经花了那么多的时间复习、测验了;我们教师自己也花了那么多时间出试卷、批阅试卷,为什么不再花点时间把事情做得更好呢?有句话叫"要把文章做足",即让效果最大化.试卷讲评课就像围棋的"收官",事实上对胜负的影响是很大的.

一、关于试卷讲评课教学的一般认识

目前,有些教师不重视试卷讲评课,甚至有些教师(主要是青年教师)不清楚讲评课的要求,所以往往从第一题开始逐一讲评,不管这题学生掌握得好不好,后果是常常出现前松后紧的情况,后面的题来不及讲评,下课铃声响了,于是草草了事.实际上,试卷前面的题目一般比较容易,大家都会,教师倒是详细作了分析,后面的题比较难,部分学生不会做,教师倒是不讲评了,造成会的还是会,不会的还是不会.所以,没有重点的讲评,收效不大.

试卷讲评课,有纠正错误的目的,但绝不止于此.关键抓住一个"评"字——评价、评析、评议:第一,对测试的情况进行评价;第二,对试题解答的情况进行评析;第三,超越就事论事的评析,对试题和解答进行拓展性的评议.使试卷讲评课既是对前段学习内容的复习,也是亡羊补牢式的完善,更是运用知识能力的进一步提高.

一般来说,试卷讲评课有这样三个方面的要求:

1. 说明测试内容及评价测试结果

对学生来讲,测验后,总渴望知道自己的情况.所以,教师需简要介绍:本次测验的目的及所覆盖的知识点,本次测验的最高分、各分数段的人数、优良人数、均分、中位数和期望分值,特别要表扬进步较大的学生.有些教师

在讲评时,"恨铁不成钢",责怪,甚至责骂、讽刺考得不好的学生,这是不妥当的.至于在纠正错误时,请答错的学生起来回答,这是可以的,这样可以让该生对做错的地方印象更深,但没有必要添上一句:"我讲了多少遍了,你怎么还是不会?"让该生难堪.应该做到表扬优者而不宠,警示差者但不冷,让学生看到希望、看到目标、看到差距,找准努力方向.

2. 评析错误,亡羊补牢

讲评前,教师要做好错题统计,有的放矢,找出易失分的知识点、易混淆的概念,分析原因,并在讲评中或后续练习中,有针对性地补充变式练习,及时巩固,让其终生难忘.使这些在原来教与学中的败笔,通过讲评再生光彩.

3. 通过评议,提高升华

如果仅仅做到了上面两条,只能说是一堂合格的试卷讲评课,更好的试卷讲评课还应该超越就事论事、就题论题,对试题、解法进行更深入的分析和点拨,即要提高升华,这对提高学生的数学修养是有极大帮助的.

◆ 首先是一题多解和多解归一,对有些题目,学生在答卷中会有各种不同的解法,可请他们介绍交流,开拓思维,使学生产生成就感.到此还不算完,教师还应该引导大家适当比较归纳,突出主要的基本的方法,这就是多解归一.

◆ 其次是多题归一,把有些试题归类,把它们的解答纳入到某个解题模块,或者命题联想系统中去.这样,学生的归纳能力会有进一步的提高.

◆ 最后要搭建更高的思考平台.有的题目有一定的背景,可以介绍一下;有的解法蕴含了某种思想方法,可以予以揭示;有的题目可以推广、拓展,要给予引申,给学有余力的学生提供思考的空间与发挥的平台.

当然,这种提高升华,应该因班而异.

如对于试题"在$\triangle ABC$的形外作正三角形ABD和正三角形ACE,求证:$BE=CD$."在讲评时可提出下列问题进行讨论:

(1) 将"正三角形ABD和正三角形ACE"变为"正方形$ABDE$和正方形$AGFC$,求证:$BG=CE$"可以吗?

(2) 再将正方形变为正五边形、正六边形……正n边形,能否得到类似的结论?

(3) 将原题中的"形外"变为"形内",上述结论是否还成立?

使学生在起初的惊奇、疑惑和略加证明后的豁然开朗中发现:异图同解,各尽其妙;不变中有变,变中有不变.达到了"做一题,解一类"的目的,解题、思维的能力得到升华.

二、试卷讲评的实施

1. 阅卷时做好记录

阅卷时要记录典型错误,记录不同解法.特级教师蔡武冈的经验是:在批改试卷时,旁边放一张空白卷,对批改时发现的错误、每题的错误人数以及好的解法都记录下来,试卷批改完毕,对哪些试题错误比较严重、哪几位学生错了、错在哪里,心中就有数了,讲评重点了然于胸.

2. 分类讲评

讲评的顺序和试卷上试题的顺序不是一回事.现在的试卷,往往是按题型安排的,即先填空题、后选择题、再简答题……知识点和技能点是分插在各处的.若讲评时仍是按题号进行,不利于知识技能的归纳.因此,讲评可以按知识点或者题目类型或解题方法分类讲评;对于题目来说,可以"跳"着讲、"串"着讲.测验是检验学生掌握知识技能的情况,将有关的题目联系起来一起分析,不仅有利于同一知识点、同类习题的掌握,更有利于学生提高"在不同形式之下寻求共同特征"的综合能力;有利于学生知识技能的生成和发展.

3. 不要一言堂

试卷讲评课和其他课一样,不应该是教师的一言堂,可以进行有效的讨论.因为学生都已做了试题,这本身就说明已经"参与"了,既然参与了,就会有感而发、有话要说,可以让学生谈错误原因,也可让学生介绍好的解法,甚至可让学生谈谈解题后的感悟,所以讨论交流是更有基础了,也更有必要了.

4. 课后的补救措施

◆ 订正

首先是要求学生订正(要求学生写出解题全过程).还可以引导学生对本次测验中出现的错误选择 1 至 2 个进行书面小结,分析、寻找原因,提出改进措施.

◆ 再练习

对于试卷中出错人数较多的题目,应根据错误的性质,在后续练习中,有计划地予以再练习,以达到真正强化、巩固的目的.

例如,对于试题"已知 a、b、c、d 为正数,且满足 $a^4+b^4+c^4+d^4=4abcd$,求证:以 a、b、c、d 为边长的四边形是菱形."学生解答错误,主要是配方法、非负数的性质不会灵活运用,教师讲评给出正确解答后,可以再布置下列题目以达到强化训练、及时巩固的目的.

(1) 已知 a、b、c 为 $\triangle ABC$ 的三边,且 $a^2+b^2+c^2=10a+24b+26c-338$,判定 $\triangle ABC$ 为何种三角形.

(2) 解方程:$(x^2+1)(y^2+4)=8xy$.

◆ 辅导

对个别学困生,有计划地面批,辅导交流.

(请思考:关于试卷讲评,你或你的同事有什么更好的办法?)

下面介绍试卷讲评课的两个案例,一份初中案例、一份高中案例.

案例1 初一第二学期阶段测验试卷

(测验时间为 45 分钟,满分为 100 分)

一、选择题(每题 2 分,共 16 分)

1. 在实数 $\left(\dfrac{2}{\pi}\right)^0$、$\dfrac{3}{2}$、$\sqrt{2}$、3.141 592 6 中,是有理数的有( ).

 (A) 0 个 (B) 1 个 (C) 2 个 (D) 3 个

2. 下列根式中,不属于二次根式的是( ).

 (A) $\sqrt{-27}$ (B) $\sqrt{x^2+1}$ (C) $\sqrt{\dfrac{1}{2}}$ (D) $\sqrt{a^2b^4}$

3. 式子 $\sqrt{\dfrac{3-x}{x+1}}=\dfrac{\sqrt{3-x}}{\sqrt{x+1}}$ 成立的条件是( ).

 (A) $x\geqslant 3$ (B) $x>-1$
 (C) $-1\leqslant x\leqslant 3$ (D) $-1<x\leqslant 3$

4. 若 $-\sqrt[3]{a}=\dfrac{\sqrt[3]{7}}{2}$,则 a 的值是( ).

 (A) $\dfrac{7}{8}$ (B) $-\dfrac{7}{8}$ (C) $\pm\dfrac{7}{8}$ (D) $-\dfrac{343}{512}$

5. 若一个正偶数的正平方根是 a,则与这个正偶数相邻的下一个正偶数的平方根是( ).

 (A) $a+2$ (B) a^2+2
 (C) $\pm\sqrt{a^2+2}$ (D) $\pm\sqrt{a+2}$

6. 若 $a=\sqrt{10}-3$,则 $a^2+6a+1=$( ).

 (A) 1 (B) 2 (C) -1 (D) -2

7. 式子 $-\sqrt{-ax^3}$ $(a>0)$ 化简的结果是( ).

 (A) $x\sqrt{-ax}$ (B) $-x\sqrt{-ax}$

(C) $x\sqrt{ax}$ (D) $-x\sqrt{ax}$

8. 化简 $\dfrac{1}{\sqrt{3}+\sqrt{2}}$，甲、乙两学生的解法如下：

甲：$\dfrac{1}{\sqrt{3}+\sqrt{2}} = \dfrac{\sqrt{3}-\sqrt{2}}{(\sqrt{3}+\sqrt{2})(\sqrt{3}-\sqrt{2})} = \sqrt{3}-\sqrt{2}$；

乙：$\dfrac{1}{\sqrt{3}+\sqrt{2}} = \dfrac{3-2}{\sqrt{3}+\sqrt{2}} = \dfrac{(\sqrt{3}+\sqrt{2})(\sqrt{3}-\sqrt{2})}{\sqrt{3}+\sqrt{2}} = \sqrt{3}-\sqrt{2}$.

对于甲、乙两学生的解法，正确的判断是( )．
(A) 甲、乙的解法都正确   (B) 甲正确，乙不正确
(C) 甲、乙都不正确   (D) 乙正确，甲不正确

二、填空题(第 17、18、19、20 题每空 2 分，其余各题每空 1 分，共 28 分)

9. $(-2)^2$ 的正平方根是_____，$\sqrt{81}$ 的平方根是_____，$\sqrt{256}$ 的四次方根的立方根是_____，$-\sqrt{0.225}=$_____．

10. 已知 $\sqrt{7}\approx 2.646$，$\sqrt{70}\approx 8.367$，则 $\sqrt{0.007}\approx$_____；$-26.46^2\approx$_____．

11. $\sqrt{(x-y)^2}=(\sqrt{x-y})^2$ 成立的条件是_____．

12. 实数 a、b 在数轴上的对应点如右图所示，则 $\sqrt{a^2b^2}=$_____．

13. 若最简根式 $\sqrt{2x+1}$ 与 $\sqrt{4-x}$ 是同类二次根式，则 $x=$_____．

14. $\sqrt{a-b}$ 的有理化因式是_____，_____是 $m+\sqrt{n}$ 的有理化因式．

15. 近似数 17 980 精确到百位为_____，若保留两个有效数字则为_____．

16. 比较大小：$-\dfrac{1}{2\sqrt{7}}$_____$-\dfrac{1}{4\sqrt{3}}$；$\sqrt{6}-\sqrt{5}$_____$3-2\sqrt{2}$；$1+\sqrt{5}$_____$\sqrt{6}$．

17. 计算：$6\div 2\sqrt{2}=$_____；$\dfrac{2}{\sqrt{3}-2}=$_____；$\sqrt{6}\div(\sqrt{2}+\sqrt{3})=$_____．

18. 把根号外的因式移到根号内：$(a-2)\sqrt{\dfrac{1}{2-a}}=$_____．

19. 已知 $\sqrt{x^3+3x^2}=-x\sqrt{x+3}$ 成立,则 x 满足条件 _____.

20. 化简:$\sqrt{4-2\sqrt{3}}=$ _____.

三、计算题(每题5分,共35分)

21. $\sqrt{\dfrac{1}{9}}+\sqrt[3]{\dfrac{27}{64}}+\sqrt{\dfrac{1}{9}+\dfrac{1}{16}}.$

22. $\pi^0+\left(\dfrac{8}{27}\right)^{-\frac{1}{3}}-16^{0.75}.$

23. $(7-4\sqrt{3})(2+\sqrt{3})^2+(2+\sqrt{3})(2-\sqrt{3}).$

24. $5\sqrt{12}-9\sqrt{\dfrac{1}{3}}+\dfrac{1}{2}\sqrt{48}.$

25. $\dfrac{2}{b}\sqrt{ab^5}\cdot\left(-\dfrac{3}{2}\sqrt{a^3b}\right)\div 3\sqrt{\dfrac{b}{a}}\ (a>0,b>0).$

26. $\dfrac{5}{4-\sqrt{11}}-\dfrac{4}{\sqrt{11}-\sqrt{7}}.$

27. 解不等式:$\sqrt{3}(x-\sqrt{3})<\sqrt{5}(x+\sqrt{5}).$

四、解答题(每题7分,共21分)

28. 若 $2a-3$ 与 $5-a$ 是一个正数 x 的平方根,则这个正数是多少?

29. 已知 a、b 为实数,且 $\dfrac{5(2a-b)^2+|16-a^2|}{\sqrt{4-a}}=0$,求 $(a+b)^2$ 的值.

30. 已知 $x=\dfrac{\sqrt{3}-\sqrt{2}}{\sqrt{3}+\sqrt{2}}$,求 $x^2+\dfrac{1}{x^2}+7x+\dfrac{7}{x}+7$ 的值.

测试结果的分数段统计如下:

90~100分	80~89分	70~79分	60~69分	50~59分	50分以下	均分
10	8	12	10	8	6	70

主要问题集中反映在三个方面:基本概念不清,基本运算不准,解题方法不活,讲评就按这三个部分进行.

(一)概念问题

本试卷涉及实数的分类、平方根、立方根、奇次根式、偶次根式、两次根式、同类二次根式等概念的题有:第1、2、9、13、14、15、28题;涉及两个重要公式"$\sqrt{a^2}=|a|$,$(\sqrt{a})^2=a\ (a\geq 0)$"的运用的题有:第3、4、7、11、12、18、19题.讲评中可请学生审题:"$\sqrt{81}$ 的平方根"与"81的平方根"并朗读,搞清它们的区别.对于第7、18、19题不少学生都错在符号上,关键是对两个公式理解不深,从而对题目中的隐含条件 $x\leq 0$、$2-a>0$、$-x\geq 0$ 不敏感.作为巩

固,可当堂改编题目,请学生回答:$\sqrt{x^2}=9$,则 $x=$ _____;化简 $-\sqrt{ax^3}$ ($x<0$)= _____.

(二) 计算问题

本次试卷涉及的运算主要是:分母有理化、二次根式化简、无理数大小比较,如试题中的第16、17、26题.乘以有理化因式后,一是平方差计算错,二是符号错;第21、24、25题关键是没有按合理的运算顺序:先乘除、后化简、再合并,而将题目越做越繁导致出错;第27题,在解不等式的运算中出现了不等式两边同除以 $\sqrt{3}-\sqrt{5}$ 这个不带负号的负数,很多学生没有意识到不等号要改变方向.

(三) 方法问题

如何灵活地运用已知的公式?试卷的第20、30题都涉及了公式的变形使用,第20题是将被开方数 $4-2\sqrt{3}$ 化为 $1+3-2\sqrt{3}$,进一步化为 $(\sqrt{3}-1)^2$,从而得结果 $\sqrt{3}-1$.第30题首先要计算出 $x+\dfrac{1}{x}$ 的值为10,然后需将 $x^2+\dfrac{1}{x^2}$ 化为 $\left(x+\dfrac{1}{x}\right)^2-2$,则原式化为 $\left(x+\dfrac{1}{x}\right)^2+7\left(x+\dfrac{1}{x}\right)+5$,经过这样的整体处理后,便可正确计算出结果175.这两道题目的共同之处是对完全平方公式 $a^2+2ab+b^2=(a+b)^2$ 的灵活运用,第20题是要正确找出 a^2+b^2,将 4 拆成 $1+3$,运用的是"拆项"的方法,第30题是要将 $x^2+\dfrac{1}{x^2}$ 中隐去的 $2ab$ 即 $2x\cdot\dfrac{1}{x}$ 补上,即 $x^2+\dfrac{1}{x^2}=\left(x^2+\dfrac{1}{x^2}+2\right)-2=\left(x+\dfrac{1}{x}\right)^2-2$,运用的是"割补"方法,目的都是构造完全平方式.当然,这些方法对初学者来说,掌握是有一定的难度.为此,讲评后,可再布置下列练习题,加以巩固.

1. 化简:$\sqrt{5-2\sqrt{6}}$.

2. 计算:$\sqrt{7+4\sqrt{3}}+\sqrt{7-4\sqrt{3}}$.

3. 已知 $\dfrac{b}{a}=\dfrac{2+\sqrt{3}}{2-\sqrt{3}}$,求 $\dfrac{2b^2}{a^2}+\dfrac{2a^2}{b^2}-\dfrac{3b}{a}-\dfrac{3a}{b}$ 的值.

最后,对于不同层次的学生,可提出不同的作业要求:

第一,错题都要订正.

第二,60分以下的学生订正作业,老师面批.60分以上到80分的学生,还要完成补充练习题.80分以上的学生,错题订正后,再找一道类似的题做,并完成补充练习题.

使学生通过讲评,在原有基础上都有提高.

案例2 高三第二学期数学课堂练习卷

(测试时间为40分钟,题量为16道必做题,1道选做题)

一、填空题

1. 命题"若 $a^2+b^2=0$,则 $a=0$ 且 $b=0$"的逆否命题是_____.

2. 函数 $f(x)=2^{-x}(x>0)$ 的反函数是_____.

3. 已知复数 $z_1=1-i$,$|z_2|=3$,那么 $|z_1-z_2|$ 的最大值是_____.

4. 一动圆圆心在抛物线 $x^2=4y$ 上,过点 $(0,1)$ 且恒与定直线 l 相切,则直线 l 的方程为_____.

5. 过原点作圆 $x^2+(y-6)^2=9$ 的两条切线,则该圆夹在两条切线间的劣弧长为_____.

6. 在正三棱柱 ABC-$A_1B_1C_1$ 中,已知 $AB=2$,$AA_1=1$,则点 A 到平面 A_1BC 的距离为_____.

7. 定义 $f(x)$ 为 $\sin x$ 和 $\cos x$ 中的较大者,当 $x\in[0,2\pi]$ 时,$f(x)$ 的最小值为_____.

8. 如右图,程序框图所进行的求和运算是_____.

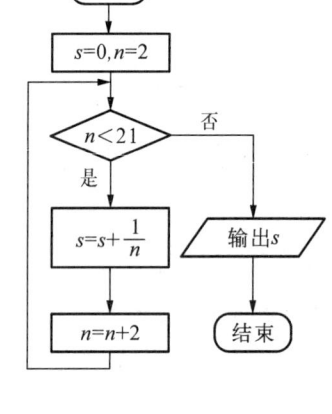

9. 对正整数 n,设抛物线 $y^2=2(2n+1)x$,过点 $P(2n,0)$ 任作直线 l 交抛物线于 A_n、B_n 两点,则数列 $\left\{\dfrac{\overrightarrow{OA_n}\cdot\overrightarrow{OB_n}}{2(n+1)}\right\}$ 的前 n 项和为_____.

10. 如果数列 $\{a_n\}$ 满足 a_1,$\dfrac{a_2}{a_1}$,$\dfrac{a_3}{a_2}$,…,$\dfrac{a_n}{a_{n-1}}$,… 是首项为1,公比为2的等比数列,那么 $a_{100}=$_____.

11. 设 $f(x)$ 是定义域为 $\mathbf{R}$,最小正周期为 $\dfrac{3\pi}{2}$ 的函数,若 $f(x)=\begin{cases}\cos x,&-\dfrac{\pi}{2}\leqslant x<0,\\ \sin x,&0\leqslant x<\pi,\end{cases}$ 则 $f\left(-\dfrac{15\pi}{4}\right)$ 等于_____.

12. 已知函数 $f(n)=\cos\dfrac{n\pi}{5}(n\in\mathbf{N})$,则 $\dfrac{f(0)+f(1)+f(2)+\cdots+f(2\,008)}{f(11)+f(22)+f(33)}=$_____.

13. 在单位正方体 $ABCD-A_1B_1C_1D_1$ 的面对角线 A_1B 上存在一点 P 使得 $AP+D_1P$ 最短，则 $AP+D_1P$ 的最小值为_____．

14. 已知数列 $\{a_n\}$ 是正项等差数列，若 $b_n = \dfrac{a_1+2a_2+3a_3+\cdots+na_n}{1+2+3+\cdots+n}$，则数列 $\{b_n\}$ 也为等差数列，类比上述结论，可得：已知数列 $\{c_n\}$ 是正项等比数列，若 $d_n=$_____，则数列 $\{d_n\}$ 也为等比数列．

15. 设三棱柱 $ABC-A_1B_1C_1$ 的所有棱长都为 1 米，有一个小虫从点 A 开始按以下规则前进：在每一个顶点处等可能的选择通过这个顶点的三条棱之一，并且沿着这条棱爬到尽头，则它爬了 4 米之后恰好位于顶点 A 的概率为_____．

16. 函数 $y=\sqrt{1-(x+2)^2}$ 图像上至少存在不同的三点到原点的距离构成等比数列，则公比的取值范围是_____．

二、选做题

17. 已知 O 为平面上的一定点，A、B、C 是平面上不共线的三个动点，点 P 满足 $\overrightarrow{OP}=\dfrac{\overrightarrow{OB}+\overrightarrow{OC}}{2}+\lambda\left(\dfrac{\overrightarrow{AB}}{|\overrightarrow{AB}|\cos B}+\dfrac{\overrightarrow{AC}}{|\overrightarrow{AC}|\cos C}\right),\lambda\in\mathbb{R}$，则动点 P 的轨迹一定通过 $\triangle ABC$ 的（ ）．

(A) 重心　　　(B) 垂心　　　(C) 外心　　　(D) 内心

这份试卷经批改后统计，学生答题情况如下：

题　号	1	2	3	4	5	6	7	8	9	10	11	12	13	14	15	16	17
错误人数	4	3	4	0	4	6	3	6	13	5	1	14	24	33	36	34	29

讲评时按知识点分类，可分五个部分．

第一部分，考查命题、反函数及解析几何基本概念和基本运算的有第 1、2、9 题，重点分析第 9 题．该题涉及求两曲线交点坐标、两向量数量积运算、一元二次方程根与系数的关系及等差数列前 n 项和等基本运算，要求学生基本功过关．

第二部分，考查数列有关知识的有第 8、10、14 题．

第 8 题学生审题不仔细，认为 $s=0+\dfrac{1}{2}+\dfrac{1}{4}+\cdots+\dfrac{1}{2^n}$，其实，这里的 $n(=20)$ 是定值．

第 10 题，讲评时，请学生用类比的方法将题目改为"等差数列"，求 a_{100}．使学生进一步明确累乘法和累加法在不同条件下的运用．

第 14 题,是以这样两个命题:"正项数列$\{a_n\}$为等比数列的充要条件是数列$\{\log_a a_n\}(a>0,a\neq 1)$为等差数列","数列$\{b_n\}$为等差数列的充要条件是数列$\{a^{b_n}\}(a>0,a\neq 1)$为等比数列"为背景的.分析时,首先请学生证明上述两个命题,通过证明,进一步认识等差数列与等比数列的关系,从而对由已知的等差数列的性质写等比数列的性质规律"相应的运算升一级"有深刻的理解,切实掌握了解题的本质,就会避免依样画葫芦式的模仿(错误的答案有 $d_n = \dfrac{c_1 c_2^2 \cdot \cdots \cdot c_n^n}{n!}$ 等).

该题中,正项等比数列$\{c_n\}\Rightarrow\{\lg c_n\}$为等差数列,设

$$h_n = \dfrac{\lg c_1 + \lg c_2 + \cdots + \lg c_n}{1+2+\cdots+n} = \lg(c_1 c_2 \cdot \cdots \cdot c_n)^{\frac{1}{1+2+\cdots+n}},$$

则由题意,数列$\{h_n\}$为等差数列,故取

$$d_n = 10^{h_n} = (c_1 c_2 \cdot \cdots \cdot c_n)^{\frac{1}{1+2+\cdots+n}},$$

则数列$\{d_n\}$必为等比数列.

第三部分,考查立体几何知识的有第 6、13、15 题.第 6、13 题考查解决立体几何问题的重要思想方法"体积法、空间问题平面化"的运用.

第 6 题的错误,可让学生自行纠正,自我强化同底等高的柱体、锥体的体积关系.

第 13 题,该题错误答案为 2,主要原因是理解错误,误认为沿表面求$AP+D_1P$的最小值.正确解法如下:

方法一,将平面A_1BD_1沿A_1B旋转到平面A_1BA,使四边形AA_1D_1B成为平面四边形,则

对角线AD_1的长度$=\sqrt{AA_1^2+A_1D_1^2-2AA_1\cdot AD_1\cdot \cos 135°}=\sqrt{2+\sqrt{2}}$,

即为所求的$AP+D_1P$的最小值.

本题还可以用代数的方法求.

方法二,设$A_1P=x$,则

$$AP=\sqrt{1+x^2-\sqrt{2}x},\ D_1P=\sqrt{x^2+1}.$$

所以
$$\begin{aligned}AP+D_1P &= \sqrt{1+x^2-\sqrt{2}x}+\sqrt{x^2+1}\\ &= \sqrt{x^2+1}+\sqrt{\left(x-\dfrac{\sqrt{2}}{2}\right)^2+\left(\dfrac{\sqrt{2}}{2}\right)^2}\\ &\geqslant \sqrt{\dfrac{1}{2}+\left(1+\dfrac{\sqrt{2}}{2}\right)^2}=\sqrt{2+\sqrt{2}}.\end{aligned}$$

这里，可将 $\sqrt{1+x^2-\sqrt{2}x}+\sqrt{x^2+1}$ 看作点 $(x,0)$ 到点 $\left(\dfrac{\sqrt{2}}{2},-\dfrac{\sqrt{2}}{2}\right)$ 与点 $(0,1)$ 的距离之和，故当这三点共线时，该距离和最小．用该方法还能求出点 P 的位置．

第 15 题，该题是以几何体三棱柱为背景的概率问题，主要考查学生分类讨论的全面性和思考问题的有序性．小虫从点 A 按规则爬了 4 米后又回到点 A，则小虫爬过不同棱的条数有三种可能：1 条、2 条、4 条，显然，第一种情况有 3 种不同的路径，第二种情况又可分两类，一种是两条棱首尾相连（如 $AB \to BC \to CB \to BA$）、一种是两条棱首首相连（如 $AB \to BA \to AA_1 \to A_1A$）有 $3 \times 2 + 6 = 12$ 条不同的路径，第三种情况有 4 条不同的路径，所以共有 19 条符合题意的路径．由于三棱柱的每个顶点均有三条棱，因此基本事件数为 $3^4 = 81$ 种．故所求概率为 $\dfrac{19}{81}$．学生的主要错误是计数时有的有重复、有的有遗漏．

第四部分，主要考查数形结合思想方法的运用，有第 3、4、5、7、12、16 题，重点分析第 12、16 两题．

在第 12 题中，由已知函数解析式 $f(n)=\cos\dfrac{n\pi}{5}(n\in\mathbf{N})$，可知函数的周期 $T=10$，又由 $f(x)=\cos\dfrac{x\pi}{5}(x\in\mathbf{N})$ 在一个周期内的图像，可知 $f(0)+f(1)+\cdots+f(9)=0$，故原式的值为 $\dfrac{0-f(2\,009)}{f(1)+f(2)+f(3)}=\dfrac{-f(1)}{f(1)}=-1$．本题的关键是利用函数的周期性和利用特殊角的余弦值的关系正确化简．

在 16 题中，由函数解析式，可知图像为在 y 轴左侧、在 x 轴上方的半圆．显然，该半圆上的点到原点的距离 $d\in[1,3]$．若半圆上不同的三点到原点的距离 d_1、d_2、d_3 构成递增的等比数列，设公比为 q，则 $\begin{cases}q>1,\\ \dfrac{d_3}{d_1}=q^2\leqslant 3,\end{cases}$ 解得 $1<q\leqslant\sqrt{3}$．若 d_1、d_2、d_3 构成递减的等比数列，则 $\begin{cases}q<1,\\ \dfrac{d_3}{d_1}=q^2\geqslant\dfrac{1}{3},\end{cases}$ 解得 $\dfrac{\sqrt{3}}{3}\leqslant q<1$．所以，公比 $q\in\left[\dfrac{\sqrt{3}}{3},1\right)\cup(1,\sqrt{3}]$．本题主要错误是考虑问题不全面，只考虑递增或只考虑递减；审题不仔细，忽略了条件"不同的三点"．得到的错

误答案有$(0,\sqrt{3}]$、$\left[\frac{\sqrt{3}}{3},+\infty\right)$、$\left[\frac{\sqrt{3}}{3},\sqrt{3}\right]$.

第五部分,选做题第17题,该题主要考查向量的基本运算和两向量平行、垂直的数量特征以及三角形几个"心"满足的性质,综合性较强.切入口是引入BC的中点M:

解法一:设边BC上的高为AH,则由$\overrightarrow{OP}=\dfrac{\overrightarrow{OB}+\overrightarrow{OC}}{2}+\lambda\left(\dfrac{\overrightarrow{AB}}{|\overrightarrow{AB}|\cos B}+\dfrac{\overrightarrow{AC}}{|\overrightarrow{AC}|\cos C}\right),\lambda\in\mathbf{R}$,得

$$\overrightarrow{OP}-\overrightarrow{OM}=\lambda\left(\dfrac{\overrightarrow{AB}}{|\overrightarrow{BH}|}+\dfrac{\overrightarrow{AC}}{|\overrightarrow{HC}|}\right)=\lambda\left(\dfrac{\overrightarrow{AH}+\overrightarrow{HB}}{|\overrightarrow{BH}|}+\dfrac{\overrightarrow{AH}+\overrightarrow{HC}}{|\overrightarrow{HC}|}\right)$$
$$=\lambda\left[\left(\dfrac{1}{|\overrightarrow{BH}|}+\dfrac{1}{|\overrightarrow{HC}|}\right)\overrightarrow{AH}+\dfrac{\overrightarrow{HB}}{|\overrightarrow{BH}|}+\dfrac{\overrightarrow{HC}}{|\overrightarrow{HC}|}\right]$$
$$=\lambda\left(\dfrac{1}{|\overrightarrow{BH}|}+\dfrac{1}{|\overrightarrow{HC}|}\right)\overrightarrow{AH},$$

即 $$\overrightarrow{MP}=\lambda\left(\dfrac{1}{|\overrightarrow{BH}|}+\dfrac{1}{|\overrightarrow{HC}|}\right)\overrightarrow{AH}.$$

所以,$\overrightarrow{MP}$是过BC中点且平行于$\overrightarrow{AH}$的向量.

所以,点P轨迹是线段BC的中垂线,故必过$\triangle ABC$的外心.

解法二:由已知,得$\overrightarrow{MP}=\overrightarrow{OP}-\overrightarrow{OM}=\lambda\left(\dfrac{\overrightarrow{AB}}{|\overrightarrow{AB}|\cos B}+\dfrac{\overrightarrow{AC}}{|\overrightarrow{AC}|\cos C}\right)$,则

$$\overrightarrow{MP}\cdot\overrightarrow{BC}=\lambda\left(\dfrac{|\overrightarrow{AB}|\cdot|\overrightarrow{BC}|\cos(\pi-B)}{|\overrightarrow{AB}|\cos B}+\dfrac{|\overrightarrow{AC}|\cdot|\overrightarrow{BC}|\cos C}{|\overrightarrow{AC}|\cos C}\right)$$
$$=\lambda(-|\overrightarrow{BC}|+|\overrightarrow{BC}|)=0.$$

所以$\overrightarrow{MP}\perp\overrightarrow{BC}$.

又$\overrightarrow{MP}$过BC中点,故动点P的轨迹一定通过$\triangle ABC$的外心.

布置作业:

1. 订正错题.

2. 补充作业:

(1) 将第15题中的三棱柱$ABC-A_1B_1C_1$改为正方体$ABCD-A_1B_1C_1D_1$,其他条件不变,则小虫爬了4米之后恰好位于顶点A的概率为_____.

(2) 在等差数列$\{a_n\}$中,若$\dfrac{a_{11}+a_{12}+\cdots+a_{20}}{10}=\dfrac{a_1+a_2+\cdots+a_{30}}{30}$,则

在等比数列 $\{b_n\}$ 中,有类似的结论是_____.

(3) 若直线 $y=x-m$ 与曲线 $y=\sqrt{1-(x+2)^2}$ 有两个不同的交点,求实数 m 的取值范围.

(4) 将第 17 题的点 P 满足的条件改为如下:

① $\overrightarrow{OP}=\overrightarrow{OA}+\lambda\left(\dfrac{\overrightarrow{AB}\cos C}{|\overrightarrow{AB}|}+\dfrac{\overrightarrow{AC}\cos B}{|\overrightarrow{AC}|}\right)$;

② $\overrightarrow{OP}=\overrightarrow{OA}+\lambda\left(\dfrac{\overrightarrow{AB}}{|\overrightarrow{AB}|\sin B}+\dfrac{\overrightarrow{AC}}{|\overrightarrow{AC}|\sin C}\right)$;

③ $\overrightarrow{OP}=\overrightarrow{OA}+\lambda(\overrightarrow{AB}+\overrightarrow{AC})$.

则动点 P 的轨迹又分别通过 $\triangle ABC$ 的什么"心"?

这些作业主要是针对测试中学生错误率较高的题目而选编的,对学生切实改正错误、提高解题能力将会有较大帮助.

第四章

数学解题教学研究

本书第三章主要讨论在各个教学环节中,例题、习题的选择和安排.那么,一道数学题呈现之后,具体该怎样教呢？这里也有多个步骤,诸如审题、寻找解题思路、书写作答等.本章就是要讨论解题的各个步骤的教学.

第一节　审题的教学研究

一、关于审题教学的一般认识

审题,简而言之就是审清题意,弄清题目内容,弄清已经知道什么以及要求(求证)什么.审题是解题的前提,是正确解题的关键之一,不认真审题就无法进行分析推理.培养学生的审题能力,是数学习题教学的重要内容,也是教好数学的关键环节之一.

单墫教授求学时代,数学老师贾长庚在教列方程解应用题时,问:"拿到题目后第一件事是干什么?"学生们有的答:"设未知数";有的答:"写'解'字";等等.贾老师大吼一声:"读题!"单教授回忆说:"当时还不理解贾老师为什么强调读题,现在明白了."

和审题密切相关的是"问题表征".问题表征是指解题者通过审题,认识和了解问题的结构,通过联想,激活头脑中与之相关的知识经验,从而形成对所要解决的问题的一种完整的印象[①].很多专家的研究结果表明:专家在解决问题时花更多时间进行问题表征,而一般学生常常匆匆忙忙地动手解题.由此可见审题的重要.

顾援与段海权两位老师指出[②],学优生的问题表征质量明显优于学困生的.

在回答"看到这题后你想到了什么"时,学优生的表现是,有的用自己的话清晰地把每个小题的最终要求表述一遍;有的用自己的语言将整道题目要求概括地叙述出来.例如,"是要我用刚学过的一次函数的解析式解这道题."而学困生的反应是,按题目的每个小问题的要求写出具体步骤,如,"看

---

① 吴杨,李忠海.基于问题表征的解题思路联想方法研究[J].中国数学教育,2009(3).
② 顾援,段海权.初中数学"优差"生解题认知差异及教学意义的初步研究[J].上海教育科研,2009(5).

直角坐标系,解方程组,设解析式,通过解析式求点坐标……"还有将原题重新写一遍的.

这表明学优生概括水平高于学困生,他们能够在比较概括的水平上表征要解决的问题,将其看成一种操作程序,甚至能将其看成是一个比较完整的解题模型.而学困生则处在理解字面意义和回忆教师在课堂上的板演的层次.

学优生之所以优,学困生之所以感到困难,审题水平有差别肯定是原因之一.这又从另一个侧面反映审题的重要.

如文卫星老师在《中学数学教学方法研究》[①]一书中分析了2004年上海高考第16题.题目是:

某地2004年第一季度应聘和招聘人数排行榜前5个行业的情况列表如下:

行业	计算机	机械	营销	物流	贸易
应聘人数	215 830	200 250	154 676	74 570	65 280
行业	计算机	营销	机械	建筑	化工
招聘人数	124 620	102 935	89 115	76 516	70 436

若用同一行业中的应聘人数与招聘人数比值的大小来衡量该行业的就业情况,则根据表中数据,就业形势一定是( ).

(A) 计算机行业好于化工行业 (B) 建筑行业好于物流行业
(C) 机械行业最紧张 (D) 营销行业比贸易行业紧张

这道题实际上只要用到小学的数学知识就够了,但得分率很低,究竟是什么原因呢?

文老师做了简单的实验:把这题拿给六年级学生做,他们看了一遍说看不懂(这也是高考考生共同的反应),但经过解释和讨论都做对了(选B).文老师又总结了这题没有做好的原因大致有三:"一、题意没有透彻理解,又是选择题的最后一题,估计是难题,不敢'恋战';二、平时未见过,没有模式可套,看着心慌;三、对题目较长的应用题见了就怕,在高考时不能冷静思考."

这个例子充分地说明,当前的学生在审题方面存在着缺陷.

从学生方面来说,很多学生态度上不重视审题,匆匆看一下,急于动手解题,结果不是漏了这点,就是混淆了那点;有时看到题干稍微长一点就很

---

① 文卫星.中学数学教学方法研究[M].上海:上海社会科学院出版社,2006.

茫然、没有方向,甚至根本不愿意去看题目;有时即使是题干不长,因为语文水平、概括水平、联想水平以及数学基础知识的限制,读不懂题意,或读题读不到点子上,没有能力挖掘出题目的内涵,理解发生偏差,导致审题失败,从而解不出这道题.

从教师方面来说,有些教师为了节省时间,将教学任务设置得面面俱到,学生无须费多少心思,则可一蹴而就;或将探究过程设计得过于详细、坡度太小,致使学生产生思维的惰性;或教学过程过快,没给学生留下必要的思考时间,甚至是教师读题、分析、解答一气呵成,忽略了自己教学对象的知识基础、心理和思维特征、迁移能力、学习态度、学习方式等因素,丧失了提高学生审题能力的契机;有些老师想教好审题,但缺少办法.而在进行解题教学时,教师善于把自己理解了的题意一下子全部呈现给学生,然后把教学的重点放在了如何解这道题目上,学生没有经历自己审题这一关键环节,即使听懂了这道题的解法,但以后遇到类似的题目还会因为不会审题导致解题失败.

因此,有必要研究审题教学.

二、审题教学不单是方法指导

审题和审题教学有差别,前者是针对具体的数学题进行审读,把题意弄清楚,后者则是怎样教审题.有时两者确实难以分割清楚.

审题教学不单是具体的方法指导,实际上还有思想教育、心理指导、习惯培养以及语文水平的提高等,审题教学和平时的数学教学是密切相关的.我们一直在讲德育,一直在讲数学教学中渗透德育,其实讲祖冲之、勾股定理固然是德育,在解题中培养克服困难的精神、实事求是的精神、一丝不苟的精神,也是德育,在审题中亦然.

1. 纠正不良心理,培养良好的习惯

学生的不良心理是指影响、制约、阻碍学生积极主动和持久有效地进行学习的一种心理状态,如畏难心理、依赖心理、急躁心理、马虎的态度等.不少学生面对较长的文字,或者中间有一两个地方卡住了,就没有信心,予以放弃;有些学生丢三落四,没有看清题目的意思,匆忙动手,导致错误.这些都是审题过程中的大敌,教师应在教学中加以教育.

◆ 思想教育

用典型事例教育学生,培养学生良好的学习意志.教师要善于挖掘班里审题仔细的学生,给大家树立榜样,同时列举一些数学大师的学习经历的例子,列举因为马虎审题造成不可挽回的损失的例子,教育学生养成良好的审题习惯,克服急躁心理.

◆ 习惯培养

教育学生题目要读两遍,先粗读,再精读.粗读是初步了解问题的大概,如讲述什么问题.精读,是指分句、分段逐字阅读,理解每句话的含义.精读时要边读边想,抓住与问题相关的量,对重要的字、词、量标上记号,提醒自己注意,细心体会它们的含义,理解各种量的关系.精读时特别要想想"有什么该注意的事项漏了".通过认真细致地阅读题目,多角度、无遗漏地收集题目中的信息,发现题目中的已知条件和要求,明确题目的性质,掌握已知量与未知量的关系.

2. 重视阅读能力的培养

赵宪初先生说,有些数学教师责怪学生语文水平不高,以至于常常因为读不懂题意而学不好数学,甚至责怪语文老师没有教好语文,这是不对的.语文教师只能教一般的语文知识,而数学里的字词有自己的特点,应该由数学老师自己来教.赵宪初先生主张数学教师教数学时,有时要"咬文嚼字"[①].

课改提倡让学生学会学习,学会阅读课本和有关数学材料.因此,多让学生阅读课本,培养学生的阅读习惯和能力,是从根本上提高审题能力的重要手段之一.有些学校编写导读材料,让学生先阅读导读材料,然后讲课,这是很好的教学方法.

对于同一道题目,不同层次的学生对其题意的理解方式和程度是不同的.有的优秀教师不包办代替,先让学生阅读,然后要求学生用自己的话讲解题目的意思.这时候,学生之间的差异会显现出来,有的学生可能只会复读一遍,有的学生可能词不达意,而有的学生可能简洁明了一下子抓住了题目的本意.讲一遍,效果远远胜过听一遍.因为这时学生必须经过自己的再创造.经过一段时间的坚持,就可以在一定程度上提高学生的审题能力.所以,学生读题,并讲解题意,应该是审题环节的重要方法.这样做既有利于深刻理解题意,又可以从根本上提高阅读水平与自学水平,何乐而不为呢!

特别要重视对数学中问题情境阅读的指导.很多题目不会做,是因为不懂问题情境的意思.因为学生的年龄小、阅历少,对生活中的很多事情没有听说过,或者不甚了解.如在指数问题中常常涉及利率、复利、单利,对只能掌握几十元零花钱的学生来说是没有概念的.再如,方位角,什么北偏东、东偏南、坡比、仰角、俯角等,学生都是没有具体经验的.因此,在审题教学时,要对此进行铺垫,要先把题目中涉及的名词解释清楚.就用前面文卫星老师所讲到的高考题为例,就应该对应聘、招聘等词进行解释,并且要举例说明

---

① 陈永明名师工作室.数学教学中的语言问题[M].上海:上海科技教育出版社,2009.

应聘人数和招聘人数之比的意义.这样做,一是理解这道题的困难大大减少;二是学生独立阅读问题情境的能力也会得到提高.

三、加强审题方法的指导

事实上,教审题离不开具体的怎样审题.优秀教师常用的审题方法有:

1. 寻找关键词

找出关键词,并将该词勾画出来.关键词这个提法,并没有严格的界定,怎样的词是关键词,仁者见仁,智者见智.数学题里的关键词或许有两类,一类是题目条件和结论中涉及的概念,这常常是实词;另一类则是应予以警惕的一些词,它往往是虚词.例如,

题 1 若二次方程 $kx^2-2x+3k+5=0$ 有两个实数根,则 k 的取值范围是_____.

其中"二次方程"是关键词,因为如果没有"二次"两字,意义是不一样的."两个实数根"也应该是关键词.

题 2 在半径为 1 的圆上任取 $n+1$ 个点,证明:其中至少有两点之间的距离不超过 $2\sin\dfrac{180°}{n}$.

其中"任取""至少""不超过"是关键词.

2. 缩句

数学里句子往往比较长,使学生弄不清主语、谓语,弄不清修饰关系,导致题目完全弄不懂了.这时,缩句是个好办法.但缩句只是帮助我们弄清句子的结构,而审题不只是把数学题的最主要的成分保留下来,有时,还需要逐步添加修饰成分,弄清题目的全貌.如题 2 应该缩句为

条件:圆上取点.

结论:距离不超过 $2\sin\dfrac{180°}{n}$.

连起来是:如果在圆上取点,那么距离不超过 $2\sin\dfrac{180°}{n}$.

光这样只能了解句子的结构,没有了修饰成分,题目的意思还是不清楚.再逐步加上修饰成分:

怎样的"圆"? 是"半径为 1 的"圆.

怎样"取"点? "任"取.

取几个"点"? "$n+1$ 个"点.

怎样的"距离"? "两点"的距离.

"这样的两点有多少对"?"至少有一对".

修饰关系可画成下图:

如果
在半径为 1 的 ⎵圆上, 任 ⎵取 $n+1$ 个 ⎵点,

那么
至少有两点之间的 ⎵距离不超过 $2\sin\dfrac{180°}{n}$.

现在语文课本上很少讲语法,我们认为这是不对的.由于很少讲语法,数学教师的任务更重了.缩句的训练不仅是语文课的事情,数学教师也应该教.有兴趣的老师可参阅《数学教学中的语言问题》.

3. 分段读题

对于题目文字长而复杂的题可以分段读题,进而分段分析.

4. 整理顺序,看清层次

有些题,叙述不分主次,不讲顺序,使人读了难以弄清来龙去脉.例如,

题 3 如图 4-1-1,在 □ABCD 中,AK⊥EF,FG⊥AE,AE⊥BC,AF⊥CD,AC=l,EF=p,求 AH.

题目中四个垂直写得并没有错,从图 4-1-1 上看,的确"AK⊥EF,FG⊥AE".但是 AK、FG 怎么来的?事实上,作图时,先是有 □ABCD,然后作边 BC 的垂线 AE,作边 CD 的垂线 AF,这样才有点 E 和点 F,才有线段 EF,之后才能有 AK、FG.

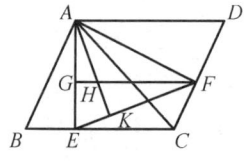

图 4-1-1

因此,对于这类叙述"不分主次"的题目,有必要按作图的次序调整一下,即改为:如图 4-1-1,在 □ABCD 中,AE⊥BC,AF⊥CD,AK⊥EF,FG⊥AE,AK 与 FG 交于点 H,AC=l,EF=p,求 AH.

有时通过调整题中的逻辑关系就容易弄清楚.

此外,在一道题有多个小题的情况下,还要注意:第一,题干的条件也是小题的条件,但各个小题的条件不能共用,即第 1 小题的条件不是第 2 小题的条件;第二,如果第 1 小题的结论是在没有添加任何条件的情况下求出来的,那么第 1 小题的结论就可以作为第 2 小题的依据;第三,如果第 1 小题的结论是在另加了本小题的条件后得到的,那么第 1 小题的结论就不可以作为第 2 小题的依据.这些关系都是我们审题要注意的,一旦疏忽都会让我

们解题失败.

5. 画图帮助理解题意

数学里强调数形结合,数形结合是指以形助数和以数助形.在理解题意时,有时画个图,对理解题意是有很大帮助的.这里的画图,既指画几何图,也指画示意图.画几何图对理解题意的作用容易理解,这里不多赘述.示意图比较具体、形象,直观性强,也可以帮助学生理解题目中条件与条件、条件与问题之间的关系.例如,

题 4 老师像学生那么大时,学生才 2 岁.学生若长到老师现在的年龄,则老师 44 岁,问老师、学生现在各几岁.

大部分人是用方程解此题的,设学生现在 x 岁,老师 y 岁,则他们相差 $y-x$ 岁.

列方程组,得 $\begin{cases} x-(y-x)=2, \\ y+(y-x)=44. \end{cases}$ 解得 $\begin{cases} x=16, \\ y=30. \end{cases}$

其实这道题还可以这样解:

先画条线段,从左到右表示 2 岁(点 A)到 44 岁(点 D),点 B 表示现在学生的年龄,点 C 表示现在老师的年龄,显然点 B 在左,点 C 在右(图 4-1-2).

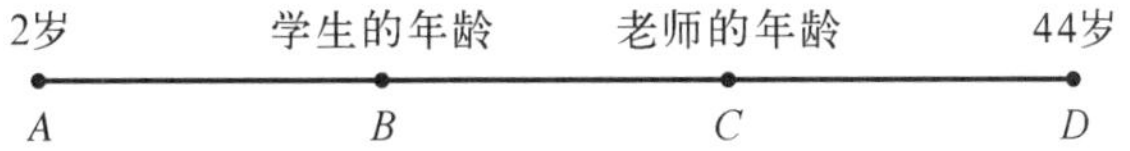

```
2岁          学生的年龄      老师的年龄         44岁
•——————————•——————————•——————————•
A             B             C              D
```

图 4-1-2

由图 4-1-2 可知,$AB=BC=CD=\dfrac{44-2}{3}=14$.

从而学生现在 $14+2=16$ 岁,老师现在 $16+14=30$ 岁.

将问题中的学生、老师现在各几岁变更为 B、C 两点所对应的数值分别是多少,问题变得很容易了.

6. 列表梳理信息

有的题目描述了很多的条件,有很多数据,一下子很难厘清各条件之间的关系,且很难在已知条件和未知条件之间建立关系.这时可以利用列表的方法帮助学生厘清各条件和各数量之间的关系,使之一目了然,从而审清题目,正确解答题目.例如,

题 5 六年级某班共有 50 名学生,老师安排每人制作一件 A 型或 B 型的陶艺品.学校现有甲种制作材料 36 千克,乙种制作材料 29 千克.制作 A 型陶艺品一件需甲种制作材料 0.9 千克、需乙种制作材料 0.3 千克;制作 B 型陶艺品一件需甲种制作材料 0.4 千克、需乙种制作材料 1 千克.设该班制作 B 型

陶艺品 x 件,求 x 的取值范围,并根据学校现有的材料分别写出该班制作 A 型和 B 型陶艺品的件数.

根据题意列表如下:

	需甲种制作材料	需乙种制作材料
一件 A 型陶艺品	0.9 千克	0.3 千克
一件 B 型陶艺品	0.4 千克	1 千克

再由制作 B 型陶艺品 x 件,完成表中内容如下:

	需甲种制作材料(36 千克)	需乙种制作材料(29 千克)
A 型陶艺品	0.9 千克×(50−x)件	0.3 千克×(50−x)件
B 型陶艺品	0.4 千克×x 件	1 千克×x 件

再由甲种制作材料≤36 千克,得 $0.9\times(50-x)+0.4\times x\leqslant 36$;
由乙种制作材料≤29 千克,得 $0.3\times(50-x)+1\times x\leqslant 29$.
解得 $18\leqslant x\leqslant 20$,从而使此题顺利得解.

7. 利用小问题梳理信息

有些题目条件比较复杂,为了弄清楚题目各条件之间或条件与要求的结论之间的联系,可以通过设计填充题,或是一步一步提问的方式,来帮助学生加深对题意的理解,从而找到恰当的解题思路.如上面的列表题,也可以安排如下问题:

老师安排每人做几件陶艺品?
学校有几种材料?
……

8. 自然语言符号化

先看下面一道例题.

题 6 图 4−1−3 为一台冷轧机的示意图.冷轧机由若干对轧辊组成,带钢从一端输入,经过各对轧辊逐步减薄后输出.

(1) 输入带钢的厚度为 α,输出带钢的厚度为 β,每对轧辊的减薄率不超过 r_0.冷轧机至少需要安装多少对轧辊?

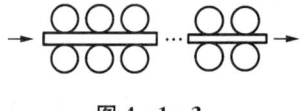

图 4−1−3

$$\left(一对轧辊减薄率 = \frac{输入该对的带钢厚度 - 从该对输出的带钢厚度}{输入该对的带钢厚度}\right)$$

(2) 已知一台冷轧机共有 4 对减薄率为 20% 的轧辊,所有轧辊周长均为 1 600 mm. 若第 k 对轧辊有缺陷,每滚动一周在带钢上压出一个疵点,在冷轧机输出的带钢上,疵点的间距为 L_k. 为了便于检修,请计算 L_1、L_2、L_3 并填入下表(轧钢过程中,带钢宽度不变,且不考虑损耗).

轧辊序号 k	1	2	3	4
疵点间距 L_k(单位:mm)				1 600

这是 1999 年全国高考卷的第 22 题,是一道用文字表达的应用题,得分率理科不到 15%,文科小于 4%,可见得分率之低. 但这道题本身并不很难,问题出在题目语句太长,专业名词过多. 如果把自然语言转化为符号语言,则问题变得一目了然. 张雪明老师在《关于高中学生数学语言的转换能力》[①]一文中指出,从该题中抽象出数学模型:

(1) 若 $a(1-b)^k \leqslant c$(a、b、c 都是正实数,且 b 小于 1),求自然数 k 的取值范围.

(2) 若 $1\,600(1-0.2)^k = L_k(1-0.2)^4$,求 L_1、L_2、L_3 的值.

再让高三学生测试,结果参与测试的 54 名学生除 1 人因计算失误外,其他人都做正确了.

可见从"自然语言"向"符号语言"的转化在解题中是很重要的,而学生的这种语言转化能力亟待提高,需要在教学中不断渗透并加强.

9. 符号语言自然化

有时,符号语言太抽象,让人头痛,这时,转换为自然语言可能会有好的效果. 例如,

题 7 设实数 $a \neq 0$,$\{a_n\}$ 是以 a 为首项、以 $-a$ 为公比的等比数列,且 $b_n = a_n \cdot \lg|a_n|$,$n \in \mathbf{N}$,$S_n = b_1 + b_2 + \cdots + b_n$. 当 $0 < a < 1$ 时,是否存在自然数 M,使得对任意 $n \in \mathbf{N}^*$,都有 $b_n \leqslant b_M$?

这道题目的得分率极低,因为"是否存在自然数 M,使得对任意 $n \in \mathbf{N}^*$,都有 $b_n \leqslant b_M$"此句太抽象,其实此句就是"数列 $\{b_n\}$ 有没有最大项". 转换后,解题思路就容易找到了.

(请思考:究竟什么时候要自然语言符号化,什么时候又要符号语言自然语言化?)

[①] 张雪明. 关于高中学生数学语言的转换能力[J]. 数学教学,2000(6).

10. 挖掘隐含条件

隐含条件,是指题目中虽已给出但并不明显,或没有给出但隐含在题意中的那些条件.不少数学问题的部分条件并不十分明确给出,而是寓于某概念中,或存在于某性质里,或含于某图形中,隐隐约约,含而不露,但它们又常常是解题的要点.因此,在审题过程中要培养学生透过现象看本质,通过对问题的分析找到解题的有效信息和突破口,从而为成功解题打下基础.例如,

题 8 已知关于 x 的方程 $x^2+(2k+1)x+k^2-2=0$ 两实根的平方和比两实根之积的 3 倍少 10,求 k 的值.

不少学生应用根与系数的关系求得 $k=7$ 或 $k=-3$.然而这是错误的.因为在解题中忽视了题目的隐含条件:k 的取值范围并非 **R**.因为 x_1、x_2 为方程的两实根,所以 $\Delta=4k^2+4k+1-4k^2+8\geqslant 0$,即 $k\geqslant -\dfrac{9}{4}$.应将 $k=-3$ 舍去.只有 $k=7$ 是该题的正确结果.

题 9 对于任意的实数 a,椭圆 $mx^2+y^2=1$ 与直线 $2ax-2y+a=0$ 恒有公共点,求实数 m 的取值范围.

对这类问题,一般性审题后会产生"联立方程组后运用 $\Delta\geqslant 0$"的解题思路去解题,这样做,既繁又难.但是,如果我们在审题时会挖掘隐含条件,就会"挖"出简洁的思路来.

解 由椭圆 $mx^2+y^2=1$,知 $m>0$ 且 $m\neq 1$(隐含条件).

由直线 $2ax-2y+a=0$,得 $y=a\left(x+\dfrac{1}{2}\right)$,知直线恒过定点 $N\left(-\dfrac{1}{2},0\right)$.

因为椭圆 $mx^2+y^2=1$ 与直线 $2ax-2y+a=0$ 恒有公共点,所以点 N 在椭圆内或椭圆上,于是

$$\begin{cases} m>0, \\ m\neq 1, \\ \left(-\dfrac{1}{2}\right)^2 m+0^2\leqslant 1. \end{cases}$$

解得 $0<m\leqslant 4$ 且 $m\neq 1$.

11. 审视细节

俗话说,细节决定成败,在审题时也要注重对细节的审视,它对是否能够正确解题起着重要作用.

(1) 审视范围

这里的范围指题目中某些条件或变量的取值范围,如果没有看到这些

范围,有时会让我们漏解,有时会让我们做出多余的答案,从而使我们的解题变得很复杂,甚至解错.例如,

题 10 在 □ABCD 中,已知 $AB=n$,G 是直线 CD 上的任意一点,且 $CG=m$($m>n$),联结 BG,交 AC 所在的直线于点 F,过点 F 作 FH∥CD,交 BC 所在的直线于点 H,求 FH 的长.

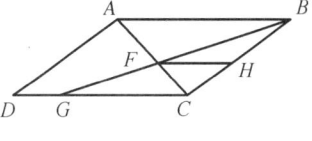

图 4-1-4

解答此题时,如果没有看清"点 G 在直线 CD 上"和"$m>n$"这两个条件就会画出错误的图形(图 4-1-4、图 4-1-5),从而答非所问.事实上本题的正确图形是如图 4-1-6 和图 4-1-7 所示的两个图形.

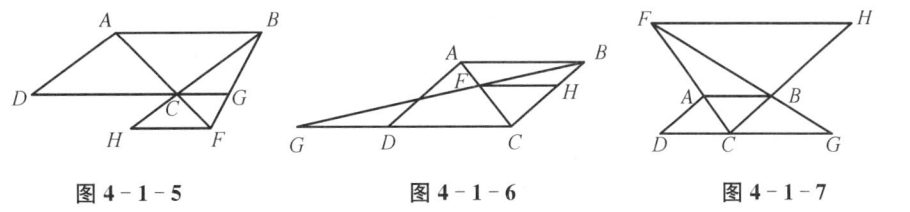

图 4-1-5　　　　图 4-1-6　　　　图 4-1-7

(2) 审视单位

题目中的有些数量的单位也是非常重要的,忽视了单位也会出错,这在低年级的题目中很常见.例如,

题 11 如果 A、B 两地在 1:100 000 的地图上相距 5 厘米,那么 A、B 两地实际相距_____千米.

解答时,我们看到学生的答案有这么几种:500 000,5 000,5.可以看出,做错此题的学生一定是没有注意单位,如果题目结论的单位是厘米,那么第一个答案就是对的;如果单位是米,第二个答案就是对的;而实际单位是千米,只有第三个答案是正确的.可见在解题的过程中,对数量、变量等量的单位的正确审视是非常重要的.

上述两题都说明了审视细节在正确解题过程中的重要性.在教学中一定要注意培养学生对题目中各个细节的审视,并正确处理,为正确解题服务.

12. 分辨题意

注意让学生分辨相似习题题意的区别,避免上当.如,有一组题目:

(1) 已知圆的半径等于 16 厘米,求该圆的面积.

(2) 已知圆的半径等于 16 厘米,问该圆的面积等于多少平方米.

(3) 已知圆的直径等于 16 厘米,问该圆的面积等于多少平方米.

(4) 已知圆的直径等于 16 厘米,问该圆的周长等于多少.

其中第(2)题需要调整单位,第(3)题是给出了直径的值,而不是半径的值,需要事先换算才能代入公式,第(4)题则是改求周长了.

第二节　寻找解题思路的教学研究

遇到数学题时怎么想,即解题思路是怎样的.作为老师,怎么和学生一起寻找解题思路,即寻找解题思路的教学,是值得重视的一个课题.

一、关于寻找解题思路教学的一般认识

有些教师在给出一道数学题之后,直接就解题,这样学生的思维没有得到激发,这种重"解题"、轻"教学"的情况,应该转变.

1. 解题教学的准备

我们认为,解题教学应该有些准备.

(1) 要熟悉"双基基桩"

解题离不开基础,解题能力的大小取决于知识的多寡、深浅和完善程度,没有知识谈不上解题.对于一些公式、定理、概念和规则,往往枯燥乏味,却又无可替代.张奠宙教授提出了"双基基桩"的概念[①],中国的"双基"教学特别强调打好数学"基桩",使之成为学生的一种数学直觉,如背熟"九九乘法表"、记住乘法公式、记住一元二次方程的求根公式,形成不假思索的条件反射,无须思索推理就能作出即时判断.

(2) 要掌握较多的解题模块、命题联想系统和"反应块"

解题模块与命题联想系统是解题经验的显性化,具有算法的特征,因此值得向广大教师学生推荐.掌握较多的解题模块,就掌握了解决某类问题的通法.掌握较多的命题联想系统——等价命题系统、下游命题系统、上游命题系统和"反应块",就为命题的联想和转换打开了空间,有利于条件、结论之间的联结,从而解决问题.当然,有时在解某题之前还没有掌握相应的解题模块和命题联想系统,而需要在解这个(组)题之后才总结相应的解题模

---

① 张奠宙.中国数学双基教学[M].上海:上海教育出版社,2005.

块和命题联想系统.

(3) 要掌握一些数学思想方法

著名数学家波利亚的调查研究表明,数学思想方法具有普遍性,理解和掌握数学的思想方法,比掌握形式化的数学知识更加重要.因为数学思想是高度抽象和概括的,所以一旦学生掌握了数学思想方法,就能长久地予以保持.数学思想方法的掌握不仅有利于深刻理解数学知识,而且有利于数学发现和创造.数学思想方法蕴含于解决数学问题的过程中,同时对数学解题也具有指导性意义.在数学教学中,教师应认识到数学思想方法的意义,不仅要重视知识的传授、记忆与模仿,更要重视数学思想方法的渗透和教学.目前,中学数学常用的数学思想方法有:化归思想、方程思想、整体思想、函数思想、数形结合、分类讨论……与上面说的类似,有时是在解这个(组)题之后,才总结提炼出某种数学思想方法的.

2. 解题教学的重点是激发学生思维

解题教学的重点是激发思维,我们认为下面的几点看法应该得到体现.

(1) 解题思路重于具体解题过程

在解题教学时,有些老师几乎不进行分析,或者分析不到位,没有让学生知道"老师是怎么想到的",而是重视解题的书写格式,模仿升学考试评分时的"分步给分法",注重怎么书写可以得分.

如一位老师讲完指数函数的图像和性质之后,安排了如下例题:

比较两个指数式的大小:$1.2^{2.2}$ _____ $1.2^{1.4}$; $1.2^{3.1}$ _____ $1.4^{1.3}$.

学生在用指数函数做还是幂函数做的选择上,有点混乱.特别是后面一小题,需要找一个中间量过渡,既要用到指数函数,又要用到幂函数,还是有一定的难度的.但该老师几乎对解题没有进行分析,直接解得了结果.

其实不能简单地处理这样的题目,应该向学生说清楚:

(1) 这是比较两个幂的大小,原本与指数函数无关.但是幂可以看成是指数函数中的一个函数值,所以就有关了.为此首先要构造函数.

(2) 函数选定之后,如第一小题,选定函数 $y=1.2^x$,再选定相应的自变量的值($x_1=2.2, x_2=1.4$),于是两个幂 $1.2^{2.2}$、$1.2^{1.4}$ 是这函数的两个函数值.

(3) 通过函数的单调性确定这两个函数值的大小.

这样就扣住了函数这一主题,使这类题目有章可循.对构造什么函数来解题的问题,也比较容易解决了.后一小题的情况更为复杂,更需要完整的分析.

分步给分其实是一种无奈之举,因为升学考试时,要求评分可操作、分数有区分度,但这种方法有很大弊端.有的考生对某道试题实际上是一点不懂,但他也拿了2到3分,因为他写出了考试评分标准中的某一步.平时的解题教学不能按照这个路子进行.一道题目呈现之后,首先应该问:解这道题的思路是什么?而不应该只是关心写什么可以得几分.为此,我们建议,平时的解题教学可以考虑另一种标准的"分步给分法".如一道题是10分,规定先写出解题思路,给3分;然后按要求解出并书写完整给7分.

(2) 通法优先

通法优先,说完整些,应该是"思考时通法优先,作答时优法优先".

数学就是将复杂转化为简单,无序转化为有序.掌握了解决某类问题的通法,我们就可以把握这类问题.因为通法具有一般性,所以通法很重要.思考时通法优先,是一种数学素养.面对一个问题,数学素养不好的人,往往是瞎碰,可能碰对了,也可能碰不对;而有数学素养的人,遇到问题,往往首先看有没有通法,看看有没有什么规律.

但是,某个问题尽管可以用通法解决,但通法不一定是最优的方法,我们还要寻找解决具体问题的优法.所以,在教学中采用一题多解,是寻找解决问题的优法的最佳途径,也由此训练了学生思维的灵活性.

例如,有位教师的"解一元一次方程"的习题课是这样上的:

师:一元一次方程解的步骤是?

生:去分母,去括号,移项,合并同类项,将 x 的系数化为 1.

师:依据分别是什么?

……

师(出示例题):解方程: $\dfrac{x-1}{5}-\dfrac{x}{3}=\dfrac{1}{6}$.

生(口答):去分母,得 $6(x-1)-10x=5$.

去括号,得 $6x-6-10x=5$.

移项,合并同类项,得 $-4x=11$.

两边都除以 -4,将 x 的系数化为 1,得

$$x=-\dfrac{11}{4}.$$

所以,原方程的解是 $x=-\dfrac{11}{4}$.

练习:

解下列方程:

(1) $\dfrac{3x}{4}=\dfrac{3}{2}$; (2) $3x=\dfrac{1-5x}{7}$; (3) $\dfrac{3}{100}x-\dfrac{5}{4}=1$; (4) $y+\dfrac{y-1}{2}=3$.

因为教师先复习了解一元一次方程的通法,学生几乎是按部就班地完成的.其实,讲了通法之后,还可以问一下:有没有简便方法?如练习的第(1)小题可以先两边同除以 $\frac{3}{4}$,立即得 $x=2$;第(3)小题可以先将 $\frac{5}{4}$ 移项合并,再去分母.可惜该教师没有这样做.

要强调通性通法,但"过"了就死板了.拿到题目首先想有没有一般方法,接着应该想有没有更简便的方法,最后选择合理解法表达出来.当然也不排斥一开始就能够想到一个优法,就不必考虑通法了,但是不主张为了先想优法花费了很多时间,这就得不偿失了.

(3) 要"延时判断"

有些教师提问的方式值得改进.要先提出问题,而不是先指定答问的学生;提出问题后不要急于指定答问学生,要给学生留一点思考的时间;提出问题后尽量让学生举手,从中挑选答问者,当然不排斥必要时另行指定答问者;学生回答后,也不要急于判断他的回答正确与否,有时需要延时判断.心理学家卡尔·罗杰斯认为:产生创造性见解的外部条件是自由与安全.而"延时判断"可以给学生一个自由、安全的心理环境和外部学习环境,鼓励学生敢于思考、质疑,敢于"发现"和"挑刺".

(4) 要善待不正确、不完善的回答

教学设计是事先设定的,但课堂是活的,教师要善于驾驭课堂.学生的回答如果不正确、不完善,这是一个很好的教学资源,教师要善于利用,并要满腔热情,绝对不可以训斥,甚至讽刺.只有满腔热情,学生才敢于回答问题,才能形成思维碰撞.有个例子很精彩:

函数 $f(x)=\sqrt{x^2-2x}+2^{\sqrt{x^2-5x+4}}$ 的最小值是_____.

问题很难,但一个学困生做对了:最小值是 $1+2\sqrt{2}$.

生1:老师,别让我说了,我是蒙对的.

师:$1+2\sqrt{2}$ 是个不寻常的结果,你说说是怎么"蒙"的.

生1:我求出定义域是 $(-\infty,0]\cup[4,+\infty)$,之后就不会做了.胡乱代入端点试试吧,$f(0)=4$,$f(4)=1+2\sqrt{2}$,题目求最小值,于是我就写了 $1+2\sqrt{2}$.

师:这样做对吗?

生2:做得挺好的,只是缺了研究一下函数的单调性.

师:掌握了研究函数的先决条件——定义域,非常好!虽然最后一步是蒙的,但至少数感非常好.[1]

---

[1] 刘爱花.高中数学学困生自我监控能力培养策略初探[J].中国数学教育(高中),2009(6).

再看浙江胡忠友老师在浙教版数学七年级第一学期"用字母表示数"的课堂：

师：一只青蛙几张嘴，几只眼睛，几条腿，扑通几声跳下水？

生：一只青蛙一张嘴，两只眼睛，四条腿，扑通一声跳下水．

师：两只青蛙几张嘴，几只眼睛，几条腿，扑通几声跳下水？

生：两只青蛙两张嘴，四只眼睛，八条腿，扑通两声跳下水．

师：那么，当青蛙越来越多的时候我们该怎么表达？

一名成绩不太好但很喜欢表达自己想法的学生勇敢地举起了手．

生：很多只青蛙很多张嘴，很多只眼睛，很多条腿，扑通很多声跳下水．

还没等他说完，学生们都笑作了一团．

师：你们笑是同意还是不同意呀？

生：不同意．

师：那么，谁还有别的意见？

课堂上又响起了一片议论声，大家对词语"很多"怎样表示进行了充分讨论．大概是受了刚才那个学生发言的启发，一个学生答道："n只青蛙n张嘴，$2n$只眼睛，$4n$条腿，扑通n声跳下水．"

（5）要善于制造"陷阱"

我们要抓住学生的错误做文章，如果学生不犯错误，教师可以故意犯错误——设置"陷阱"．这要求教师对教材和学生的情况相当熟悉，能够预测到易犯错误的知识技能点．如，

题1 解方程：$\dfrac{x-1}{4}-\dfrac{5x-1}{3}=1$．

常犯的错误是：去分母时方程右边不乘以12．

题2 已知两圆半径分别是2和5，当两圆相切时，圆心距是_____．

常犯的错误是：忘记两圆相切分内切和外切两种情形，没有分类讨论．

题3 分解因式：$x^4-y^4=$_____，$x-xy^4=$_____．

常犯的错误是：只进行了一次分解，没有分解到底．

再看一个案例：

已知$x^2-2x+\lg(2a^2-a)=0$有一正根、一负根，求实数a的范围．

师：（故设陷阱）因为有一正根一负根，所以有两不相等实数根，即$\Delta>0$．解得$-2<a<\dfrac{5}{2}$．

生1：老师，您丢了条件$2a^2-a>0$．

师：（故作惊讶）改一改，现在没有问题了吧！

生 2:老师,有一正根一负根的条件您没有用.

师:不是用了吗?

生 2:被您放宽了,应该是 $x_1x_2=\lg(2a^2-a)<0$.

师:有道理,综合这些条件可得

$$\begin{cases} \Delta>0, \\ 2a^2-a>0, \\ \lg(2a^2-a)<0. \end{cases}$$

由 $x_1x_2=\lg(2a^2-a)<0$ 可以保证 $\Delta>0$,所以可以去掉一个式子……

(6) 让学生编题

在适当情况下,由学生来完成编题,可以帮助学生熟悉题目基本类型,形成解题模块,更好地解题.同时,编题是初步的自主学习,具有初步的探索性、发散性,从元认知角度和培养思维能力的角度来说,这都是有益的.

在本书第三章第三节里,介绍了符永平老师利用编题让学生掌握题目的基本类型,取得了很好的效果.

在让学生编题时,要注意引导学生编出有一定跨度的题.如,利用平方差公式编题,有的学生只能简单地换个数据,而有的学生可以编出:

$(100+1)(100-1)=$ _____.

(此题有特殊意义,可导致 101×99 的速算)

$(ab+c)(ab-c)=$ _____.

(知道了公式中的字母可以用另外的字母组合代替)

$(-a-bc)(a-bc)=$ _____.

(知道了公式中的字母 b 可以用带负号的 $-bc$ 代替,并知道次序可以变化)

……

显然,这位学生对平方差公式的理解比较深刻,这对解题是大有裨益的.

二、"有序分析"原则[①]

本书十分强调有章可循,那么寻找解题思路,是不是也有一种思考的"程序"呢?我们认为应该探索这样一种程序.为此,提出"有序分析"原则,并给出实现这一原则的 6 个步骤,也是 6 种策略,供读者参考.

1. 先估后算策略

我们认为,在呈现一道题时,教师要教育学生不要急于运算或推理,第

[①] 陈飞.中学数学老师如何教解题[J].上海中学数学,2009(12).

一步应该是先大致估计一下,我们把它称为先估后算策略.先估后算的解题策略本质上是题目的"初步定向",是审题的继续.

下面这道例题取自上海世界外国语中学金静老师上的一堂初三习题课,她比较重视基本量分析和量的范围的估计.

题 1 如图 4-2-1,在△ABC 中,AB=AC=5,BC=6,点 D 在边 AB 上,DE⊥AB,点 E 在边 BC 上,又点 F 在边 AC 所在的直线上,且 ∠DEF=∠B.

(1) 求证:△FCE∽△EBD.

(2) 当点 D 在线段 AB 上运动时,是否有可能使得 $S_{\triangle FCE}=4S_{\triangle EBD}$?若可能,求出 BD 的长度;如果不可能,请说明理由.

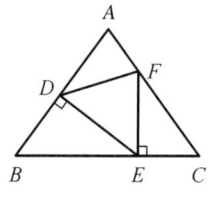

图 4-2-1

在分析第(1)小题时,

师:对第一小题,应该有个感觉,这个△ABC 是确定的,而△FCE、△EBD 是不确定的.

(确定、不确定是数学里重要的着眼点,这个感觉很重要)

师:一直线上有三个角,出现相等关系时,就发现是一个基本图形(通常称为"一线三等角"),并由外角定理证得∠BDE=∠CEF,就可证△FCE∽△EBD.

(重视基本图形是很不错的)

在分析第(2)小题时,

生:应找相似比.

师:停一下,先看看点 D 运动变化的范围怎样?运动型的问题,要养成习惯,不管题目里有没有要求,都要研究一下范围……

(研究范围也是数学眼光)

常常估计一下——金老师在不经意间传递了数学思维,这恰恰是很多数学老师所缺少的,尽管他们可能是解题"高手".

经常运用先估后算策略进行教学,可以大大提高学生对问题的洞察力.如,对一个直角三角形而言,如果已知两个独立的条件,基本量够了,问题确定,肯定可以用勾股定理和三角比的知识直接求出;如果只知道一个条件,条件不够,问题不确定,这时应该用方程来解.

先估后算大致包含了两个方面:

(1) 条件的估计

判断题目条件是否多余或缺少,有没有矛盾,判断一个问题是否确定,是否可变,其中分析基本量很重要.例如,

题 2 如图 4-2-2,在△ABC 中,AM 是 BC 上的中线,CN⊥AM,

$BC=2$,沿 AM 将 $\triangle CAN$ 翻折到 $\triangle AND$,说出 BD 和 BC 的数量关系.

有位老师这样想:因为 MN 是 $\triangle BCD$ 的中位线,所以要比较 BD 和 BC,只需比较 MN 和 MC.

又 $AM \perp CD$,故斜边 $MC > MN$,即 $BC > BD$.

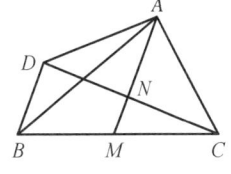

图 4-2-2

但是,刊载这道题目的资料提供的答案是 $BC=\sqrt{2}BD$.由此他想证明 $\angle CBD=45°$,找来找去,但始终没有结果.

其实,想证明 $\angle CBD=45°$,就是证明 $\angle CMN=45°$,而这个角是中线 AM 和 BC 的夹角,是一开始就固定下来的.题设里没有说它等于 $45°$,是不会因为翻折而变成 $45°$ 的.

因此可断言:题目漏条件或者答案错,即基本量不足,问题可变,BC 与 BD 的具体数量关系可变.

(2) 数量的估计——变化的依赖关系和变化的范围

基本量不足,问题是可变的.要弄清楚问题中有哪些量,哪些量是固定的,哪些量是变的,哪些量是初始的,哪些量是跟着变的,还要弄清楚量的变化范围.

如,下面这道二次函数应用题,要把变化关系讲清楚,甚至"回到原始".

题3 有材料 50 米,一面靠墙,围成一饲养场,问:怎样围面积最大?

有些老师重在解法:如图 4-2-3,设宽为 x,列式 $y=x(50-2x)$,然后求这个函数的最大值.

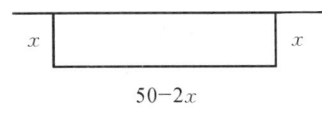

图 4-2-3

这种解法在这类题目初次出现的时候,不是十分恰当.因为这个时候,学生常常受到列方程的干扰,对列函数式很不适应.如果这样分析:

当宽 $x=1$ 米,长是 $50-2x=48$ 米,此时面积是 $S=1\times 48=48$ 平方米;

当宽 $x=2$ 米,长是 $50-2x=46$ 米,此时面积是 $S=2\times 46=92$ 平方米;

……

使学生懂得,S 随 x 变化而变化,既然变,就有可能取得最大.

这样先估一估,使得学生有了感受.像这样在教师引导下,学生在审题时就会养成分清变量和常量、关注变量的变化范围的习惯,对数量的情况有一个预估,会有利于理解题意,促进解题的效率.例如,

题4 如图 4-2-4,已知 $AB=BC$,$\angle ABC=90°$,$AD=DE$,$\angle ADE=90°$,M 为 EC 的中点.

求证:$BM=DM$.

本题用综合法证明颇难,但是考虑本题基本量不足,AB 和 AD 的长是可变动因素,并且可以认为其余的变动的量是跟着它们变的,因此可以设 $AB=a$,$AD=b$,可以肯定图中其余的量都可用 a、b 表示. 易得 $CM=EM=\dfrac{\sqrt{2}(a-b)}{2}$,再构造直角三角形 BGM 和直角三角形 DFM,则

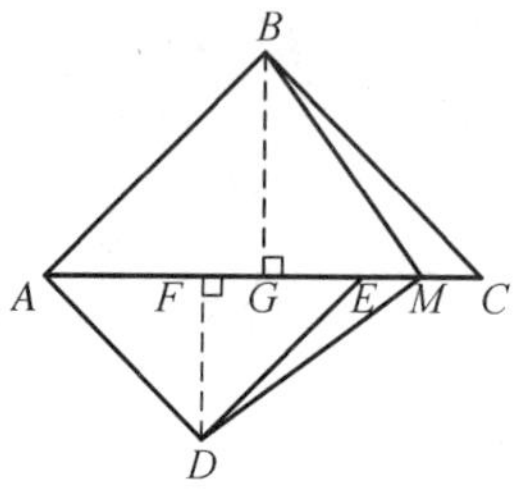

$$BM^2=\left(\dfrac{\sqrt{2}}{2}a\right)^2+\left(\dfrac{\sqrt{2}}{2}a-\dfrac{\sqrt{2}(a-b)}{2}\right)^2=\dfrac{1}{2}(a^2+b^2),$$

$$DM^2=\left(\dfrac{\sqrt{2}}{2}b\right)^2+\left(\dfrac{\sqrt{2}}{2}b+\dfrac{\sqrt{2}(a-b)}{2}\right)^2=\dfrac{1}{2}(a^2+b^2).$$

图 4-2-4

所以,$BM=DM$.

有时不但要估计变动的量之间的关系,而且要估计变量的变化范围. 例如,

题 5 解方程:$|x+1|+\sqrt{x-2}=2$.

常规做法繁,注意到 $x-2\geqslant 0$,就方便了. 这是研究变量的变化范围带来的好处.

2. 模式识别策略

先大致估计一下之后,接下去教师应该引导学生怎么思考?我们主张通法优先. 所以,第二步应该是模式识别. 使用模式识别的解题策略,可以快速、有效地解答常规题,这在前面已经有例子说明.

模式有好几种,有些模式是课本上清楚地表示出来的,如一元一次方程的解法;有些则是自己归纳的解题模块,解题模块的作用是巨大的. 本书在第二章里给出了条件求值的解题模块,在第三章给出了条件求最值、"二限"排列题、求一次函数解析式等的解题模块,都可供读者参考.

对于模式,不但要掌握解题步骤,更重要的是理解模式的灵魂——思想方法. 乱套模式、套错模式,是运用模式识别策略的大忌. 戴再平教授在《数学习题理论》[1]中对此有精辟的论述,下面的例子摘自该书.

题 6 甲、乙两人织毛线,甲 5 小时织的数量和乙 8 小时织的数量相等,现在乙织了 2 小时后甲才开始织,问再过几小时,甲、乙所织的数量相等.

---

[1] 戴再平. 数学习题理论[M]. 上海:上海教育出版社,1996.

学生往往在判断类型的时候,在"追及问题"还是"工程问题"之间犹豫.其实本题是追及问题.追及问题是行程问题的一种,常常出现的形式是人行走或车行驶,但这不是本质.

解:设甲每小时织 x 千克毛线,则乙每小时织 $\frac{5x}{8}$ 千克,可列下表:

	速度 (每小时织毛线多少千克)	时间 (时)	"路程" (共织多少千克)
甲	x	t	tx
乙	$\frac{5x}{8}$	$t+2$	$\frac{5x(t+2)}{8}$

于是有 $tx = \frac{5x(t+2)}{8}$.解得 $t = \frac{10}{3}$.

题7 妈妈买布,所带的钱刚好可买某种最好的布 2 米,或者次布 3 米,她决定两种布买同样多的米数,问最多能买几米.

经模式识别,此题属于工程问题.同样地,工程问题常出现"完成工程的几分之一"等语言,但这也是表面现象.好布每米花总钱数的 $\frac{1}{2}$,次布每米花总钱数的 $\frac{1}{3}$,设各买 x 米,则 $\frac{x}{2}+\frac{x}{3}=1$.下略.

"行程问题""工程问题"这些名词可以讲,但要让学生知道,这是出于情境的提法,有时表面看是"工程问题",但实质可能是"行程问题",这种提法未必反映数学本质.

3. "寻找巧法"策略

我们提出:一般情况下,思考时通法优先.找到了通法,心里便有了底.然后,应该再寻找有没有更好的解法.所以,"有序分析"的第三步应该是"寻找优法".在种种解法中,如果能够找到"一眼看穿"问题的本质的"巧法",诸如特殊值法、排除法等,问题可以轻而易举地解决了,就更应重视.特别是选择题和填空题,尽量"小题小做".

除了上面提到的特殊值法、排除法等,下面几种思考问题的思路,有利于"一眼看穿",属于"巧法"的范围.

(1) 凑值

题8 解方程: $x + \frac{1}{3} = \frac{1}{3}x + 1$.

比较两边,应有 $x=1$. 这里采用"凑值法"得到解,应该允许,但最好要引导学生补充理由:一次方程只有一个解,现在找到了一个,就是原方程的解.

题 9 已知方程 $\dfrac{1}{2-\dfrac{x}{x+1}}=\dfrac{1}{2}$,求 $\dfrac{x}{x+1}$.

比较两边,应有 $\dfrac{x}{x+1}=0$.

题 10 解方程:$x(x+1)(x+2)(x+3)=24$.

解:$x(x+1)(x+2)(x+3)=1\times 2\times 3\times 4$,

或 $\qquad x(x+1)(x+2)(x+3)=(-1)\times(-2)\times(-3)\times(-4)$,

所以 $\qquad\qquad\qquad x_1=1,\quad x_2=-4$.

凑值法有缺陷,但还是应该鼓励,特别是针对选择题、填空题.

(请思考:你遇到过学生用凑的办法来解题的吗?你是怎么对待的?是一味批评,还是先肯定再提出改进建议?)

(2) 整体思维

在研究某些问题时,往往不是着眼于问题的各个组成部分,而是有意识地放大思考问题的视角,将所研究的对象看作一个整体,通过研究问题的整体形式、整体结构和对问题做种种整体处理后,达到顺利、简洁处理问题的目的,像这种从整体观点出发研究问题的心理活动过程,在心理学上叫做"整体思维".例如,

题 11 三棱锥三个侧面两两互相垂直,侧面积分别是 6、4、3,求此三棱锥的体积.

常规思维是求出三条棱长 x、y、z,事实上也确实可以将它们求出.其实这里只需要求出积 xyz.

由 $\qquad\dfrac{1}{2}xy=6,\dfrac{1}{2}yz=4,\dfrac{1}{2}zx=3$,

得

$$x^2y^2z^2=6\times 4\times 3\times 2\times 2\times 2.$$

这样的思考方法是放弃细节(x、y、z 的值),直奔所要的结果.这就是整体思维.这个例子基本量是够的,是可以求得各细节数据的,但主动放弃了求细节.

下面的例子不一样,细节数据根本求不出来,或者很难求.

题 12 一天,带着小狗的小明和小红从相距 1 000 米的两地同时出发,

相向而行,小明每分钟走 45 米,小红每分钟走 55 米,小狗每分钟跑 150 米,在小明和小红相向而行的过程中,小狗不停地在两人间来回跑,问到两人相遇时,小狗一共跑了多少米的路.

这是历史上非常有名的苏步青问题.大多数学生看到这个问题时,首先想到的是解决这个问题要先知道小狗来回跑了多少次,每个来回分别跑了多少米,这是抓了细节.这样一来问题就很有难度了.

其实,这里只需求出两人要几分钟能相遇,即 $1\,000\div(45+55)=10$ 分钟.

再考虑从两人出发的时候起,直到相遇为止,小狗一直在两人之间奔跑,从未停过,整整跑了 10 分钟.狗每分钟跑 150 米,所以它一共奔跑了 $150\times 10=1\,500$ 米.

题 13 一轮船从重庆到武汉行 5 昼夜,返程 7 昼夜,问一木排从重庆到武汉顺流而下,需要多少时间.

设两地的距离为 s,船速为 u,水速为 v,则

$$\begin{cases} \dfrac{s}{u+v}=5, \\ \dfrac{s}{u-v}=7. \end{cases}$$

这个方程组中有 3 个未知数,2 个方程,似乎条件不足,解不下去了,从基本量的角度说,的确是不够的,因此问题是不确定的.但本题不要求求得"细节数据" s、u、v,只是求"中间数据" $t=\dfrac{s}{v}$.

由以上方程组,得 $\begin{cases} 5u+5v=s, \\ 7u-7v=s, \end{cases}$ 可得 $\dfrac{s}{v}=35$.

尽管问题不确定,即 u、v 不能确定,但不管怎样的 u、v,时间 t 是常数,是不变的.

题 14 (1990 年全国高考题)设 $a\geqslant 0$,在复数集 $\mathbf{C}$ 中解方程 $z^2+2|z|=a$.

提供的标准答案是常规解法,即设 $z=x+y\mathrm{i}$,转化为实数来解.其实,如果整体思考,把复数 z 看成一个整体,可以得到简便的解法:因为 $|z|$ 是实数,所以,$z^2=a-2|z|$ 也是实数.于是 z 只能是实数或纯虚数.作简单的讨论,即可解出.

(3) 对称思维

题 15 已知 $5a^2+25a+9=0$,$9b^2+25b+5=0$,求 $\dfrac{a}{b}$.

如果能一眼看出两式子的系数对称,那么可以将 $9b^2+25b+5=0$ 两端除以 b^2,得

$$5\left(\frac{1}{b}\right)^2+25\left(\frac{1}{b}\right)+9=0.$$

所以,a、$\frac{1}{b}$ 是方程 $5x^2+25x+9=0$ 的两根.再用韦达定理可知 $\frac{a}{b}=\frac{9}{5}$.

题 16 因式分解:$(x+y+z)^3-x^3-y^3-z^3$.

一般学生在解这道题时都会采取分组分解法,但这样分解,运算量太大,容易出错.其实只要仔细观察式子的结构,就会发现 $(x+y+z)^3-x^3-y^3-z^3$ 是一个轮换对称式,如果用"因式定理"的话可以这样来解:因为当 $x=-y$ 时,式子的值为 0,所以必有一个因式 $(x+y)$,由轮换对称性可知,还有 $(y+z)$、$(z+x)$ 这两个因式,而三次式只能分解为三个一次式的乘积,所以可得

$$(x+y+z)^3-x^3-y^3-z^3=k(x+y)(y+z)(z+x).$$

为求常系数 k 的值,只需取 $x=0,y=1,z=1$,代入上述等式,得 $k=3$,于是

$$(x+y+z)^3-x^3-y^3-z^3=3(x+y)(y+z)(z+x).$$

(4) 黑箱方法

在系统科学里,通常把内部构造和机理不能直接观察的事物或系统称为黑箱;虽不清楚全部的结构和机理,但有部分机理还是知道的问题称为"灰箱"."黑箱方法"是系统科学中认识事物的一种方法.其基本思想是:我们不去研究它的内部构造和机理,而是通过考察外部输入黑箱和黑箱输出的反馈信息的变化关系,来探索问题的结果.对于灰箱,也是通过输入输出的信息变化来研究,但可借助于问题的部分已知机理.中学数学里遇到的其实多为"灰箱".例如,

题 17 已知 $y=ax^5+b\sqrt[3]{x}+4$,a、b 是实数,当 $x=\sqrt{2}$ 时,$y=5$,求当 $x=-\sqrt{2}$ 时 y 的值.

由于 a、b 不确定,因此 $y=ax^5+b\sqrt[3]{x}+4$ 也是不确定的(黑箱).

当 $x=\sqrt{2}$ 时,得

$$y_1=a(\sqrt{2})^5+b\sqrt[3]{\sqrt{2}}+4=5,$$

可以认为这是第一次输入,输出的结果是 5.

当 $x=-\sqrt{2}$ 时,我们把它当作第二次输入,输出的结果应该是

$$y_2=a(-\sqrt{2})^5+b\sqrt[3]{-\sqrt{2}}+4.$$

比较这两次输出的结果,可以把第二次输出转化为与第一次输出相关的结果

$$y_2 = -[a(\sqrt{2})^5 + b\sqrt[3]{\sqrt{2}}] + 4$$
$$= -[a(\sqrt{2})^5 + b\sqrt[3]{\sqrt{2}} + 4] + 8$$
$$= -y_1 + 8$$
$$= -5 + 8 = 3.$$

明眼人可以看出,之所以可以利用第一次输出的结果来算出第二次输出的结果,就是运用了黑箱原理.

本题的如下解法可能更能够说明问题:

令 $z = ax^5 + b\sqrt[3]{x}$,则 $z = y - 4$.

因为 $x = \sqrt{2}$ 时,$y = 5$,所以,$z = 1$.

显然,z 是奇函数.所以,当 $x = -\sqrt{2}$ 时,$z = -1$.于是,$y = 3$.

尽管 $y = ax^5 + b\sqrt[3]{x} + 4$ 不完全确定,但 $z = ax^5 + b\sqrt[3]{x}$ 是奇函数——已知部分机理,所以实际上这是"灰箱".

题 18 设 $f(x)$ 是 **R** 上的奇函数,$f(x+2) = -f(x)$,当 $0 \leqslant x \leqslant 1$ 时,$f(x) = x$,求 $f(7.5)$.

这是抽象函数的"借值求值"问题,它的解法也可以看作黑箱方法(实际上,由于已知两个性质:奇函数,$f(x+2) = -f(x)$,因此,$f(x)$ 是"灰箱").

$$f(7.5) = f(5.5 + 2) = -f(5.5)$$
$$= -f(3.5 + 2) = f(3.5)$$
$$= f(1.5 + 2) = -f(1.5)$$
$$= -f(-0.5 + 2) = f(-0.5).$$

再利用奇函数的性质,可以继续演算

$$f(-0.5) = -f(0.5).$$

0.5 落在 0 和 1 之间,根据题意,$f(0.5)$ 是个已知函数值,它等于 0.5.于是有

$$f(7.5) = -f(0.5) = -0.5.$$

即输入 7.5 的结果,利用输入 -0.5 的结果解决了.

在《陈永明评议数学课》一书中就详细介绍了这种问题的解法和本质,并构建了相应的解题模块:

(1) 求函数值时,不企求通过求函数解析式来求某函数值;

(2) 至少有一个函数值 $f(a)$ 是已知的(就是第一次输入),这是"借"的

基础；

（3）函数应该有某种性质，这种性质是涉及已知的函数值 $f(a)$（第一次输入）和欲求的函数值 $f(b)$（第二次输入）之间关系的，这种性质往往是奇偶性、对称性、周期性等，利用这些性质作为桥梁，把已知函数值 $f(a)$ 和所求函数值 $f(b)$ 联系起来，最终求出 $f(b)$.

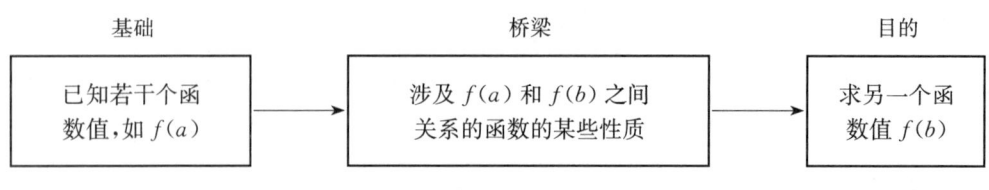

图 4-2-5

4. 双向分析策略

如果某个数学题没有通法，"一眼看穿"的"巧法"也没有找到，接下去应该怎么办？或者找到了通法，但没有找到"一眼看穿"的"巧法"（一般来说"巧法"肯定是优法），又想找比通法更好的优法，接下去该怎么办？我们建议，这时候要老老实实地、仔细地分析条件和结论，采取双向分析的策略，这是第四步.

一种常用的双向分析就是从条件伸展，和由结论倒溯相结合，从而找到中间环节，最后接通整个解题串的问题分析方法，这是优秀教师常用的方法.

从条件 A 出发，借助于等价命题系统和下游命题系统，进行正面的、顺向的思考，得到一些"二手"结论 B_1、B_2、B_3……同时从结论 D 倒溯，利用上游命题系统，寻找为证这个结论，可以转而证明什么命题 C_1、C_2、C_3……如果 B_1、B_2、B_3……中的某个 B_i，可以推出 C_1、C_2、C_3……中的某个 C_j，那么我们就得到了一串命题：A—B_i—C_j—D，于是命题得证.

有一些教师很强调倒溯，其实正面的条件伸展也是很重要的.克鲁捷斯基的《中小学数学能力心理学》中有个实验：

师：在两个仓库中共有 420 立方米木材，其中的一个仓库有 x 立方米……

这时候，一位能力强的学生 G 立即说：那么另一个仓库中有 $420-x$ 立方米.

师：等一等，我还没有让你做呢！

G：我也没做什么，只是说有三个量，现在已知了两个：420 和 x，而第三个显然就是 $420-x$.

G 同学思考的，就是正面的条件伸展，这说明数学优等生是善于利用条件伸展的.

容易看出,我们提出的命题联想系统,即等价命题系统、下游命题系统、上游命题系统在双向分析中的作用巨大.如果我们掌握了一些定理、法则、基本图形的推论——"二手性质",即等价命题系统和下游命题系统,就比较容易将题目的条件进行伸展;如果我们掌握了一些命题的等价命题系统和上游命题系统,就容易引导我们寻找使题目结论成立的前提.在具体的教学实践中,用等价命题系统、下游命题系统、上游命题系统分析思路时,教师宜分两步走.

第一步,在分析数学题时,从 A 出发,写出所有的 B_1、B_2、B_3……同样上游命题系统也如此.这样做,可以让学生在实践中,对某个性质的下游命题系统、等价命题系统、某个命题成立的前提,进行全面的回顾,有利于学生巩固已经形成的等价命题系统、下游命题系统、上游命题系统,有利于熟悉双向分析法.但每题都这样分析,就没有必要了,这个工作做过几次后,可以进入第二步.

第二步,解题的时候,不把条件的下游命题系统和结论的上游命题系统全部写出来,而是有方向性地选择其中若干个.如证两线段相等,有很多方法,但如果题目里的两线段分别在两个三角形中,那么一般就不必考虑"一个三角形中,等角对等边"这样的前提了.

还要注意,双向分析法不必机械执行,有时只用追溯就够了,有时只用条件伸展就够了,那就不必非得双向分析了.例如,

题 19 如图 4-2-6,在正方形 $ABCD$ 的对角线 AC 上截取 $CE=CD$,作 $EF \perp AC$,交 AD 于点 F.求证:$AE=FD$.

本题可以从条件出发,得到如下下游命题系统.

正面的条件伸展:已知正方形 $ABCD$,可得 $\angle BAD = \angle B = \angle BCD = \angle D = 90°$;$AB = BC = CD = DA$;$\angle DAC = \frac{1}{2}\angle BAD = 45°$;已知 $CE=CD$,$EF \perp AC$,联结 CF,有 $\triangle CEF \cong \triangle CDF$;可得 $\triangle AEF$ 是等腰直角三角形,$AE = EF$,$\angle EAF = \angle EFA = 45°$.

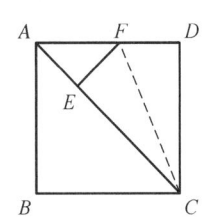

图 4-2-6

追溯结论成立:证 $AE=FD$,是证明两线段相等,能够证得它的可以是:①一个三角形中,等角对等边;②在两个三角形中,全等三角形对应边相等;③若两线段都等于第三条线段,则这两线段相等;……

容易看出,因为 AE、FD 不在同一个三角形中,也不在有可能全等的两个三角形中,所以上游命题①和②,可能没有用.考虑利用上游命题③,即找

第三条线段过渡.从图上看,第三条线段可锁定 EF.问题转化为证明 $AE=EF, EF=FD$.

条件伸展和结论追溯,联系在一起,容易得到证法.例如,

题 20 如图 4-2-7,在 Rt△ABC 中,$\angle BAC=90°$,$DB\perp BC$,$DA=DB$,点 E 是 BC 的中点,DE 与 AB 交于点 G.

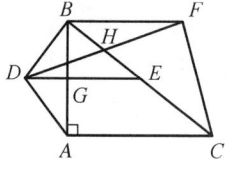

图 4-2-7

(1) 求证:$DE\perp AB$;

(2) 已知 $\angle FCB=\angle FBC=\angle DBA$,设 DF 与 BC 交于点 H,求证:$DH=HF$.

此类问题的分析,最难的就是向学生解释怎样添辅助线、怎样想到这样添辅助线的,此时教师可以采用双向分析策略进行分析.

第(1)小题:

师:证明垂直有很多办法,想一想,有哪些?(可以让学生回答,有利于构建证明垂直的上游命题系统,如果学生比较熟悉,也可以不让学生回答.)

师:现在已知 $\angle BAC=90°$,要证 $DE\perp AB$,你觉得应该选用什么办法?具体地要证什么?

生:只需证 $DE\parallel AC$. （这是追溯）

师:已知点 E 是 BC 的中点,要证 $DE\parallel AC$,可通过什么办法来证?

生:DE 若是中位线可证. （这还是追溯）

师:是否存在以 DE 为中位线的三角形?若没有,怎样构造?

生:如图 4-2-8,分别延长 BD、CA,交于点 P,只要证 D 为 BP 的中点,则 DE 是△PBC 的中位线.

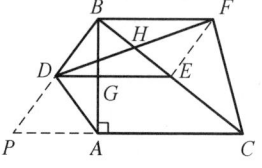

图 4-2-8

(还是追溯,至此,辅助线的作出显得顺理成章)

第(2)小题:

要证 $DH=HF$,即证点 H 是 DF 的中点.

(结论追溯,继续追溯有困难,转为条件伸展)

$\angle FCB=\angle FBC$,可联想到 $BF=CF$,即△FBC 是等腰三角形.

（条件伸展）

已知点 E 是 BC 的中点,可联想到"等腰三角形的三线合一"性质,联结 EF,得 $EF\perp BC$.又 $DB\perp BC$,故 $EF\parallel BD$.

（条件伸展）

已证得 $EF\parallel BD$,要证点 H 是 DF 的中点,则联想到四边形 $BDEF$ 应是平行四边形.

（结论追溯）

若要证四边形 $BDEF$ 是平行四边形,则还需证 $BF\parallel DE$. （结论追溯）

已证 $DE/\!/AC$,所以要证 $BF/\!/AC$,只要证 $BF\perp AB$. （结论追溯）

由 $\angle CBF=\angle ABD$,可证得结果.

这样,利用双向分析就把整道题的思路都理顺了.

上面介绍的双向分析,是侧重于分析条件、结论之间的逻辑关系,罗增儒教授提出了另一种双向分析——差异分析法,则是侧重分析条件、结论之间的差异.具体说,是通过注意条件与结论之间的异同,并不断减少它们之间的差异,来完成解题的思考方法.下面的例子摘自罗增儒教授的著作《中学数学解题的理论和实践》[①].

题 21 （2003 年天津中考题）如果 a、b、c 为互相不相等的实数,且满足关系式
$$b^2+c^2=2a^2+16a+14, \quad ①$$
与
$$bc=a^2-4a-5, \quad ②$$
那么 a 的取值范围是_____.

条件是关于 a、b、c 的两个等式,结论是关于 a 的一个不等式,其目标差有 3 个.

(1) 条件中有两个表达式与结果只有一个表达式的差异.作出反应,应合并条件(加减乘除等).

(2) 条件中有三个字母与结论只有一个字母的差异.作出反应是应消元(消去 b、c).

(3) 条件为等式与结论为不等式的差异.作出反应是应对等式作放缩,得出不等式.

这样,我们便有了合并等式,消去 b、c,并作放缩的基本思路.

① $-2\times$②,有
$$(b-c)^2=24a+24, [合并,消除第(1)个目标差]$$
因 $b\neq c$,有 $(b-c)^2>0$,从而
$$24a+24>0, [放缩,并消去 b、c,消除第(2)、(3)个目标差]$$
解得 $a>-1.$

5. 变更问题策略

如果分析题目的条件、结论还不能找到解法,那么可以考虑变更问题,这是第五步.

变更问题,可以变更整个问题,也可以单独变更条件,或者单独变更结论.一般来说,都是变更为等价命题.在本书第一章里,我们已经看到了等价

---

① 罗增儒.中学数学解题的理论与实践[M].南宁:广西教育出版社,2008.

命题在变更问题时的重要作用.下面通过具体的例子来认识变更问题的几个主要类型.

(1) 表示形式的转换

不少专家著文,认为问题表征在解题中有重要的作用.一种表示形式不容易理解,不容易导出思路,教师就应该设法换一种表示方式.或许,换一种表示方式后,解题的思路就找到了.在本书中,表示形式的转换,主要是指自然语言、符号语言的相互转换,请参考本章第一节中的相关论述.

(2) 问题转化

题 22 已知 $x \geqslant 1$,求动点 $A\left(x+\dfrac{1}{x}, x-\dfrac{1}{x}\right)$ 与点 $B(1, 0)$ 的距离的最小值.

这是一个几何问题,如果转化为:AB 是 x 的函数,求其最小值,那就是代数问题了.

题 23 若不等式 $0 < x^2 + px + 5 \leqslant 1$ 恰好有一个实数值为解,求实数 p 的值.

这是一个不等式问题,如果转化为:抛物线 $y = x^2 + px + 5$ 在两直线 $y=0$,$y=1$ 之间(不含 $y=0$,但含 $y=1$)恰有一个对应的 x 值,那就是几何问题了.

题 24 求 $\sqrt{a\sqrt{a\sqrt{a\sqrt{a}}}}$.

如果将原式转化为 $a^{\frac{1}{2}} a^{\frac{1}{4}} a^{\frac{1}{8}} a^{\frac{1}{16}}$,这样,就把根式问题转化为指数问题了.

(3) 逻辑转换

以大家熟悉的"司马光砸缸"的故事来看,要从水缸中救人,就要使人离开水.司马光的机智在于换了一种思维,一时无法让人离开缸和水,就先砸缸,让水离开缸,实现了人离开水的目标.数学解题教学时,也可以转换思维.通过研究原命题的逆命题或否命题,再根据这些命题与原命题的关系,最终解决问题.

题 25 有三个二次方程
$$x^2 + 4mx + 4m^2 + 2m + 3 = 0,$$
$$x^2 + (2m+1)x + m^2 = 0,$$
$$(m-1)x^2 + 2mx + m - 1 = 0,$$

其中至少有一个方程有实数根,则 m 的取值范围是(   ).

(A) $-\dfrac{3}{2} < m < \dfrac{1}{4}$ (B) $m \leqslant -\dfrac{3}{2}$ 或 $m \geqslant -\dfrac{1}{4}$,且 $m \neq 1$

(C) $m \leqslant -\dfrac{3}{2}$ 或 $m \geqslant \dfrac{1}{2}$ (D) $-\dfrac{1}{4} \leqslant m \leqslant \dfrac{1}{2}$

解:若都没有实数根,则根据一元二次方程根的判别式可得

$$\begin{cases} 16m^2-4(4m^2+2m+3)<0, \\ (2m+1)^2-4m^2<0, \\ (2m)^2-4(m-1)^2<0. \end{cases}$$

解得 $-\dfrac{3}{2}<m<-\dfrac{1}{4}$.

反之,则当 $m\leqslant-\dfrac{3}{2}$ 或 $m\geqslant-\dfrac{1}{4}$ 时至少有一个方程有实数根,且因为都是二次方程,所以 $m-1\neq 0$,即 $m\neq 1$,故应选 B.

题 26 已知方程 $ax^2-2(a-3)x+(a-2)=0$ 中的 a 为负整数,试求出使此方程的解 x 至少有一个为整数时 a 的值.

由 a 讨论 x,就要研究方程的根 $x=\dfrac{a-3\pm\sqrt{9-4a}}{a}$,这比较麻烦.反过来,整理成关于 a 的一次方程

$$(x^2-2x+1)a+(6x-2)=0. \qquad ①$$

显然有 $x^2-2x+1\geqslant 0$(其中等号不能成立,即 $x\neq 1$;若成立,则 $x=1$,此时①不成立).

又因为 $a\leqslant-1$,所以

$$-(x^2-2x+1)+(6x-2)\geqslant(x^2-2x+1)a+(6x-2)=0,$$

即 $x^2-8x+3\leqslant 0.$

解得 $4-\sqrt{13}\leqslant x\leqslant 4+\sqrt{13}$,且 $x\neq 1$.

把 $x=2,3,4,5,6,7$ 分别代入①,得

当 $x=2$ 时 $a=-10$,

当 $x=3$ 时,$a=-4$,

当 $x=4,5,6,7$ 时,a 不是整数.

所以,使方程的解 x 至少有一个为整数时,a 的值是 -10 或 -4.

(4) 复杂度转换

复杂度转换,是指当我们面临的是一道结构复杂、难以入手的题目时,要设法把它转化为一道或几道比较简单、易于解答的新题,主要的方法就是分类讨论.此类例子十分普遍,这里就不举例说明了.

6. 铺垫策略

如果遇到实在是难度很大或很难懂、陌生的题,那么教学时建议先作铺垫,这是第六步.例如,

题 27 如图4-2-9,在 $\triangle PAB$ 中,$AE\perp PB$,$BC\perp PA$,AE、BC 交于

点 O,联结 PO,交 AB 于点 H,点 D、N 分别是 AB、PO 的中点,求证:DN 垂直平分 CE.

要正确理解本题的题意,可以引导学生回答这样几个循序渐进的问题:

(1) $Rt\triangle ABC$ 与 $Rt\triangle ABE$ 有什么联系?(有公共的斜边)

(2) 由 D 是 AB 的中点,你可以得到 CD 与 ED 之间在数量上有什么联系?($CD=ED$)

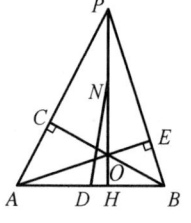

图 4-2-9

(3) $Rt\triangle OPC$ 与 $Rt\triangle OPE$ 有什么联系?(有公共的斜边)

(4) 由 N 是 PO 的中点,你又可以得到 CN 与 EN 之间在数量上有什么联系?($CN=EN$)

(5) 可以得到点 D 和 N 都在 CE 的什么线上?(垂直平分线)

这几个问题一旦解决,原题就迎刃而解了.

题 28 当 k 为何值时,方程 $\sin^2 x + \cos x = k$ 对任意 $x \in \mathbf{R}$ 有解?

这种带参数的方程,变量 x 可以变,参数 k 也可以变,学生往往感到困难.讲解时教师可以依次设置以下问题:

问题 1:方程 $\sin x = 1, \sin x = 2, \sin x = -0.3$ 有解吗?

(参数取常数,对不同参数值,方程是否有解,有个感性认识)

问题 2:若方程 $\sin x = a$ 有解,那么 a 的范围是什么呢?

(将含 x 的变动部分简单化,研究方程有解时参数的范围)

问题 3:当 a 为何值时,方程 $f(x) = a$ 有解?

(可知 a 在 $f(x)$ 的值域内时,方程有解)

问题 4:回头看原题.

题 29 是否存在常数 a、b,使函数 $f(x) = x\left(a + \dfrac{b}{2^x - 1}\right)$ 是偶函数?

可以设置以下四个问题作铺垫.

问题 1:判断函数 $f(x) = \dfrac{1}{2} + \dfrac{1}{2^x - 1}$ 的奇偶性.

可知 $f(x)$ 是奇函数.

问题 2:判断函数 $f(x) = x\left(\dfrac{1}{2} + \dfrac{1}{2^x - 1}\right)$ 的奇偶性.

可用奇偶性定义,也可用两奇函数的积是偶函数作出判断:$f(x)$ 是偶函数.

问题 3：是否存在常数 a，使函数 $f(x)=x\left(a+\dfrac{1}{2^x-1}\right)$ 是偶函数？

受问题 2 启发，只要判断是否存在常数 a，使函数 $h(x)=a+\dfrac{1}{2^x-1}$ 为奇函数即可. 这样问题转化为：求使 $h(-x)=-h(x)$ 成立的常数 a，即解方程

$$\left(a+\dfrac{1}{2^{-x}-1}\right)+\left(a+\dfrac{1}{2^x-1}\right)=0,$$

得 $a=\dfrac{1}{2}$. 所以，当 $a=\dfrac{1}{2}$ 时，函数 $f(x)=x\left(a+\dfrac{1}{2^x-1}\right)$ 是偶函数.

问题 4：是否存在常数 a、b，使函数 $f(x)=x\left(a+\dfrac{b}{2^x-1}\right)$ 是偶函数？

铺垫策略是一种"小步子"策略. 从就事论事的层面说是有益的，铺垫策略容易让学生接受，弄懂题意，得到正确的解法，但很明显铺垫策略降低了题目的难度，对培养思维能力有一定的影响. 我们认为铺垫策略可以用，铺垫策略的使用要因题而异、因人（学生）而异，不宜过度使用.

第三节　书写解答过程的教学研究

一、关于书写解答过程的教学的一般认识

赵振威教授在《数学发现导论》一书中指出,解答数学题的基本要求是:"解题要正确,解题要合理,解题要完满,解题要简捷,解题要清楚."当然,其中正确是基本的.题意理解正确的前提下,解题不正确,有两种情况:一种是概念法则没有掌握,或者解题方法错误;另一种是概念法则是掌握的,解题思路也是正确的,解答过程中出了问题.本节主要研究后一种情形.

多年来的中考、高考的研究发现:一些考生在题意正确理解、概念法则掌握、解题思路正确的前提下,但还是失分(全部做错或部分做错).也就是说,解题不太合理、不完满、不太清楚、不太简捷,最后造成不正确,即出现了"会而不对,对而不全"的情况.笼统说是粗心,其实原因很复杂,远不是"粗心"两字可以概括的.

文卫星老师曾对自己所教的高三毕业班学生就失分情况做过简单的调查,调查项目是以下三项:审题失误占_____分;计算失误占_____分,其他(包括做不出)占_____分.统计结果是,前两项占了 $13\%\sim15\%$[①].这是一个令人吃惊的数字,因为文老师执教的是上海知名的示范性高中.名校尚且如此,普通学校可想而知了.由此可见本节讨论的问题——书写解答过程的重要性.

应该说,广大教师对解答过程的书写是很重视的,也创造了很多经验.但是,也有部分教师,重解题思路,轻书写表达;也有很大一部分教师停留在"恨铁不成钢"的层面上,或者是经常提醒的层面上,对"会而不对,对而不全"的现象没有深入进行分析,对所谓的"粗心"现象缺少有效的解决办法.

---

① 文卫星.中学数学教学方法研究[M].上海:上海社会科学院出版社,2006.

"会而不对,对而不全"现象,可以说大多是小毛病,是低级错误,如方程两边同乘以一个数,但漏了乘常数项;去括号(括号前是负号)时部分项忘了变号;移项时忘了变号;同底数幂相乘,指数也相乘了……东扣分,西扣分,加起来会让人大吃一惊.可以说这是个顽症,有点像牛皮癣,虽然死不了人,但得了这个病,浑身难受,同时又难以根治,因此值得我们进行深入研究.

细细想来,造成"粗心"的情况,大致有两种主要的原因.

◆ 一是"忽视".

"粗心"的地方,看起来都是"小问题""小错误",这是因为它们在数学知识技能上大多不是处于核心位置,而是属于相对的"附属"位置、非重点的位置、配角的位置、弱势的位置、被掩盖的位置.初看一件事物,总先察觉到大的方面,细节总是不大会被注意到.这是心理学里的"注意"的规律所决定的.因此,这些东西容易被忽视,容易被遗忘.

如二次方程,求根等知识是核心的,教师要花很多时间去讲解,而"二次项系数是不是为0"相对来说处于"附属"位置,容易忽视.

有理数加减法掌握不很难,但教了乘法法则之后,回头来做加法,反而容易做错了,竟会把乘法的"同号得正,异号得负"的符号法则用到加法上.这是乘法的符号法则处于强势地位,加法法则被掩盖了.

◆ 二是"混淆",对某些知识点的掌握"似是而非".

有些知识有其相似的地方,学生就容易混淆.

如解方程
$$\frac{x-1}{2}+\frac{3-x}{3}=1$$
时,两边同乘以6,得
$$3(x-1)+2(3-x)=6,$$
这是正确的.

而在另一个场合,化简
$$\frac{x-1}{2}+\frac{3-x}{3}$$
时要通分,应该得
$$\frac{3(x-1)+2(3-x)}{6},$$
但有学生把"6"也丢了,变成了
$$3(x-1)+2(3-x).$$

之所以出现错误,就是因为两者有相似的地方,产生混淆了.

我们要纠正"会而不对,对而不全"的状况,就是要全面把握心理学里"注意"的规律,如变化的东西比静止的容易引起注意;彩色的东西比素色的容易引起注意;生动的、形象的东西比死板的容易引起注意;具有矛盾冲突的东西比平静的容易引起注意……抓住看来是小的问题,做大文章.一要针对某些知识细节的"忽视",把处于非核心地位的知识技能,单独提炼出来,"小题大做",给予强刺激,要引起重视,引起警惕,引起震动,并进行针对性训练,这样才会有效果;二要针对似是而非的"混淆",注意辨析概念、法则.一味责怪学生,老生常谈的提醒,效果都不会好.

二、"会而不对,对而不全"造成失分的情况分析

◆ 常规计算错误.

常规计算错误,即加、减、乘、除、乘方、开方,合并同类项,配方,方程移项不变号,方程两边同乘一数时常数项漏乘……主要是由心算错误和过度跳步引起的.

◆ 计算方法太繁,解法不合理.

计算方法太繁,解法不合理导致计算错误,主要原因是没有选择合理的计算方法和解题方法.

◆ 记错法则,或漏了公式概念成立的条件.

记错法则,或漏了公式概念成立的条件,也是常见的.

如把完全平方公式错记成$(a+b)^2=a^2+b^2$;不注意$a\neq 0$的条件,以为函数$y=ax^2+bx+c$的图像就是抛物线.

又如,在"$3-7$"中,7前面的符号"$-$"是减号,学生的印象深刻.紧接着学习代数和,又要强调把"$3-7$"看成"正3与负7之和","$-$"又成了负号.学生不禁产生到底要把"$-$"看成减号还是负号的困惑.

再如,小学数学中形成的一些结论,都只是在没有学负数的情况下成立的.在小学,学生对"两数之和不小于其中任何一个加数",即对"$a+b\geq a$"是坚信不疑的,但是,学了负数后,"$a+b<a$"也是可能的.也就是说,习惯于在非负数范围内讨论问题,容易忽视字母取负数的情况,导致解题的错误.

这些困惑和思维定式不能很好地消除,学生就很容易产生运算错误.

◆ 答案不简化或没有算到底.

如计算$\dfrac{4x^2-x+1}{3-10x+3x^2}-\dfrac{2x^3-6x^2+4x}{6x-20x^2+6x^3}$时,有的学生做到$\dfrac{3x^2+2x-1}{3-10x+3x^2}$就停止了.其实,还应该做下去:

$$原式=\dfrac{3x^2+2x-1}{3-10x+3x^2}=\dfrac{(3x-1)(x+1)}{(1-3x)(3-x)}=\dfrac{x+1}{x-3}.$$

再如,分解因式 x^4-y^4,有的学生只做到 $x^4-y^4=(x^2+y^2)(x^2-y^2)$ 这一步,分解不彻底.其中 x^2-y^2 应继续分解成 $(x+y)(x-y)$.

◆ 答非所问.

答非所问,即题目问多少平方米,回答的是平方厘米;求的是面积,回答的是周长,等等.

如,求满足不等式 $2x+5<10$ 的正整数 x,解得 $x<\frac{5}{2}$.

其实题目要"求正整数解",显然 $x<\frac{5}{2}$ 这个答案不符合要求,正确答案为:2 或 1.

这种情况,可以理解为审题不清;但有的学生可能审题时是清楚的,一做,太顺利了,忘乎所以,答非所问了,因此也可能是"粗心"造成的.

◆ 心理因素.

心理学的研究表明,情绪与解决问题有密切关系.焦虑程度与学习成绩的关系呈倒 U 型曲线,即适中的焦虑程度将有助于问题的解决,而焦虑程度过高或过低均不能表现良好的解题能力.有些学生平时做得不错,考试时却"上场慌",做得不理想.

有些学生一看到运算数字稍大一些的计算就感到烦躁,信息量稍大一点的题目,就感觉头痛.如高考、中考的最后一题,往往有若干个小题,题干很长,要耐心读,才能读懂,不少学生感到害怕,于是就放弃.其实,可能会做,至少可能会做其中的一部分,却以为自己不会;或者开始以为会做,但做了一半突然"短路",没了方向,于是放弃.

三、书写解答过程的教学的几点建议

1. 重视从自身找原因

作为教师,对这个问题要引起足够的重视.有些教师对学生所谓粗心造成的错误不以为意,总觉得讲清楚,让学生理解是最重要的.其实,我们不但要讲清楚,而且要让学生能够解得对,解得完满,才是教师的本事.有句话叫细节决定成败!我们不但要做小事、抓细节,而且要小题大做!

不要责怪学生,要从自己的教学中找问题.我们有些教师老是责怪学生:"你为什么这么粗心!"其实,教师应该反思:为什么我教的学生老是粗心?责怪学生是解决不了问题的.某种程度来说,造成"粗心",教师也是有责任的.为什么有的教师教的学生低级错误就是少,而有的教师教的学生却常常错误百出?差距在什么地方?这是态度问题,首先要纠正过来.

2. 预见错误,预防错误

对所谓"粗心"现象进行科学的分析.所谓"粗心"的背后,有知识问题,更重要的可能是认识问题、习惯问题、心理问题.在备课的时候要"备学生",要预见学生什么地方不容易懂,什么地方容易犯错误.预见了错误,才能想办法预防错误.

如在教同底数的幂的乘法的时候,就要预见到学生可能发生把指数也相乘的情形.而且,到后来学了幂的乘方后,这种情形更突出.另外,学生在一些特殊的情况下可能更容易犯错误,如做了

$$(2^2)^2 = 2^{2 \times 2} = 2^4 = 16 \quad (幂的乘方,指数相乘)$$

之后,再做 $2^3 \times 2^3$,很容易做成

$$2^3 \times 2^3 = 2^{3 \times 3} = 2^9.$$

(同底数幂相乘,指数应该相加)

这是因为前面的运算给后面的运算带来了干扰.

预见错误,对新教师是有一定的难度的,但是一些有多年教学经历的教师,有时也没有做到预见错误.因此,要加强课后的反思,其中预见错误应该是反思的重要内容,并把反思的结果记录下来,作为以后上课时的资料.

(请思考:找一个单元,整理学生解题时所犯的各种错误.)

3. 要找出有效的教学方法

◆ "粗心"是一种"顽症",难以根治,因此第一要有针对性.

针对各种不同的原因,采取不同的办法.是概念没落实的,要落实概念;是习惯问题的,要狠抓习惯,如卷面要整洁,草稿不随便打,记录错误要用错误本;是心理原因的,要找出符合心理学规律的办法,如心理学认为注意的品质有多种,其中一种是注意的分配水平.一个熟练的驾驶员,可以同时注意到马路的前方和左右方的情况,还可以同时注意到车子的速度及车上人员的情况,还能顾及手握方向盘、顾及脚加大油门或踩刹车等,心理学上认为这是注意的分配水平高;相反,新驾驶员则是顾此失彼,该踩刹车时反加大油门……这就是注意的分配水平不够.针对"注意的分配水平"不够,可以提出有序计算.

◆ 最好要"下猛药"——震撼学生的心灵,让学生永不忘记.

有位教师上求代数式的值的课时,不止一遍讲:"一定要先合并,再代入!"(婆婆嘴)但是,学生做课堂练习时,还是有不少人自管自,不问青红皂白,直接代入计算,早就把老师的谆谆教导当作耳边风了.这是为什么呢?有研究指出,学生常常按自己的方法行事.提醒是必要的,但仅仅是"婆婆嘴"是低效的,只有让他心灵震动,才能让他终生难忘.

(请思考:你是"婆婆嘴"吗?效果如何?想过用别的办法来代替"婆婆嘴"吗?)

香港新闻出版社出版的《MM教育方式:理论与实践》一书里介绍了一个例子:

教师在黑板上写了一个多项式 $17xy^2+337x+73x-35xy^2-410x+18y^2x+xy$,然后说,"我们来做个游戏.针对这个多项式,我请一个同学A给出x、y各一个数值,由A同学邀请另一个同学B说出这时候代数式的值.如果B回答正确,他有权给x、y另外一组数值,邀请第三位同学C回答……"学生跃跃欲试.这时,教师指定了一位学生.这位学生说,"我让$x=0.15$,$y=10$,请B学生回答."B学生赶忙计算,但一时算不出答案.其他学生也帮着算,也一时没有结果,课堂上静悄悄的……当大家有畏难情绪时,教师开口了:"我来说吧,答案就是1.5啊!"学生感到奇怪,"老师你怎么算得这么快?"教师揭开了秘密:"先将这个多项式中的同类项合并,结果是xy,然后再代入计算,$xy=0.15\times10$,不就是1.5吗?"

经过这样的"折腾",足以让学生"心灵震动",学生头脑里对先合并再代入,应该是难以忘怀了.上面这两个一正一反的例子,是很值得我们回味的.

◆ 除了故意制造矛盾冲突之外,形象化、生动化也是有效的.

解不等式:$\dfrac{x-3}{2}-1<\dfrac{2x-5}{3}$,并把它的解集在数轴上表示出来.

错解:去分母,得
$$3(x-3)-1<2(2x-5).$$

(左边的常数忘了乘以6)

为了让学生心灵震动,有位教师设计一个活动(真是"小题大做"):教师发给某一小组糖块,故意漏掉某一学生.这时,学生会大叫:"老师,老师,你忘了一个人."然后,教师借题发挥:"无论是等式还是不等式,两边同乘一个数时,都不能漏项."因为比较生动,比较适合低年级学生好动的天性,所以学生容易记住,收到较好的效果.

到底是先提醒效果好,还是先设置陷阱后纠正效果好?戴蔚老师有个微型实验.[1]

教一元二次方程根与系数关系时有一例题,涉及了一个难点.戴老师第一遍教时,对可能发生的错误反复提醒,对于这类题,第一次测验、第二次测

---

[1] 季素月.给数学教师的101条建议[M].南京:南京师范大学出版社,2005.

验效果好,但一个月后测验反而不好了.第二遍教时,事先不予以强调,第一次测验差,第二次好,一个月之后还是很好.其数据如下:

正 确 率	第一次练习	第二次练习 (评讲后再做)	一个多月后练习
第一年(先提醒)	72%	88%	62%
第二年(事先不提醒)	8%	78%	70%

戴老师的体会是:事先千叮咛万嘱咐未必好.反过来,说明设置陷阱,事后纠正,效果是好的,这可能是因为容易产生认知冲突,心灵容易产生震动的缘故.

(请思考:有些学生常常在使用完全平方公式时,漏了 $2ab$,你有什么让人震撼的方法,使学生不犯这个错误?)

◆ 有些法则,学生老是弄错,这时候,就应该想办法让学生记住.

如编口诀和顺口溜,用形象化的方法帮助学生记住. $\sqrt{a^2}=|a|$ 学生常常弄错,有教师编了句话:"去帽子,套棍子",学生就容易记住了.这类经验这里不多介绍了.

很多教师为了克服"会而不对,对而不全",创造了不少经验.

(1) 要求学生有序计算

针对学生常常顾此失彼的情形,应该强迫初学的学生先做什么,再做什么,按照一定的程序操作.如初学同类项的概念,要教学生先指认:一看所含的字母是否全相同,二看相同的字母的指数是否相同,有了这"二同",那就是同类项了;再教操作:初学合并同类项时,一定要先画线、再合并.

(2) 教学生选择合理的计算方法和解题方法

计算一个算式有时有好多方法,应该选择合理的方法进行计算.合理指什么?首先应该是简捷的,是不容易出错的,是不容易混淆的,还应该是和后续知识技能能够相衔接的.

如二次式(二次项系数为1)的配方,某教材是这样教的:

$$x^2+4x+1=0,$$
$$x^2+4x+1+4=4,$$

(两边同加一次项系数之半的平方)

$$(x+2)^2=3,$$
$$\cdots\cdots$$

其实,这样教更好:

$$x^2+4x+1=0,$$
$$x^2+4x+4-4+1=0,$$
(在左边加一次项系数之半的平方,再减一次项系数之半的平方)
$$(x+2)^2=3,$$
……

配方的初次出现是在方程中,方程有左右两边,到了二次函数,没有左右两边了,用前面的方法(两边加)配方就不行了.而后者(同加同减)能够和后续教材的知识技能衔接.因此,从教学角度看,前者的计算方法,不是很合理.有人说,两种方法本质没有区别啊,是的,对于成绩比较好的学生完全不成问题,但是对于成绩一般、甚至较差的学生,这一方法的不同,可能是事关重大的.规定性应该和灵活性相结合,对于成绩较差的学生应该以一种最合理的方法为主,其他方法可以简单地亮个相,说明本质是一样的就可以了.方法不能太多,不能太花哨.

如合并同类项,有的教师是这样教的:

强调先指认,再操作,不允许"轻举妄动".这完全正确.先指认同类项,指认的同时画线,将同类项的下面画上线,不同的同类项用不同的线画出.第二步才是进行合并同类项的操作,合并的时候,还是强调有序:可先把字母部分写下来,前面空出系数的位置,各项排列时还要有序(如按次数排,或者按某个字母的降幂排),再把几个同类项的系数合并后填进去,这时要强调注意系数的正负号.如

$$2x^2y-3x+4y-6xy^2-3xy+3-19x-34xy^2+3x^2y-9x+21xy$$
(画线)
$$=(\quad)x^2y(\quad)xy^2(\quad)xy(\quad)x(\quad)y(\quad)$$
(按次数排列,并将系数的位置空出来)
$$=5x^2y-40xy^2+18xy-12x+4y+3.$$ (合并系数(注意正负号),并填空)

这样的方法条理清楚,的确不容易搞错.另外还有一种教法是这样的:

第一步,先观察整个式子有多少种不同的单项式,像本题有 x^2y、xy^2、xy、x、y 和常数项 6 种(这里在心目中已经将这 6 种单项式按次数排列了).第二步,在式子中找第一种项(含字母部分是 x^2y 的),看原式中出现几次,经查,是两次:$2x^2y$、$+3x^2y$,将这两项画线,并进行合并写入答案.第三步,找第二种项(含字母部分是 xy^2 的),画线,合并写入答案.第四步……

$$2x^2y-3x+4y-6xy^2-3xy+3-19x-34xy^2+3x^2y-9x+21xy$$
(先找一类同类项,并画线)

$$=5x^2y+\cdots$$
（把这一类同类项合并，不管其他项）
$$=\cdots$$

从数学角度看，两种方法没有本质区别，从学生是否易于掌握，是否手忙脚乱，是否犯错误的角度看，哪个方法更好些，可能各人有各人的看法．但我们更喜欢后者．后者是抓住一种单项式（如含 x^2y 项），一下子画线，合并写入答案（$5x^2y$），彻底解决掉，再来一种单项式（如含 xy^2 项）……前者看起来条理清楚，但思维有"回路"，前面指认了 $2x^2y$，$+3x^2y$ 是同类项，然后将它放下，再指认其他的项是同类项……到后面还得重新将这两项 $2x^2y$，$+3x^2y$ 找出来并合并．前者步骤清晰，大多数学生易于上手，但稍显烦琐．后者简洁利落，但对学生思维水平要求较高，教师可根据情况选用．

至于解题方法，应该选择计算量小的．

（3）谨慎、合理跳步

有些老师会提出一个困惑的问题，即该不该容许学生计算时"跳步"．这个问题因时而异，因人而异．初次接触，提倡不跳步，逐步达到熟练，以后可以合理跳步．这是因时而异．

有些学生计算能力强，应该允许跳步，并且鼓励他们合理跳步，但对有些学生就不宜提倡盲目大幅度跳步．这里"合理"的意思是，必要的重大步骤是不容许跳的，这是因为：第一，跳了必要的重大步骤，别人就看不懂了；第二，在考试时，重大步骤跳了之后，万一最后结果出现错误，阅卷老师只得把分数全扣了，使应得的步骤分没有得到．但是，我们也反对"过分的步步为营"．如有的学生解方程，连移项，做个减法，也要一步步写下来，这肯定是属于过分的步步为营了．出现这种情况，应该说，这位学生的计算是存在缺陷，甚至应该说，教师的教学可能存在缺陷．总之，有些学生步子可以跳得大些，有些学生只能跳基本的步子，因人而异．

考虑到在高考、中考时，学生的心理压力很大，有教师认为，计算错误"都是心算惹的祸"，主张通常情况下，计算跨度要小，不能随便跳步子，不随便心算，确保一次成功．

（4）强调概念、法则适用的范围

很多小错误都是没有注意概念、法则的适用范围造成的．因此，教学中要予以强调．

例如，求函数 $y=x+\dfrac{3}{x}$ 的取值范围．

有些学生会运用基本不等式得到 $y=x+\dfrac{3}{x}\geqslant 2\sqrt{3}$．即得 $y\in[2\sqrt{3},+\infty)$．

而基本不等式的条件为:若 $a>0,b>0$,则 $a+b\geqslant 2\sqrt{ab}$(当且仅当 $a=b$ 时取等号).此解法的错误在于题中没有给出条件 $x>0$,学生对定理成立的条件不清楚,造成错误.

(5) 注意区别比较

例如,计算 $\dfrac{1}{x}-\dfrac{1}{x+1}$ 时,

错解:$\dfrac{1}{x}-\dfrac{1}{x+1}=(x+1)-x=1.$

这个解法乍一看,让人感到莫名其妙,原来错解把分式的化简(先通分,然后……)与解方程去分母(方程两边同乘……)混同一起了.这就是犯错误的根源.

又如,分解因式:$x^2-9=$ _____.

有学生答案是 $x_1=3,x_2=-3$.明显的,这学生把解一元二次方程与因式分解混淆了.

类似的问题几乎每天都在发生,那么教师怎样才能有效地提醒学生避免呢?

一位有经验的教师在"平面向量"一章的新授课结束之后,准备了一节习题课,将学生平时易犯的错误总结为以下几类:

(1) 定义、概念不清;

(2) 混淆向量运算与实数运算的区别;

(3) 混淆向量与平面几何的区别;

(4) 相似公式记忆混淆.

针对以上问题,教师准备了几组习题:

习题 1 判断下列命题的正误:

(1) 若向量 $\vec{a}$ 与 $\vec{b}$ 同向,且 $|\vec{a}|>|\vec{b}|$,则 $\vec{a}>\vec{b}$;

(2) 若向量 $|\vec{a}|=|\vec{b}|$,则 $\vec{a}$ 与 $\vec{b}$ 长度相等,且方向相同或相反;

(3) 由于向量 $\vec{0}$ 方向不确定,因此 $\vec{0}$ 不能与任意向量平行;

(4) 若向量 $\vec{a}\neq \vec{0},\vec{a}//\vec{b},\vec{b}//\vec{c}$,则 $\vec{a}//\vec{c}$;

(5) 若向量 $\overrightarrow{AB}=\overrightarrow{DC}$,则四边形 $ABCD$ 为平行四边形;

(6) $\vec{0}\cdot\vec{a}=0$;

(7) $0\cdot\vec{a}=0$;

(8) $\vec{a}-\vec{a}=0$;

(9) 若 $\vec{a}\cdot\vec{b}=\vec{b}\cdot\vec{c}$,则向量 $\vec{b}=\vec{c}$;

(10) $(\vec{a}\cdot\vec{b})\cdot\vec{c}=\vec{a}\cdot(\vec{b}\cdot\vec{c})$.

习题 2 设 $\vec{a}$、$\vec{b}$、$\vec{c}$ 是任意的非零向量且互不共线,其中真命题的序号是_____.

① $(\vec{a}\cdot\vec{b})^2=\vec{a}^2\cdot\vec{b}^2$; ② $\dfrac{\vec{a}\cdot\vec{b}}{\vec{a}^2}=\dfrac{\vec{b}}{\vec{a}}$;

③ $(\vec{a}\cdot\vec{b})\cdot\vec{c}-(\vec{a}\cdot\vec{c})\cdot\vec{b}=0$;

④ $|\vec{a}\cdot\vec{b}|=|\vec{a}|\cdot|\vec{b}|$; ⑤ $|\vec{a}-\vec{b}|>|\vec{a}|-|\vec{b}|$;

⑥ $(\vec{b}\cdot\vec{c})\vec{a}-(\vec{c}\cdot\vec{a})\vec{b}$ 与 $\vec{c}$ 不垂直;

⑦ $(3\vec{a}+2\vec{b})(3\vec{a}-2\vec{b})=9|\vec{a}|^2-4|\vec{b}|^2$.

习题 3 在 Rt△ABC 中,∠A=90°,AB=1,则 $\overrightarrow{AB}\cdot\overrightarrow{BC}$ 的值为(　　).

(A) 1　　　　(B) -1　　　　(C) 1 或 -1　　　　(D) 不确定

习题 4 在 △ABC 中,有命题:
① $\overrightarrow{AB}-\overrightarrow{AC}=\overrightarrow{BC}$;
② $\overrightarrow{AB}+\overrightarrow{BC}+\overrightarrow{CA}=\vec{0}$;
③ 若 $(\overrightarrow{AB}+\overrightarrow{BC})\cdot(\overrightarrow{AB}-\overrightarrow{BC})=0$,则 △ABC 为等腰三角形;
④ 若 $\overrightarrow{AC}\cdot\overrightarrow{AB}>0$,则 △ABC 为锐角三角形.

上述命题正确的是(　　).

(A) ①②　　　(B) ①④　　　(C) ②③　　　(D) ②③④

在课上,教师先让学生自主完成,然后让他们相互讨论,自己找出错误原因.通过学生不断的反思,使学生认识错误,真正理解概念和性质,提高学生的探究能力与纠错能力.

最后,师生共同总结得出学习本章内容易出现和需要注意的几个问题:

(1) 注意向量 $\vec{a}$ 与实数 a、向量 $\vec{0}$ 与实数 0 的区别;

(2) 注意向量的数量积 $\vec{a}\cdot\vec{b}$ 与实数乘法 $a\cdot b$ 的区别;

(3) 注意两向量的夹角与两直线夹角的区别;

(4) 注意平面几何中的某些结论并不适用于平面向量;

(5) 准确记忆公式 $\vec{a}//\vec{b}\Leftrightarrow x_1y_2=x_2y_1$,$\vec{a}\perp\vec{b}\Leftrightarrow x_1x_2+y_1y_2=0$.

教师在教学前就应该预测学生会出现哪些错误,在教学中不妨对这样容易混淆的概念以及解题情况加以对比,使学生很容易分清各种概念或题型之间的区别与联系,在解题中可自然而然地避免解题方法的混淆.建议在每一章节结束时上一堂"易错易混问题专题课",先让学生自行整理易错点,学生想不到的,教师再加以补充.长期下去,是非常有效的.

(6) 设置"陷阱"

在作业中设置容易出错的题让学生做,出现错误后,就可大做文章,引起学生重视.例如,

题 1 已知两圆半径分别是 2 和 5,当两圆相切时,圆心距是_____.(注意内切或外切)

题 2 分解因式:$x^4-y^4=$ _____ ,$x-xy^4=$ _____ .(要分解到底)

(7) 学会监控,及时检验

解题的过程中应该实施监控.有研究指出,专家解题和新手解题的过程是不一样的:新手是"一条道走到黑",而专家是时时监控,以免"走错一着,全盘皆输".

做完题后检查验算是必要的,检验的方法应该不同于解题过程.一般说,按着原来的解题步骤一步步再做一遍,往往会发生这样的情况,就是原来算错的,检验时还是算错,这是思维定式在作怪.因此,要采取不同的方法进行检验,如估计检验、特例检验、多解对照、逆向运算、量纲检查、数形结合等,这里不予赘述.

检验的时候,一定要回头读题,不要出现答非所问的错误.同时,不能等题目做完了才进行检验,检验应该及时进行.在考试时,常常会发生因为一步错了,造成全盘皆输的情况.如果及时把这个错误检查出来,并加以纠正,就不会发生这样的情形了.因此,在解答过程中关键步骤要及时检验.如题目是求最大值,但先要从一个实际问题中列出一个函数式,然后求它的最大值.当这个函数式列出后,一定要检验一下,否则最大值就"将错就错"了.

(8) "回头望"

解题后要"回头望"——再次审题,在很大程度上可避免一些审题疏漏,减少不必要的错误.

(9) 卷面和草稿要整洁

这是个习惯问题.有的小学教师,要求学生的草稿不能东写一题,西涂一题,不能倒着斜着乱写,要求先把草稿纸折叠成若干格,规定一格做一道题的草稿.这样做便于题后的检验.当然,一题一格,似乎过于死板了,但顺次打草稿是一定要的.卷面的整洁,也是老生常谈.有的低年级老师,规定了卷面分,不整洁的扣 1~2 分,特别整洁的加 1~2 分,这是有效的.

(10) 纠错的办法

要求学生将自己的解题错误记在一个本子上,这也是有效的.我们发现有个读小学的孩子老是犯两个低级错误.一个是题目里的数据是直径 10 厘

米,按理要先算出半径 5 厘米,再代入圆面积公式 $S=\pi R^2$,可是孩子直接把 10 当作半径 R 代入了.另一个是题目里的数据是直径 10 厘米,问的是圆面积是"多少平方米",算的时候有个从平方厘米转换到平方米的过程,但是孩子忘了,直接将所得的数据,后面写上平方米.于是要求孩子把这两个错误记在错误本上,并且经常翻看,后来就明显减少了,直到参加小升初的考试,在进考场之前,还要孩子把错误本翻一遍……朱宝华老师指出,在"错题集"使用之前,学生的自我订正率不足 50%,错题集的使用促进了学生的自我意识,形成良好的思维习惯[①].

但是,错误本记的东西不能太多,太多了,反而作用不突出了.另外,错误本记的东西要经常翻看,使之印象深刻.如果学生利用错误本,并且自我订正之后,再向老师或同学"说错",效果更佳.

有些教师过一段时间,就将容易出现错误的地方编成选择题、填空题,集中在一起让大家做.因为这时候学生头脑里的警惕性很高,有利于纠正错误,达到防范错误的目的.

还有的教师让学生相互检查纠错.人性有一种弱点,喜欢用放大镜找别人的缺点和错误.所以,这是一种能够调动学生积极性的办法,一旦找到了别人的错误,自己也就知道了,掌握了.

---

① 季素月.给数学教师的 101 条建议[M].南京:南京师范大学出版社,2005.

第四节　开放题教学研究

一、关于开放题教学的一般认识

随着教学改革的不断深入,开放题的作用将被越来越多的人所认识和接受,并且近几年开放题也出现在高考的试题中,更引起大家的重视.

1. 开放题的特征

根据戴再平教授的研究,数学开放题一般具有以下特征[①]:

(1) 所提的问题常常是不确定和一般性的,其背景情况也是用一般词语来描述的,主体必须收集其他必要的信息,才能着手解题.

(2) 没有现成的解题模式,有些答案可能易于直觉地被发现,但是在求解过程中往往需要从多个角度进行思考和探索.

(3) 有些问题的答案是不确定的,存在着多样的解答,但重要的还不是答案本身的多样性,而在于寻求解答过程中主体的认知结构的重建.

(4) 常常通过实际问题提出,主体必须用数学语言将其数学化,也就是建立数学模型.

(5) 在求解过程中往往可以引出新的问题,或将问题加以推广,找出更一般,更有概括性的结论.

(6) 能激起多数学生的好奇心,全体学生都可以参与解答过程,而不管它是属于何种程度和水平.

(7) 教师难以用注入式进行教学,学生能自然地主动参与,教师在解题过程中的地位是示范者、启发者、鼓励者和指导者.

2. 开放题的作用

我国的数学教育工作者经过教学试验和理论研究,认为数学开放题有

---

① 戴再平.开放题——数学教学的新模式[M].上海:上海教育出版社,2002.

以下几方面的作用[①]:

(1) 开放题能引起学生认知的不平衡,为学生主动选择信息,超越所给定的信息留下了充分的余地,有利于完善学生的认知结构.

(2) 开放题由于具有结果开放、方法开放、思路开放等特点,能有效地反映高层次思维,为高层次思维创造条件,因而能更好地培养学生独立思考能力和探索精神,培养学生创造意识与能力.

(3) 开放题有助于培养学生对数学的积极态度,调动学生学习的积极性,提高平常数学成绩较差学生的数学学习兴趣,帮助学生体验智力活动的欢乐,体验数学学科的灵感.

(4) 开放题是挖掘、提炼数学思想方法,充分展示应用数学思想方法的良好载体,使每个学生的数学才能在自己的基础上有一个最大的发展,体现受教育者公平和人人有份的原则.

(5) 开放题的引进,对数学教学有"颠覆"性的作用,开放问题的研究和教学,有利于教师转变教育观念,激发教育热情,摆脱一种浅层次的教学循环,体现教师自身的生命活力.

因此,在中学适当增加开放题是有必要的.

3. 实施开放题教学的困难

目前,进行数学开放题教学存在一定的困难.首先,开放题尺度很难把握,大部分学生的思维层次未达到开放题所涉及的综合知识的高度;其次,评价较困难,标准比较难定;第三,教学时间的限制不利于探究开放题,学生的学习能力和层次不同,不能全面铺开;第四,教师本身对开放题的研究还处于摸索阶段.

二、数学开放题的种类

1. 条件开放题

它是从同一结论出发,从多方面、多个不同角度探求结论成立所需的不同条件.例如,

题1 在四边形 $ABCD$ 中,对角线 AC 与 BD 互相平分,交点为 O.在不添加任何辅助线的前提下,要使四边形 $ABCD$ 成为矩形,还需添加一个条件,这个条件可以是_____.

题2 已知不等式的 $x^2-4x+3<0$ 的解集为 $(1,3)$,请再写出三个不同类型的不等式,使得它们的解集都是 $(1,3)$.

[①] 戴再平.开放题——数学教学的新模式[M].上海:上海教育出版社,2002.

2. 结论开放题

这类开放题是指提供一定的条件,可以是既满足条件,且所得结论的意义相同的问题,也可以是提供一定的条件,满足条件的结论方面往往有多种答案的题型.这需要学生灵活运用所学的知识,善于突破常规,进行直觉、想象、猜想、创造等活动才能解决问题.

(1) 结论存在型

题 3 ① 如图 4-4-1,已知抛物线与 x 轴交于 $A(-1,0)$、$B(3,0)$ 两点,且与 y 轴交于点 $C\left(0,\dfrac{3}{2}\right)$,此抛物线的对称轴上是否存在一点 P,使 $PA+PC$ 的值最小?若存在,请求出点 P 的坐标;若不存在,请说明理由.

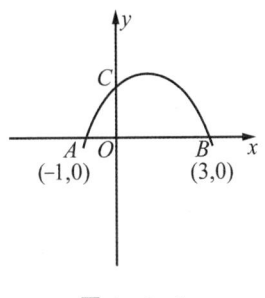

图 4-4-1

② 给定双曲线,过点 $E(1,1)$ 能否作直线 L,使 L 与所给双曲线交于两点,且点 E 是线段的中点?这样的直线如果存在,求出它的方程;如果不存在,说明理由.

(2) 结论不定型

题 4 F 为双曲线 $C:\dfrac{x^2}{9}-\dfrac{y^2}{16}=1$ 的左焦点,双曲线 C 上点 P_i 与 P_{7-i} ($i=1,2,3$) 关于 y 轴对称,则 $|P_1F|+|P_2F|+|P_3F|-|P_4F|-|P_5F|-|P_6F|$ 的值是_____.

(3) 结论推广型

题 5 已知命题:如果 a、$b\in\mathbf{R}^*$,且 $a+b=1$,那么 $\dfrac{1}{a}+\dfrac{1}{b}\geqslant 4$.

① 证明这个命题是真命题;

② 根据已知条件,还能得到什么新的不等式,写出其中两个,并加以证明;

③ 如果 a、b、$c\in\mathbf{R}^*$,且 $a+b+c=1$,推广上述已知命题,能得到什么不等式,并加以证明;

④ 如果 $a_i>0(i=1,2,\cdots,n)$,且 $\sum_{i=1}^{n}a_i=1$,推广上述已知命题,能得到什么不等式,并加以证明.

(4) 结论类比型

题 6 真命题 A:在等差数列 $\{a_n\}$ 中,若 m、n、p、q 均为正整数,且 $m+n=p+q$,则 $a_m+a_n=a_p+a_q$.

真命题 B:在等比数列 $\{a_n\}$ 中,若 m、n、p、q 均为正整数,且 $m+n=$

$p+q$,则

$$a_m \cdot a_n = a_p \cdot a_q.$$

现称这两个真命题 A、B 具有"加⇔乘"类比关系.

请分别在等差数列和等比数列范围内写出另外一对具有"加⇔乘"类比关系的真命题.

3. 策略性开放题

思维策略与解题方法不唯一,即学生从题设出发去探求结论成立的多种途径或最佳途径.此类开放题分常规策略开放题和非常规策略开放题两类.例如,

题 7 如图 4-4-2,飞机沿水平方向(A、B 两点所在直线)飞行,前方有一座高山,为了避免飞机飞行过低,就必须测量山顶 M 到飞行路线 AB 的距离 MN.飞机能够测量的数据有俯角和飞行距离(因安全因素,飞机不能飞到山顶的正上方 N 处才测飞行距离),请设计一个求距离 MN 的方案,要求:

① 指出需要测量的数据(用字母表示,并在图中标出);

② 用测出的数据写出求距离 MN 的步骤.

题 8 已知平面上的线段 l 及点 P,在 l 上任取一点 Q,线段 PQ 长度的最小值称为点 P 到线段 l 的距离,记作 $d(P,l)$.

图 4-4-2

(1) 求点 $P(1,1)$ 到线段 $l: x-y-3=0 (3 \leqslant x \leqslant 5)$ 的距离 $d(P,l)$;

(2) 设 l 是长为 2 的线段,求点集 $D=\{P \mid d(P,l) \leqslant 1\}$ 所表示图形的面积;

(3) 写出到两条线段 l_1、l_2 距离相等的点集合 $\Omega=\{P \mid d(P,l_1)=d(P,l_2)\}$,其中 $l_1=AB, l_2=CD$,

点 A,B,C,D 是下列三组点中的一组.对于下列三组点只需选做一种.

① $A(1,3), B(1,0), C(-1,3), D(-1,0)$.

② $A(1,3), B(1,0), C(-1,3), D(-1,-2)$.

③ $A(0,1), B(0,0), C(0,0), D(2,0)$.

4. 综合开放型

某一数学问题,若题目的条件、解题策略或结论中有两项以上不确定,则为综合开放题.综合开放题可以是同学科的,也可以是跨学科的.例如,

题 9 α、β 是两个不同的平面,m、n 是平面 α 及 β 之外的两条不同直

线,给出四个论断:① $m/\!/n$;② $\alpha/\!/\beta$;③ $n\perp\beta$;④ $m\perp\alpha$.以其中三个论断作为条件,余下一个论断作为结论,写出你认为正确的一个命题.

5.新颖信息型

通过给出一个新概念,或约定一种新运算,或给出几个新模型,创设全新的问题情境,要求考生在阅读理解的基础上,依据题目提供的信息,去实现信息的迁移和构造,达到灵活解题的目的.例如,

题 10 我们把两个等边三角形的重心之间的距离叫做重心距,在同一平面内有两个边长相等的等边三角形,如果当它们的一边重合时重心距为 2,那么当它们的一对角成对顶角时重心距为_____.

题 11 已知函数 $f(x)(a\leqslant x\leqslant b)$ 及 $g(x)(a\leqslant x\leqslant b)$,若对任意 $x\in[a,b]$,总有 $\left|\dfrac{f(x)-g(x)}{f(x)}\right|\leqslant\dfrac{1}{10}$,我们就称 $f(x)$ 可被 $g(x)$ "替代".如 $f(x)=\sqrt{x}(x\in[4,6])$ 可被 $g(x)=\dfrac{1}{5}(x+6)(x\in[4,6])$ 替代.请你找出另一个可替代 $f(x)=\sqrt{x}(x\in[4,16])$ 的函数.

6.分类讨论型

条件都具备,但结论依赖于某个参数,必须对参数进行讨论,才能确定结论的详细情况.例如,

题 12 以椭圆的短轴端点为直角顶点作椭圆的内接等腰直角,问:这样的三角形能作几个?

三、数学开放题的解题策略简介

本书主要研究习题教学,不是解题,但还是离不开解题.由于开放题是较新题型,大家不够熟悉,因此对开放题的解题策略只能作些简单介绍.

1.解决数学开放题的化归策略

对于某些数学开放题,我们要善于把问题转化为一个等价的问题,把原问题转化为一个已解决的问题,去考虑一个可能相关的问题,一个更特殊的问题或类似的数学问题,这样就能提高我们的解题效率.

题 1 如图 4-4-3,在平面直角坐标系中,函数 $y=2x+12$ 的图像分别交 x 轴、y 轴于 A、B 两点,过点 A 的直线交 y 轴正半轴于点 M,且点 M 为线段 OB 的中点.在坐标平面内是否存在这样的点 H,使以 A、B、M、H 为顶点的四边形是等腰梯形?若存在,请求出点 H 的坐标;若不存在,请说明理由.

分析:若以 A、B、M、H 为顶点的四边形是等腰梯形,则可将问题转化为四边形中有且只有一组对边平行,而另一组对边相等,又因为平行的对边不唯一,故先进行分类讨论:

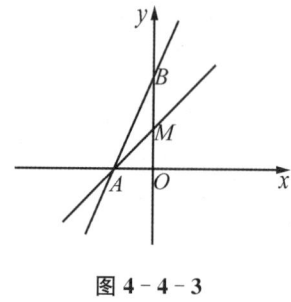

图 4-4-3

(ⅰ) 当 $BM \parallel AH$ 时,$BH=AM$,设点 $H_1(-6,y)$,由两点距离公式可列方程 $\sqrt{(+6)^2+(12-y)^2}=\sqrt{(+6)^2+6^2}$,解得 $y=18$ 或 $y=6$. 当 $y=6$ 时,四边形 $AMBH$ 为平行四边形,舍去. 所以 $H_1(-6,18)$.

(ⅱ) 当 $AM \parallel BH$ 时,作 $BH \parallel AM$ 交 x 轴于点 C. 因为 $OM=OA=6$,所以 $AC=BM=6$. 所以,四边形 $AMBC$ 为等腰梯形,点 C 即为所求的点 H_2. 所以 $H_2(-12,0)$.

(ⅲ) 当 $AB \parallel MH$ 时,则 $MH: y=2x+6$. 设 $H_3(x, 2x+6)$,又 $BM=AH_3$,由两点距离公式,可得 $\sqrt{(-6-x)^2+(2x+6)^2}=6$,解得 $x=-\dfrac{6}{5}$ 或 $x=-6$. 所以 $H_3\left(-\dfrac{6}{5}, \dfrac{18}{5}\right)$.

题 2 已知两圆
$$\begin{cases} x^2+y^2=1, & ① \\ x^2+(y-1)^2=1, & ② \end{cases}$$
则由①式减去②式,可得上述两圆对称轴方程,将上述命题在曲线仍为圆的情况下加以推广,即要求得到一个更一般的命题,而已知命题应成为所推广命题的一个特例.

分析:①式表示圆心为 $(0,0)$、半径为 1 的圆;②式表示圆心为 $(0,1)$、半径为 1 的圆. ①式减去②式,得 $2y-1=0$,为此两圆的对称轴方程.

但若两圆是同心圆,则命题不真;若两圆半径不同,如 $x^2+y^2=4$ 与 $x^2+(y-1)^2=1$,由这两圆方程式相减所得 $y=2$,并不是两圆的对称轴方程.

由此可得所构造的命题形式应与已知命题相一致,且更具有一般性,可知推广的命题是:设圆 $(x-a)^2+(y-b)^2=r^2$ 与 $(x-c)^2+(y-d)^2=r^2$,其中 $a \neq c$ 或 $b \neq d$,则由这两式相减可得两圆的对称轴方程.

2. 解决数学开放题的类比策略

在编制数学开放题的过程中,有很多编制者希望编制一些需要借助于类比思维能力的开放性问题来考查学生. 例如,

题 3 请仔细阅读"正三角形内任意一点到三边的距离之和为定值"的

以下证法.

证明:因 $S_{\triangle PAB}+S_{\triangle PAC}+S_{\triangle PBC}=S_{\triangle ABC}$,

所以 $\frac{1}{2}AB \cdot PD+\frac{1}{2}AC \cdot PF+\frac{1}{2}BC \cdot PE=\frac{1}{2}BC \cdot AK$.

由 $AB=AC=BC$,得

$$\frac{1}{2}BC \cdot (PD+PF+PE)=\frac{1}{2}BC \cdot AK.$$

所以 $PD+PF+PE=AK$.

请你用类比联想,该平面结论是否可推广到空间中去,若能推广请叙述推广结论,并加以证明;若不能推广,则加以说明.

分析:类比联想,平面结论若能推广到空间中去,最有可能的是在正四面体中,因而可能有以下命题成立:"正四面体内任意一点到四面体的距离之和为定值".证明略.

这类开放题的解决大多立足于条件或结论,多方联想,多角度出击,寻求结论,对某些不易发现的结论,还应大胆猜测,在猜测的基础上,再加以证明.

3. 解决数学开放题的迁移策略

数学教学中追求一题多解,也就是说,要求学生不仅仅以能够解题为最终目标,而应该在能解的情形下探讨是否存在多种解题途径,比较不同的解题途径,了解不同解法的不同特点,把解题的过程作为创新思维过程,使数学教学产生独特的探究性.

案例 不等式解集的探讨

若不等式 $(a^2-4)x^2+2(a-2)x+4>0$ 的解集为 **R**,求实数 a 的取值范围.

本题是由不等式的解集求参数 a 的取值范围,需要利用分类讨论的数学思想方法.

① 若 $a^2-4=0$,$a=\pm 2$.当 $a=2$ 时,不等式 $0 \cdot x^2+2 \cdot 0 \cdot x+4>0$ 的解集显然是 **R**,$a=2$ 满足要求;当 $a=-2$ 时,不等式的解集是 $x<1$,不满足题意,$a=-2$ 舍去.

② 若 $a^2-4 \neq 0$,要使 $(a^2-4)x^2+2(a-2)x+4>0$ 的解集为 **R**,则 $\begin{cases} a^2-4>0, \\ \Delta<0 \end{cases} \Rightarrow a>2$ 或 $a<-\frac{10}{3}$.

探究一:$y=\dfrac{1}{(a^2-4)x^2+2(a-2)x+4}$ 的定义域为 **R**,求实数 a 的取值

范围.

引导学生探讨与原问题的区别和联系:

生1:该问题等价于$(a^2-4)x^2+2(a-2)x+4\neq 0$的解集为$\mathbf{R}$,求实数$a$的取值范围.我的想法就是不等于零,分大于零和小于零两种情况,也即$(a^2-4)x^2+2(a-2)x+4>0$,或$(a^2-4)x^2+2(a-2)x+4<0$的解集为$\mathbf{R}$,求实数a的取值范围.这样就和原问题的解决方法就差不多了.

先考虑$a^2-4=0$,同理$a=2$满足题意;

当$a^2-4\neq 0$时,$\begin{cases}a^2-4>0,\\ \Delta<0\end{cases}$或$\begin{cases}a^2-4<0,\\ \Delta<0\end{cases}\Rightarrow a<-\dfrac{10}{3}$或$a>2$.

所以,实数a的取值范围是$a<-\dfrac{10}{3}$或$a\geq 2$.

师:生1的方法能否改进?

生2:$(a^2-4)x^2+2(a-2)x+4\neq 0$没必要分大于零和小于零两种情况.当$a^2-4\neq 0$时,只要考虑$\Delta<0$就可以了.

师:说出你的理由?

生2:要使$(a^2-4)x^2+2(a-2)x+4\neq 0$的解集为$\mathbf{R}$,只要对应的二次函数$y=(a^2-4)x^2+2(a-2)x+4$与$x$轴没有交点就可以,没有必要再分开口方向向上还是开口向下了,也就是细分$\begin{cases}a^2-4>0,\\ \Delta<0\end{cases}$或$\begin{cases}a^2-4<0,\\ \Delta<0\end{cases}$来讨论了.

探究二:函数$y=\lg[(a^2-4)x^2+2(a-2)x+4]$的定义域为$\mathbf{R}$,求实数$a$的取值范围.

师:本题和原问题有何联系和区别?

生3:我觉得和原问题差不多,函数$y=\lg[(a^2-4)x^2+2(a-2)x+4]$的定义域为$\mathbf{R}$,等价于不等式$(a^2-4)x^2+2(a-2)x+4>0$的解集为$\mathbf{R}$.只不过一个是不等式,一个是函数问题;问题的本质和解决的方法实际上是一模一样的.需要利用分类讨论的思想加以解决.

师:回答得非常好,解答参考原问题.如果探究二中的定义域为$\mathbf{R}$,改为值域为$\mathbf{R}$,怎样求实数a的范围,请看下列探究三.

探究三:函数$y=\lg[(a^2-4)x^2+2(a-2)x+4]$的值域为$\mathbf{R}$,求实数$a$的取值范围.

学生们埋头苦思,似乎找不到方向,班级中只有少数学生有反应.

师:有同学想到该题的解决方法了吗?

生4:我想到了,还是需要利用分类讨论的方法.当$a^2-4=0$时,$a=\pm 2$.若$a=2$,则函数$y=\lg 4$显然不满足值域为$\mathbf{R}$,故舍去;当$a=-2$时,函

数 $y=\lg(-8x+4)$ 的值域为 **R**.

师：何以看出函数 $y=\lg(-8x+4)$ 的值域为 **R**.

生4：由于 $-8x+4$ 的取值可以取 $(0,+\infty)$，就能保证函数 $y=\lg(-8x+4)$ 的值域为 **R**，因此 $a=-2$ 满足题意.

师：那为什么 $-8x+4$ 的取值取遍 $(0,+\infty)$，就能保证函数 $y=\lg(-8x+4)$ 的值域为 **R**？

生4：这可以类比从 $y=\lg x$ 得到，因为当 $x>0$ 时，即 x 取遍了 $(0,+\infty)$ 的数，所以 $y\in\mathbf{R}$；反之，比如 $x\in(10,+\infty)$，则 $y\in(1,+\infty)$；若 $x\in(0,10)$，则 $y\in(-\infty,1)$. 只要 x 取遍不了 $(0,+\infty)$ 的数，函数的值域就不可能为 **R**.

师：生4的分析很到位，只要对数中的真数函数能取遍所有的正实数，整个函数的值域就为 **R**. 请同学们思考函数 $f(x)=\lg(ax+b)(a\neq 0,a、b$ 为常数$)$ 的值域.

生5：由于 $ax+b$ 能取遍所有的正实数，因此函数 $f(x)=\lg(ax+b)$ $(a\neq 0,a、b$ 为常数$)$ 的值域为 **R**.

师：现在讨论的是 $a^2-4=0$ 的情况，那 $a^2-4\neq 0$，怎样求实数 a 的取值范围？请你（生4）继续补充.

生4：和刚才讨论一样，要使整个函数的值域为 **R**，只要 $(a^2-4)x^2+2(a-2)x+4$ 能取遍所有的正实数. 当 $a^2-4\neq 0$ 时，$(a^2-4)x^2+2(a-2)x+4$ 要取遍所有的正实数，只要 $\begin{cases}a^2-4>0,\\ \Delta\geq 0\end{cases}\Rightarrow a\in\left[-\dfrac{10}{3},-2\right)$. 由于 $a=-2$ 也可以，因此实数 $a\in\left[-\dfrac{10}{3},-2\right]$.

通过生4的分析，课堂上一部分学生能理解，还有一部分学生的反应不是很强烈.

教师引导学生继续探究：求下列四个函数的值域，

$y=\lg(x^2-2x+2)$， $y=\lg(x^2-2x+1)$， $y=\lg(x^2-2x)$， $y=\lg(-x^2+2x)$.

生6：第一个函数值域为 $[0,+\infty)$；第二、第三个函数值域为 **R**；第四个函数值域为 $(-\infty,0]$.

师：理由是什么？

生6：因为 $x^2-2x+2=(x-1)^2+1\geq 1$，所以 $\lg(x^2-2x+2)\geq\lg 1=0$. 因为 $x^2-2x+1=(x-1)^2$ 和 $x^2-2x=(x-1)^2-1$ 能取遍所有的正实数，所以第二、第三个函数值域为 **R**. 而 $-x^2+2x\in(0,1]$ 取遍不了所有的正实

数,所以第四个函数的值域为$(-\infty,0]$.

师:能否对刚才的问题进行归纳整理?

生7:只要二次函数$(a^2-4)x^2+2(a-2)x+4$的开口方向向上,$\Delta \geq 0$,就能保证二次函数取遍所有的正实数.

教师引导归纳整理:若函数$y=\lg(ax^2+bx+c)$的值域为$\mathbf{R}$,求常数a、b、c满足的条件.

生8:当a、b、c满足$\begin{cases}a>0,\\ \Delta \geq 0\end{cases}$或$\begin{cases}a=0,\\ b \neq 0\end{cases}$时,函数$y=\lg(ax^2+bx+c)$的值域为$\mathbf{R}$.

师:刚才讨论的是函数值域为$\mathbf{R}$的情况,如果把函数值域为$\mathbf{R}$,改为函数存在最小值,求实数a的取值范围.

探究四:函数$y=\lg[(a^2-4)x^2+2(a-2)x+4]$有最小值,求实数$a$的取值范围.

师:首先考虑$a^2-4=0$,即$a=\pm 2$能否保证函数有最小值?

生8:都不能.当$a=-2$时,前面讨论过,函数的值域为$\mathbf{R}$,没有最小值也没有最大值;当$a=2$时,函数$y=\lg 4$为常值函数,也没有最小值.所以$a=\pm 2$不满足题意要求.

师:当$a^2-4 \neq 0$时,怎样求a的范围,保证函数能取到最小值?

生9:只要$\begin{cases}a^2-4>0,\\ \Delta<0\end{cases} \Rightarrow a<-\dfrac{10}{3}$或$a>-2$.

师:你是怎样想到的?

生9:要使函数$y=\lg[(a^2-4)x^2+2(a-2)x+4]$有最小值,只要$(a^2-4)x^2+2(a-2)x+4$最小值为正实数即可,不妨设为$M$,即$(a^2-4)x^2+2(a-2)x+4 \geq M$.所以,$y=\lg[(a^2-4)x^2+2(a-2)x+4] \geq \lg M$.

师:生9的想法在于求整个函数的最小值等价于求真数函数存在正的最小值.能否进行归纳整理?

生10:若函数$y=\lg(ax^2+bx+c)$存在最小值,则a、b、c满足$\begin{cases}a>0,\\ \Delta<0.\end{cases}$

师:函数$y=\lg(ax^2+bx+c)$存在最大值,那么a、b、c满足什么条件?

生11:函数$y=\lg(ax^2+bx+c)$存在最大值,等价于函数ax^2+bx+c存在正的最大值,所以a、b、c满足$\begin{cases}a<0,\\ \Delta>0.\end{cases}$

师:若函数改为$y=\log_m(ax^2+bx+c)$,并且存在最大(或最小值),求要满足什么条件?

生12：需要对底数 m 进行分类讨论：当 $m>1$ 并且 $\begin{cases} a>0, \\ \Delta=b^2-4ac<0 \end{cases}$ 时，函数 $y=\log_m(ax^2+bx+c)$ 存在最大值；当 $0<m<1$ 并且 $\begin{cases} a<0 \\ \Delta=b^2-4ac>0 \end{cases}$ 时，函数 $y=\log_m(ax^2+bx+c)$ 存在最大值.

师：你(生12)的思路非常清晰.前面的问题都是从函数的定义域、值域、存在最大最小值方面进行探究.下面，我们能否从函数的性质，如函数的单调性角度继续进行探究？

探究五：函数 $y=\lg[(a^2-4)x^2+2(a-2)x+4]$ 在 $x\in[1,+\infty)$ 上单调递增，求实数 a 的取值范围.

生13：问题等价于：$(a^2-4)x^2+2(a-2)x+4$ 在 $x\in[1,+\infty)$ 上单调递增，求实数 a 的取值范围.需要分类讨论的思想方法：若 $a^2-4=0, a=\pm 2$，函数分别为 $y=\lg 4$ 和 $y=\lg(-8x+4)$，显然不满足题意，故 $a=\pm 2$ 舍去；若 $a^2-4\neq 0$ 时，则 $\begin{cases} a^2-4>0, \\ -\dfrac{a-2}{a^2-4}\leqslant 1 \end{cases} \Rightarrow a\leqslant -3$ 或 $a>2$.

师：答案 $a\leqslant -3$ 或 $a>2$ 正确吗？假若 $a=-3$ 代入函数为 $y=\lg(5x^2-10x+4)$，该函数能否保证在 $x\in[1,+\infty)$ 有意义？若取 $x=1$ 时，$5x^2-10x+4=-1<0$，通过检验，该答案有问题，问题出在哪儿？是否漏掉了什么条件？

生14：还要考虑 $(a^2-4)x^2+2(a-2)x+4$ 在 $x\in[1,+\infty)$ 恒大于 0.

师：回答正确.怎样解决 $(a^2-4)x^2+2(a-2)x+4$ 在 $x\in[1,+\infty)$ 恒大于 0？

生14：由于 $g(x)=(a^2-4)x^2+2(a-2)x+4$ 在 $x\in[1,+\infty)$ 上单调递增，所以只要 $g(x)_{\min}=g(1)>0$ 就能使 $(a^2-4)x^2+2(a-2)x+4$ 在 $x\in[1,+\infty)$ 上恒大于 0.$g(1)>0 \Rightarrow a^2+2a-4>0 \Rightarrow a<-1-\sqrt{5}$ 或 $a>-1+\sqrt{5}$.和前面 $a\leqslant -3$，或 $a>2$ 求交集，所以 $a<-1-\sqrt{5}$ 或 $a>2$.

四、学生解开放题的困难

学生对于封闭性数学问题的方法掌握得还可以，但对于开放题，大部分学生还是觉得不适应.我们对学生进行了测试，归纳起来主要有以下几点：

1. 缺乏问题意识

题1 以1或2为棱长的四面体的体积值可以为_____.

分析：本题设计了三个层次的要求，第一层次必须考虑符合什么样条件的棱长能构成各个面的三角形;第二层次是怎样的棱长能构成四面体,即考虑出符合条件要求的所有四面体;第三层次是怎样进行计算.在测试中发现,学生缺乏问题意识,空间想象能力较差.如不会构造符合要求的四面体,不会利用三角形三边之间的关系构造出符合要求的四面体,构造的四面体会漏掉其中一种,或构造出符合题意的四面体,但难以计算其体积.学生对空间线面位置关系的基本概念较差,以至四面体的高定位出错,由此出现了许多错误的答案,如$\frac{\sqrt{3}}{6}$,$\frac{\sqrt{2}}{12}$,$\frac{\sqrt{11}}{3}$,$\frac{\sqrt{3}}{2}$等.因此,面对数学开放题时,学生在提出、分析、解决问题环节会较弱.

2. 畏难情绪

题2 已知函数 $f(x)(a \leqslant x \leqslant b)$ 及 $g(x)(a \leqslant x \leqslant b)$,若对任意 $x \in [a,b]$,总有 $\left|\frac{f(x)-g(x)}{f(x)}\right| \leqslant \frac{1}{10}$,我们就称 $f(x)$ 可被 $g(x)$ "替代".如 $f(x)=\sqrt{x}(x \in [4,6])$ 可被 $g(x)=\frac{1}{5}(x+6)(x \in [4,6])$ 替代.请你找出另一个可替代 $f(x)=\sqrt{x}(x \in [4,16])$ 的函数.

分析:有些数学开放题是题干给出新信息,然后让学生根据提供的新信息、新概念、新定义进行解题,要求学生自己仔细揣摩、领会和理解定义的含义.考查了学生思维的敏捷性和独立性.但往往学生对这些情境陌生、形式新颖的开放题产生畏惧情绪,缺乏自信.具体表现为没有深入理解新概念、新定义的本质,导致无法加以迁移.

3. 数学语言之间的转换能力差

对于通常意义下数学语言中的图形语言、符号语言和文字语言在同等意义下的互译能力差,具体表现为不知道如何借助图形语言和符号语言来准确刻画题目意思.例如,

题3 复数等式 $|z-z_0|=1$ 在复平面上表示以 z_0 为圆心、以1为半径的圆.请你再举出三个复数等式,并说明它们在复平面上的几何意义.

分析:在高中数学的各章节的安排中,复数是安排在解析几何之后.学生对于借助于复数语言来刻画动点的轨迹,感觉比较抽象,测试的效果较差.很多学生不知从何下手,缺乏运用图形语言、符号语言解决问题的能力.也有学生知道复数可以表示线段、直线、射线、椭圆、双曲线等,但不会运用复数来表示相应的轨迹.

4. 思维缺乏批判性

当想到一种方法进行不下去时,就轻易放弃;当想到另一种想法,就马

上着手做；当做这种解法也进行不下去时，就又回到第一种解法，而不是去分析思考推理不顺的原因是什么，如何改进．例如，

题 4 对数函数 $f(x)=\log_a x$ 具有这样的性质：$f\left(\dfrac{1}{x}\right)=-f(x)$，试举出一个不是对数函数的函数，使它也具有上述的性质．

分析：学生给予的答案可谓五花八门，如 $f(x)=-\dfrac{1}{x}$，$f(x)=\log_2 x$ 等，这些答案经不起题意的检验．解决问题后，不会进行检验与反思，思维缺乏一定的批判．

对于该问题可以从以下两个角度进行分析．

思路一：如果设想满足题意条件的函数 $f(x)$ 含有 x 的项，那么它还应含有 $\dfrac{1}{x}$ 的项．

设 $f(x)=ax+\dfrac{b}{x}$，则由 $f\left(\dfrac{1}{x}\right)=-f(x)$，可得

$$\dfrac{a}{x}+bx=-ax-\dfrac{b}{x}\Rightarrow(a+b)\left(x+\dfrac{1}{x}\right)=0\Rightarrow a+b=0\Rightarrow f(x)=a\left(x-\dfrac{1}{x}\right),$$

也可将结果一般化，得 $f(x)=a\left(x^k-\dfrac{1}{x^k}\right)$．

思路二：类似的一次、二次、反比例、对数、指数函数都试过，没法直接满足，是否可以考虑构造分段函数．并且在 $f\left(\dfrac{1}{x}\right)=-f(x)$ 中，令 $x=1$，得 $f(1)=0$，可以设计出如下的分段函数：

$$f(x)=\begin{cases}x, & 0<x<1,\\ 0, & x=1,\\ -\dfrac{1}{x}, & x>1.\end{cases}$$

当然，除了一部分学生的解答和上述分析的一致，也有个别学生的解答结果为 $f(x)=\dfrac{1-x^a}{1+x^a}(a>0)$ 的答案，说明我们的学生非常有想象力．

5．思维缺乏整体性

当解题到达一定程度后，有些学生往往会将注意力集中在某些细枝末节上，忘记了他们已经做了什么和将要做什么或应该做什么，而且常常依据题目的个别字眼来推测出题者的意图而忽略了问题的整体性，不会运用"整体把握，分层推进"的策略来指导解题．例如，

题 5 在△ABC中,$a=4$,∠$B=30°$.

(1) 请你设计一个 b 值,使该三角形有唯一解;

(2) 请你设计一个 b 值,使该三角形有两解;

(3) 请你设计一个 b 值,使该三角形无解;

(4) 请归纳结论.

测试分析:对于(1)、(2)、(3)三个小问题,让学生单独进行设计,问题不大,但要让学生针对上述三种情况进行归纳,就有难度了.学生不会借助上述三种问题的解答,来对结论进行归纳总结,这些学生的思维还缺乏一定的整体性.

6. 兴奋点的不恰当转移

当看到几个条件罗列在一起后,兴奋点便在各个条件中游移不定,不知道该如何处理,先用哪个条件,再用哪个条件,搞得手忙脚乱,忙中出错,不能做到既能关注上一条件,又能联系下一条件.例如,

题 6 如图 4-4-4,已知抛物线 $y^2=2px$ ($p>0$),过焦点 F 的直线与抛物线相交于 $A(x_1,y_1)$、$B(x_2,y_2)$ 两点,$P(x_0,y_0)$ 是线段 AB 的中点;分别过点 A、B、P 作 x 轴的平行线,依次交抛物线的准线 l 于点 M、N、Q,联结 FM、FN、FQ、AQ 和 BQ.

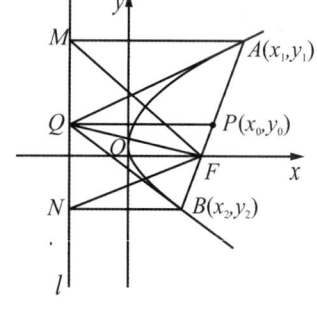

图 4-4-4

(1) 尽可能找出:

① 点 A、B、P 的纵横 6 个坐标间所满足的等量关系;

② 图 4-4-4 中各线段的垂直关系.

(2) 如果允许引辅助线,你还能发现哪些结论?

测试分析:在对学生的测试中,发现学生对于题干信息量较大,字母较多的数学开放题,解题策略较弱,往往对比较多的条件,不知道如何处理,条件与条件之间的关系缺乏清晰的判断,导致解题中断,无法继续下去.

7. 思维惰性严重

当思考的问题碰到一定的难度和复杂度时就想方设法进行逃避,总想选择思维量和计算量均小的解题方案.对题目的解法总是设法背诵和记忆,而非推理证明和归类整理.在创新思维和机械训练中宁可选择后者,对各种解题信息缺乏一定的敏感度.例如,

题 7 在△ABC中,∠A、∠B、∠C 的对边分别为 a、b、c(其中 c 为定值),以 AB 所在直线为 x 轴,AB 的垂直平分线为 y 轴建立直角坐标系,请

你给出适当的条件,求出顶点 C 的轨迹方程.

分析:在解决问题时,很多学生的解答总是选择思维量和计算量均小的解题方案,如给出条件 $|CA|=|CB|$,则顶点 C 的轨迹为 $x=0(y\neq 0)$.只有极少数的学生思维水平很高,提出问题、分析问题、解决问题的能力得到很好的体现.如添加条件:

$\triangle ABC$ 的面积为定值 $\to$ 点 C 的轨迹为两条直线;

$\angle C=\dfrac{\pi}{2}\to$ 点 C 的轨迹为圆(去掉两点);

$|CA|+|CB|=2a>|AB|\to$ 点 C 的轨迹为椭圆(去掉两点);

$\triangle ABC$ 的周长为定值$(l>2|AB|)\to$ 点 C 的轨迹为椭圆(去掉两点);

$||CA|-|CB||=2a<|AB|\to$ 点 C 的轨迹为双曲线(去掉两点),等等.

五、数学开放题的编制

作为教师,要实施开放题教学,必须首先要编制开放题,这应该是新的要求下教师的基本功.数学开放题的编制可从以下几个角度展开:

1. 将课本上的例题、习题改造成开放题

题 1 求三角函数 $y=\sin\left(\dfrac{1}{2}x-\dfrac{\pi}{8}\right)$ 的对称中心.

可以改编为:写出一个图像以点 $\left(\dfrac{\pi}{4},0\right)$ 为中心的三角函数.本题的设计就是改编自书本的一道习题,问题具有开放性,答案不唯一,如可以是:$y=\sin 4x, y=\cos 2x, y=\sin 8x, y=\tan 2x, y=\tan 2x+\sin 4x, y=\tan 2x-\sin 4x$.

2. 改变问题的条件或目标,改编出开放题

题 2 求不等式 $x^2-5x+6<0$ 的解集.

问题简单,只要学过一元二次不等式都可以解决.如改编成:请写出三个不同类型的不等式,使得它们的解集都是 $(2,3)$.改变问题的目标,那么本题的设计要求学生对知识的掌握要全面,可以考查学生对不等式掌握的程度,题目不难,但要求学生灵活多变.如可以是:分式不等式 $\dfrac{x-3}{x-2}<0$;绝对值不等式 $\left|x-\dfrac{5}{2}\right|<\dfrac{1}{2}$;无理不等式 $\dfrac{1}{\sqrt{x-2}}>1$;对数不等式 $\lg(x-2)<0$;指数不等式:$2<2^{x-1}<4$ 等.

3. 以某一数学定理、公式为载体,编制开放题

题 3 如图 4-4-5,在 $\triangle ABC$ 中,D 是 BC 的中点,作射线 AD,在线

段 AD 及其延长线上分别取点 E、F,联结 CE、BF.添加一个条件,使得 $\triangle BDF \cong \triangle CDE$,并加以证明.你添加的条件是_____.(不添加辅助线).

本例题以平面几何中全等三角形判定定理为载体,拓展为一道开放性问题,添加条件后,还要进行全等三角形证明,对初学平面几何的七年级学生来说,思维的容量和难度都较大,但有利于学生更好地掌握这些定理.

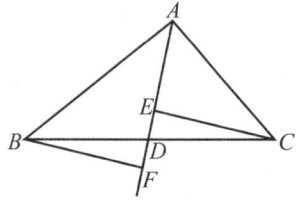

图 4-4-5

题 4 "在平面内,如果两条直线不相交,那么它们就平行.在空间中,如果两个平面不相交,那么它们也平行."请你类比上述的结论,写出相应的命题拓展.

本题以平面几何与立体几何中相似定理为载体,进行类比拓展的一道开放性问题.让学生类比从二维空间拓展到三维空间的相似命题,还要判断真假.我们知道,在二维空间中成立的命题,在三维空间中就不一定是真命题.本题的设计就可以拓展学生的思维空间,培养学生的空间想象能力.

本题的相似命题拓展有:

① 平面几何:在平行四边形中,对角线互相平分;立体几何:在平行六面体中,对角线交于一点,且在这一点互相平分.

② 平面几何:在直角三角形中,两条直角边分别为 a、b,斜边上的高为 h,则 $\dfrac{1}{h^2}=\dfrac{1}{a^2}+\dfrac{1}{b^2}$;立体几何:在四面体中,从同一顶点出发的三条棱两两垂直,其长分别为 a、b、c,且从此顶点到它所对的面的距离为 h,则 $\dfrac{1}{h^2}=\dfrac{1}{a^2}+\dfrac{1}{b^2}+\dfrac{1}{c^2}$.

③ 平面几何:在平面中,矩形对角线的平方等于相邻两边长的平方和;立体几何:在空间中,长方体的对角线的平方等于同一顶点的三条棱长的平方和.

4. 以一定的数学知识为依托,编制开放题

题 5 复数等式 $|z-z_0|=1$ 表示在复平面上以 z_0 为圆心、以 1 为半径的圆:请再写出三个复数等式,并说明它们在复平面上的几何意义.

本题借助提供给我们的信息,拓展出不同类型的曲线类型.如直线:$|z-z_1|=|z-z_2|$,即复平面上以 z_1 与 z_2 对应点的线段的中垂线;线段:

$|z-\mathrm{i}|+|z+\mathrm{i}|=2$；椭圆：$|z-\mathrm{i}|+|z+\mathrm{i}|=4$；双曲线：$||z-\mathrm{i}|-|z+\mathrm{i}||=1$；射线：$||z-\mathrm{i}|-|z+\mathrm{i}||=2$.

5. 从学科内或学科外知识网络的交汇点，寻找编制开放题的切入点

题6 ① a、b、c、d 均是正数，由不等式 $\dfrac{b}{a}<\dfrac{d}{c}$ 可以推出 $\dfrac{b}{a}<\dfrac{b+d}{a+c}<\dfrac{d}{c}$. 如何用两个不同的溶液问题作出解释？

② a、b、m 均是正数，$a>b$，则有 $\dfrac{b}{a}<\dfrac{b+m}{a+m}$. 又如何用溶液浓度问题作出解释？

本题的设计虽是数学开放题，但用化学知识来解释不等式问题，形象生动，易于理解. 开放题的编制和其他学科紧密联系，充分利用学科之间的交汇点，编制数学开放题，也不失为一种很好的方法.

6. 通过阅读分析信息来编制开放题

题7 某运输公司有 5 辆载重为 6 吨的 A 型卡车，与 2 辆载重为 10 吨的 B 型卡车，有 5 名驾驶员，在建造某高速公路中，该公司承包了每天至少搬运 200 吨沥青的任务. 已知每辆卡车每天往返的次数是：A 型车为 8 次，B 型车为 6 次；每辆卡车每天往返的成本费是：A 型车为 160 元，B 型车为 250 元. 你作为一名调度员，请至少给出两种安排方案；在所有方案中，你认为哪种方案使公司所花成本最小？

解析：可设 A 型车每天出动 x 辆，B 型车出动 y 辆，则按照题意，得

$$\begin{cases} 0\leqslant x\leqslant 5, \\ 0\leqslant y\leqslant 2, \\ x+y\leqslant 5, \\ 48x+60y\geqslant 200. \end{cases}$$

求成本函数 $S=160x+250y$ 的最小值.

在平面直角坐标系中，作出不等式所表示的区域，在该区域内取横坐标和纵坐标都是整数的点，即 $(5,0)$，$(3,1)$，$(4,1)$，$(1,2)$，$(2,2)$，$(3,2)$，把这些点所对应的 x、y 值代入成本函数 $S=160x+250y$，最小值对应的点为 $(1,2)$，即 $x=1$，$y=2$，A 型车每天出动 1 辆，B 型车出动 2 辆.

六、数学开放题教学

目前数学开放题尚在起动阶段，所以相应的经验较少. 我们也只能原则性地提出几点：

(1) 在解传统数学题后，要反思条件可不可以变换，结论可不可以变

换,这是极其重要的训练,也是提高学生开放题能力的重要抓手.

(2) 对学生来说,开放题是生疏的,在讲解数学开放题时,要及时介绍数学开放题的基本知识,如大致有多少种类型,大致有多少种解法.

(3) 不但学生要指导,对数学教师也要进行开放题和开放题教学的培训.

第五节　解题反思的教学研究

从审题开始,经过分析思路,书写解答,检验等步骤,似乎解题已经了结.其实,为了提高自己解题水平和数学素养,解题还远远没有完结.

在这里,我们提一下元认知.简单说,元认知就是对自己的认知过程的认知.如解一道题的过程,是你对数学的一种认知过程,认知对象是这道数学题.然而,在解题过程中你是如何思考的,就是对你的解题过程的一种认知,也就是"元认知",认知对象是你的思维过程.一般认为,计划、监控、反思都是属于元认知.对解题这个过程来说,你打算怎么解这道题(计划),解题过程中如何防止出现差错,防止走弯路,出现问题之后如何调节(监控),解完题之后,你有什么经验和教训(反思),这些都属于元认知.目前,学生元认知的水平发展远落后于认知水平.因此,要加强元认知的教育,这种能力需要有意识的培养.

在寻找解题思路一节(本章第二节)里,实际上已经涉及了解题计划,在书写解答过程一节(本章第三节)里又涉及了解题监控,本节主要讨论解题反思.

一、关于解题反思的一般认识

随着教育教学的改革,教师越来越认识到了学习的重要性.通过各种渠道学习新的教学理念、新的教学方法.但是,不少教师,仅仅停留在学习,很少去思考、反思自己的教学.习题教学中,往往只重视"前半程":审题、解题,忽视"后半程":反思、总结.其实,"后半程"同样很重要,甚至可以说更重要.

王华老师认为,解决数学问题有三种境界:就题论题,就题论法,就题论道[①].就题论题,只囿于问题本身,问什么答什么,不论方法,不思变式;就题

[①] 王华.由如何获得梯形底边上的中点谈起[J].数学教学,2009(1).

论法,通过题这个载体,思考解决问题的一般方法,明确建立能够举一反三的通法;就题论道,不只学习一般的解题方法,而且由联想推广到一般结论,力争找出反映问题本质属性的规律.好一个"就题论道"!目前的情况怎样呢?差距很大.可以这样说,大多数教师的解题教学水平还只是在就题论题的水平,少数的教师能够通过归纳总结解决问题的一般方法,达到就题论法的水平,能够达到就题论道的,可以说是凤毛麟角.

有的教师,题解完就万事大吉了,所谓的小结,也只是把解题过程大致重复一遍.为什么这么想、这个问题的本质是什么、这类问题的基本解法是什么——反思升华几乎没有.有的教师看专业参考书时,喜欢积累同类问题的不同解法,这本来是件好事.但是,他们不进行反思综合,只是把各种解法直接搬进教室,弄得学生眼花缭乱,却不知道各种解法中的关系.有的解法看似不同,其实本质是相同的.这说明,教师本身的解题反思能力不足.一个不会反思的教师,不能真正地理解数学;一个不会反思的教师,把握不了教学的真谛;一个不会反思的教师,更加教不出会反思的学生.

著名翻译家杨宪益老先生说过"教育没有反思就没有进步",我们的课堂教学又何尝不是这样.学生的学习,很大程度上是从模仿教师开始,模仿教师的书写方式,模仿教师的思维方式.如果教师不善于反思,那么学生也就缺少了真正学好数学的基础了.华罗庚先生曾说过"读数学书不做习题,等于入宝山而空返".那么,做了习题不反思,就等于"拿着宝物又放下了".

我们的传统是主张熟能生巧.其实,熟不一定生巧,能不能生巧,关键之一是反思.我们常说"题不在于多,而在于精",不但精选了,还要精讲,对于每一道题目,都要把它的作用发挥到极致,要把功夫做足.

根据当前的情况,我们认为,教师首先要提高自身的元认知水平,特别要加强反思能力的培养,然后在教学中,当然也包括解题教学,对学生进行元认知的教育,提高反思水平,争取做到"就题论道".

二、反思的内容

1. 反思解题过程

一道题解完之后,首先可以对这种解法本身进行反思.这种解法的本质是什么?关键在哪里?是如何进行突破的?遇到哪些困难?后来如何解决?有哪些经验和教训?哪些步骤容易发生错误?原因?如何防止?这种解法能不能简化?这种解法运用了哪些基本知识和技能?解法背后有哪些数学思想方法?

题1 函数 $y=f(x)$ 的图像是圆心在原点的单位圆的两条弧(图 4-5-1),则不等式 $f(x)<f(-x)+2x$ 的解集为( ).

(A) $\left\{x\left|-\dfrac{\sqrt{2}}{2}<x<0 \text{ 或 } \dfrac{\sqrt{2}}{2}<x\leqslant 1\right.\right\}$

(B) $\left\{x\left|-1<x<-\dfrac{\sqrt{2}}{2} \text{ 或 } \dfrac{\sqrt{2}}{2}<x\leqslant 1\right.\right\}$

(C) $\left\{x\left|-1\leqslant x<-\dfrac{\sqrt{2}}{2} \text{ 或 } 0<x<\dfrac{\sqrt{2}}{2}\right.\right\}$

(D) $\left\{x\left|-\dfrac{\sqrt{2}}{2}<x<\dfrac{\sqrt{2}}{2} \text{ 且 } x\neq 0\right.\right\}$

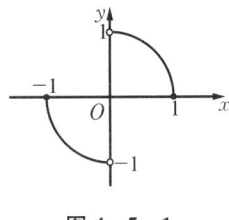

图 4-5-1

有的学生发现题目既然告诉的是单位圆的两条弧,而单位圆是大家非常熟悉的.但因为它不是整个的单位圆(只取两段),所以很快就可以写出 $f(x)$ 和 $f(-x)$ 的解析式,即

$$f(x)=\begin{cases}-\sqrt{1-x^2}, & -1\leqslant x<0,\\ \sqrt{1-x^2}, & 0<x\leqslant 1;\end{cases} \quad f(-x)=\begin{cases}\sqrt{1-x^2}, & -1\leqslant x<0,\\ -\sqrt{1-x^2}, & 0<x\leqslant 1.\end{cases}$$

代入 $f(x)<f(-x)+2x$,分别求解.

但是,把 $f(x)$、$f(-x)$ 的解析式写出来,代入不等式,会发现这是一个结构相当复杂的无理不等式组.换句话说,再按照解无理不等式的程序,换成后面的计算,这个运算量就太大了.

这时,可以反思题目的关键到底在哪里,需不需要像上面这样"小题大做".经过对题目的再观察,会发现不等式 $f(x)<f(-x)+2x$ 中含有 "$f(x)$" 和 "$f(-x)$",这里可以联想到函数的奇偶性.而再观察图形,会发现函数 $f(x)$ 的图像关于原点对称,从而确定函数 $f(x)$ 为奇函数.因此,本题的本质在于利用奇函数的代数、几何性质.原不等式可化简为 $2f(x)<2x$,即 $f(x)<x$.在原图中作出函数 $y=x$ 图像,再利用数形结合,即可求解.

2. 寻找多种解题方法,多解归一

对同一个问题,可以有不同的解法.一种解法的反思完成之后,还应该思考:是否还有别的方法?哪个方法更具一般性?是否有更特殊的方法?特别是有没有"一眼看穿"的解法?这些解法有没有共性?

这就是我们经常说的一题多解.而解题方法的不同,决定了解题"长度"的不同,难易程度的不同,适用的普遍性的不同.应该引导学生对不同的解法进行比较,比较优劣.同时,有时多种解法本质一致,应将这个共性总结出来,找到互相之间的联系.这就是多解归一.

题 2 已知 a、b、c 为 $\triangle ABC$ 的三边,它们的对角分别为 A、B、C,若 $a\cos B = b\cos A$,且关于 x 的方程 $b(x^2-1)+c(x^2+1)-2ax=0$ 的两根相等,请判断 $\triangle ABC$ 的形状.

对于这个问题,学生基本上有以下三种解法:

解法一:因为 $a\cos B = b\cos A$,由余弦定理,得
$$a \cdot \frac{a^2+c^2-b^2}{2ac} = b \cdot \frac{b^2+c^2-a^2}{2bc}.$$

整理,得 $a=b$.

又关于 x 的方程 $b(x^2-1)+c(x^2+1)-2ax=0$ 的两根相等,故
$$\Delta = (-2a)^2 - 4(b+c)(c-b) = 0.$$

所以 $a^2+b^2=c^2$.

故 $\triangle ABC$ 为等腰直角三角形.

解法二:$a\cos B = b\cos A$,由正弦定理,得
$$\sin A \cos B = \sin B \cos A.$$

所以 $\sin A \cos B - \sin B \cos A = 0$,

则 $\sin(A-B) = 0$.

因 $A < 180°$,$B < 180°$,所以 $A=B$.

又关于 x 的方程 $b(x^2-1)+c(x^2+1)-2ax=0$ 的两根相等,故
$$\Delta = (-2a)^2 - 4(b+c)(c-b) = 0.$$

所以 $a^2+b^2=c^2$.

故 $\triangle ABC$ 为等腰直角三角形.

解法三:因为关于 x 的方程 $b(x^2-1)+c(x^2+1)-2ax=0$ 的两根相等,所以
$$\Delta = (-2a)^2 - 4(b+c)(c-b) = 0.$$

所以 $a^2+b^2=c^2$.

故 $\triangle ABC$ 为直角三角形.

于是 $\cos B = \dfrac{a}{c}$,$\cos A = \dfrac{b}{c}$.

代入已知条件,得 $a \cdot \dfrac{a}{c} = b \cdot \dfrac{b}{c}$,则 $a=b$.

所以,$\triangle ABC$ 为等腰直角三角形.

反思这三个解法,会发现一个比一个简洁.解法一和解法二的区别在于,对于"$a\cos B = b\cos A$"这个条件,解法一采用了余弦定理,而解法二采用了正弦定理.正、余弦定理的区别在于:正弦定理可以比较简洁地转换三角

形边和角的正弦,运算相对简洁;余弦定理往往是将一个角的余弦转化为用三条边表示的代数式,要将边转化为角的余弦就需要整体构造,运算都较复杂.因此在正、余弦定理都能用的情况下,应该是使用前者.而解法三没有利用正余弦定理,但最为简洁.这个解法先使用了第二个条件,得出"直角三角形"的结论后,利用了三角比,很容易地得到了结果.这样一来,一道需要高中知识的问题,初中生也可以非常容易解决了.

3. 总结解题策略和解题模块

解了一道题,还要联系类似的题,看看有没有共同的规律,这就是"多题归一".一题多解是反思的主要内容,多解归一、多题归一也是反思的重要内容.

要引导学生对做过的习题进行分类、归类,总结出解某类数学题的策略,特别是解题模块.如果做到这一点,可以说已经达到了"就题论法"的程度了.大凡一种习题类型应该总结归纳出以下几点:类型意义的界定和适用范围、分类、一般解题步骤、特殊情况的处理方法等[①].有的学生拿到题目后往往无从下手,是因为没有模块的概念.拿到一个问题,先判别类型,然后采用相应的解法,这就是模式识别,这尽管不一定是最佳的,但是有效的.例如,

题 3 (1) 已知 $f\left(\dfrac{1-x}{1+x}\right)=\dfrac{1-x^2}{1+x^2}$,求 $f(x)$ 的解析式.

(2) 已知 $f\left(x+\dfrac{1}{x}\right)=x^3+\dfrac{1}{x^3}$,求 $f(x)$ 的解析式.

(3) 已知 $f(x)$ 是一次函数,且 $f(f(x))=2x+1$,求 $f(x)$ 的解析式.

(4) 已知 $3f(x)+f\left(\dfrac{1}{x}\right)=\dfrac{1}{x^2}$,求 $f(x)$ 的解析式.

这是一系列求函数表达式的问题,是学生感觉比较困难的题型.在做完这样一些问题后,教师应当引导学生总结这类问题模块.这就是第二章第三节里介绍过的复合函数的"限制分解"问题的解题模块.有了这样的归纳整理后,再做几道相应的巩固练习题,相信学生应该能够比较好地掌握这类问题.[②]

前面提到了多解归一,这里又遇到了多题归一,这就是我们提出的"归一"原则.

我们的一个重要主张就是要把隐性的解题经验显性化,算法化.总结的解题模块可以解决一类问题.有的教师担心这样会不会把学生教得太"死",

---

① 陈永明.要不要讲题目的类型[J].上海中学数学,2007(3).
② 陈永明.陈永明评议数学课[M].上海:上海科技教育出版社,2008.

其实总结模块后还有后续的工作.因为模块总结的是通法,还需要寻找特殊情况下是否有优法.从这个角度来说,反思是无止境的.

4. 反思条件结论

一个问题解完之后,回头看题目本身,常常会有深一层的认识,如条件有没有多余?结论可不可以加强?结论可不可以推广?如果条件发生某些变化,会不会影响结论成立?

经过这样的思考,教师"一题多变"的能力会大大加强,学生发散思维的能力会大大提高.同时对条件结论的反思,可以对问题的本质和解法背后的数学思想方法认识得更加清楚,将大大提高我们的数学素养.我们说,总结成可操作的解题模块,开始往往只是知识结构.如果你对这个知识结构的理解仅仅在操作层面上,那么对你来说,这是一个一般水平的认知结构;如果你通过对条件结论的反思,比较清楚地认识了问题的本质和解法背后的数学思想方法,那么解题模块就成了你的优良的认知结构了,到这一步,或许可以说"就题论道"了.

同时,反思并变化条件结论,为解开放题打下了初步基础.

题 4 (2007 年陕西数学高考理科卷第 22 题)已知各项全不为零的数列 $\{a_k\}$ 的前 k 项和为 S_k,且 $S_k = \frac{1}{2} a_k a_{k+1} (k \in \mathbf{N}^*)$,其中 $a_1 = 1$.

(1) 求数列 $\{a_k\}$ 的通项公式;

(2) 对任意给定的正整数 $n(n \geqslant 2)$,数列 $\{b_n\}$ 满足 $\frac{b_{k+1}}{b_k} = \frac{k-n}{a_{k+1}}(k=1, 2, \cdots, n-1)$,$b_1 = 1$,求 $b_1 + b_2 + \cdots + b_n$.

在这道题中,"各项全不为零"就是个多余条件,在数学上不是必要的,但是可以起到降低解题难度的作用.[①]

又如,在本书第一章里,我们对条件求值题进行了研究,发现原来这是一种定值问题.这样的思考,就揭示了本质,使一般水平的知识结构得以向优良的认知结构过渡.再看一个例子.

我们非常熟悉的基本不等式 $a>0, b>0, \sqrt{\dfrac{a^2+b^2}{2}} \geqslant \dfrac{a+b}{2}$.

对于这个问题,我们可以反思其条件结论,从而将原问题作不同角度的推广.

如推广项数:$a_i > 0, i=1, 2, \cdots, n$,$\sqrt{\dfrac{a_1^2 + a_2^2 + \cdots + a_n^2}{n}} \geqslant \dfrac{a_1 + a_2 + \cdots + a_n}{n}$.

---

① 罗增儒.中学数学解题的理论与实践[M].南宁:广西教育出版社,2008.

如推广指数:$a_i > 0, i=1,2,\cdots,n$, $\sqrt[m]{\dfrac{a_1^m + a_2^m + \cdots + a_n^m}{n}} \geq \dfrac{a_1 + a_2 + \cdots + a_n}{n}$.

如推广系数:$a_i > 0, b_i > 0, i=1,2,\cdots,n$, $\sqrt[m]{\dfrac{a_1^m}{b_1} + \dfrac{a_2^m}{b_2} + \cdots + \dfrac{a_n^m}{b_n}} \geq \dfrac{a_1}{b_1} + \dfrac{a_2}{b_2} + \cdots + \dfrac{a_n}{b_n}$.等等.

再如,将椭圆相关的性质,类比到双曲线;将平面几何的性质推广到空间.或者将题目的条件、结论进行适当的交换,得到新的问题后再进行研究.看下面的案例.

有位学生思考了两道题:

题 5 抛物线 $y = 2x^2 - 2(m-1)x - m$ 和 x 轴交于点 $A(x_1, 0)$、$B(x_2, 0)(x_1 < x_2)$.求 $OA + OB$ 的值(用 m 表示).

(学生觉得这道例题很正常,抛物线表达式中有参数 m,说明这条抛物线是不确定的,所求的 $OA+OB$ 的表达式里应该含有 m.)

解:$x_1 + x_2 = m - 1, x_1 x_2 = -\dfrac{m}{2}$.

当 $m > 0$ 时,x_1、x_2 异号,

$OA + OB = x_2 - x_1 = \sqrt{(x_1+x_2)^2 - 4x_1 x_2} = \sqrt{(m-1)^2 + 2m} = \sqrt{m^2+1}$.

当 $m < 0$ 时,x_1、x_2 同号,$OA + OB = |x_1 + x_2| = |m-1|$.

当 $m = 0$ 时,$x_1 = -1, x_2 = 0, OA + OB = 1$.

题 6 已知抛物线 $y = -\dfrac{1}{2}x^2 - (k+1)x - 2k (k<0)$ 经过点 $A(x_1, 0)$、$B(x_2, 0)(x_1 < x_2)$,求点 A 的坐标.

(抛物线表达式里含有参数 k,一般说,点 A 的坐标应该和 k 有关.但题目要求的是"A 的坐标",这常常暗示点 A 是明确的.事实上,求得的 A 和 k 也确实无关.因此,学生觉得这题目有点"不正常".)

解:设 x_1、x_2 是方程 $-\dfrac{1}{2}x^2 - (k+1)x - 2k = 0$ 的两根,则

$$x = \dfrac{k+1 \pm \sqrt{(k+1)^2 - 4k}}{-1} = \dfrac{k+1 \pm |k-1|}{-1} = \dfrac{k+1 \pm (k-1)}{-1},$$

$$\begin{cases} x_1 = -2, \\ x_2 = -2k \end{cases} \quad ①$$

或 $\begin{cases} x_1 = -2k, \\ x_2 = -2. \end{cases} \quad ②$

因为 $k<0$,$x_1<x_2$,所以 $-2<-2k$.所以,①成立,②舍去,于是 $x_1=-2$,$A(-2,0)$.

为什么会出现这样的情况呢？

这位学生开始想不通,经过思考和讨论,发现:这是因为这道题目中,点 A 恰巧是个特殊的点:无论 k 是什么数值,点 A 的横坐标和 k 是无关的.也就是说,当 k 取不同的值时,抛物线的形状和位置会发生变化,但是所有的抛物线都经过点 A,A 是所有抛物线的交点.但并不是说,该抛物线的其他点的横坐标也都可以这样求出来,也都和 k 无关.如,点 B 的横坐标 $-2k$ 就和 k 有关,顶点、对称轴等都会和 k 有关.

对题的条件结论要重新审视,而且对解题方法也要重新审视.如,应该引导学生思考解决前一问题的方法是否也能用来解决后继的问题呢？为什么这个方法有普遍适用性,而另一个方法不能普遍适用？本质差别在哪里？看下面的案例.

案例 1

有位学生做这样一题：

如图 4-5-2,$AB \perp BD$,$CD \perp BD$,AD、BC 相交于点 E,$EF \perp BD$,$AB=a$,$CD=b$,求 EF.

解：设 $BF=m$,$FD=n$,$EF=x$,则 $\dfrac{n}{m+n}=\dfrac{x}{a}$,$\dfrac{m}{m+n}=\dfrac{x}{b}$.

所以 $\dfrac{x}{a}+\dfrac{x}{b}=1$,$x=\dfrac{ab}{a+b}$.

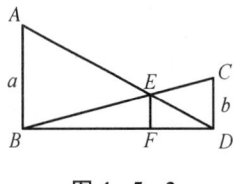

图 4-5-2　　　　　图 4-5-3

后来,他又做了以下这道题：

如图 4-5-3,$AB \perp BD$,$CD \perp BD$,AD、BC 相交于点 E,$EF \perp BD$,$BF=m$,$FD=n$,求 EF.

经过思考,他做不出来.他说记得做过的,但现在做不出来.这是很多学生,甚至是一些老师容易犯的错误.拿到一道题目先去回忆是否做过,有的把答案都背下来.不论是老师还是学生,都应该学会认真审题,从分析条件入手,尽量减少陈题对新题的负迁移.

其实,第一,容易判断后一题是错题.这是洞察力的问题.设想画 BD,取点 F,使 $BF=m$,$FD=n$,过点 B、F、D 作 BD 的垂线,并使 $EF=1$,画 DE 并延长和 AB 交于点 A,画 BE 并延长和 CD 交于点 D.若再使 $EF=2$,画 DE 并延长和 AB 交于点 A,画 BE 并延长和 CD 交于点 D.EF 等于 1 和 2,都是可能的,所以本题不确定!

这位学生有思维定式,以为做过的,但记错了已知条件:原题是已知 a、b,现在是已知 m、n.

第二,为什么已知不同,结果不同了?其实从上题的解中已经可以知道,x 的长仅和 a、b 有关,和 m、n 无关.并且,a、b 确定了之后,m、n 的长虽然不能确定,但 $m:n$ 的值可以确定.

因为 $\dfrac{n}{m+n}=\dfrac{x}{a}$,而 $x=\dfrac{ab}{a+b}$,

所以 $\dfrac{n}{m+n}=\dfrac{b}{a+b}$.

由 $\dfrac{m}{m+n}=\dfrac{x}{b}$,得 $\dfrac{m}{m+n}=\dfrac{a}{a+b}$.

两式比较一下,得 $\dfrac{m}{n}=\dfrac{a}{b}$.

图 4-5-4 横向拉长了,但高度 a、b 不变,此时,x 不变.这说明 x 和 m、n 的长没有关系.

第三,如果把这个错题改造一下,条件不变,求 $a:b$,就不错了($a:b=m:n$).

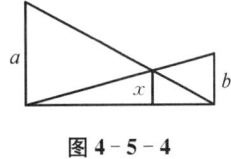

图 4-5-4

第四,如果把前一题挖掘一下,在原条件下,还可以求 $m:n$.

案例 2

几位学生讨论下题:

已知 $\sqrt{x}(\sqrt{x}+\sqrt{y})=3\sqrt{y}\left(\dfrac{2}{3}\sqrt{x}+4\sqrt{y}\right)$ $(xy\neq 0)$,求 $\dfrac{x-5y+\sqrt{xy}}{x+y+\sqrt{xy}}$.

学生 A 说:由已知,得 $\sqrt{xy}=x-12y$.代入,得 $\dfrac{x-5y+\sqrt{xy}}{x+y+\sqrt{xy}}=\dfrac{2x-17y}{2x-11y}$.

学生 A 认为,"求"和"化简"不同,"求"应该是能够算出数值的.这里没有得到一个数值,看来题目有问题.

学生 B 认为:按题意,应该是满足已知条件的任意的 x、y 的值,

$\dfrac{x-5y+\sqrt{xy}}{x+y+\sqrt{xy}}$ 都应该有同一个数值,于是取两组 x、y 值代入 $\sqrt{xy}=x-12y$ 试试.

取 $x=1$,得 $\sqrt{y}=1-12y$,$1+(-25y)+144y^2=0$.

解得 $y_1=\dfrac{1}{9}$(舍去,因 $1-12y<0$),$y_2=\dfrac{1}{16}$.

将 $x=1$,$y=\dfrac{1}{16}$ 代入 $\dfrac{2x-17y}{2x-11y}$,得 $\dfrac{2x-17y}{2x-11y}=\dfrac{5}{7}$.

另设 $x=4$,这时,有 $\sqrt{4y}=4-12y$.

两边平方,整理得 $36y^2-25y+4=0$.

解得 $y_1=\dfrac{1}{4}$,$y_2=\dfrac{4}{9}$(舍去).

将 $x=4$,$y=\dfrac{1}{4}$ 代入 $\dfrac{2x-17y}{2x-11y}$,得 $\dfrac{2x-17y}{2x-11y}=\dfrac{5}{7}$.

满足条件的两组数值代入都得到 $\dfrac{5}{7}$,有可能是定值,题不一定错.

学生 C 思考之后说,这真是个定值问题,题是对的.

因 $\sqrt{xy}=x-12y$,所以 $(\sqrt{x}-4\sqrt{y})(\sqrt{x}+3\sqrt{y})=0$.

由已知 $x>0$,$y>0$,所以 $x=16y$.

所以 $\dfrac{2x-17y}{2x-11y}=\dfrac{32y-17y}{32y-11y}=\dfrac{5}{7}$.

(请思考:我们提倡多解归一.以前,我们研究过条件求值的解题模块,提到了几种解法.那么本题这样的解法是否属于其中?)

如果教师能够将每一道课堂例题、作业习题的功夫做足,从各个不同的角度进行反思,并且通过自己的亲身示范,带领学生一起进行一题多解、多解归一、多题归一的实践,相信枯燥无味的题海必将被沁人心脾、回味无穷的涓涓细流代替.更重要的是不论是教师还是学生,都能够在这个过程中不断地积累数学的素养以及加深对数学的理解.

第五章 习题的校本整合

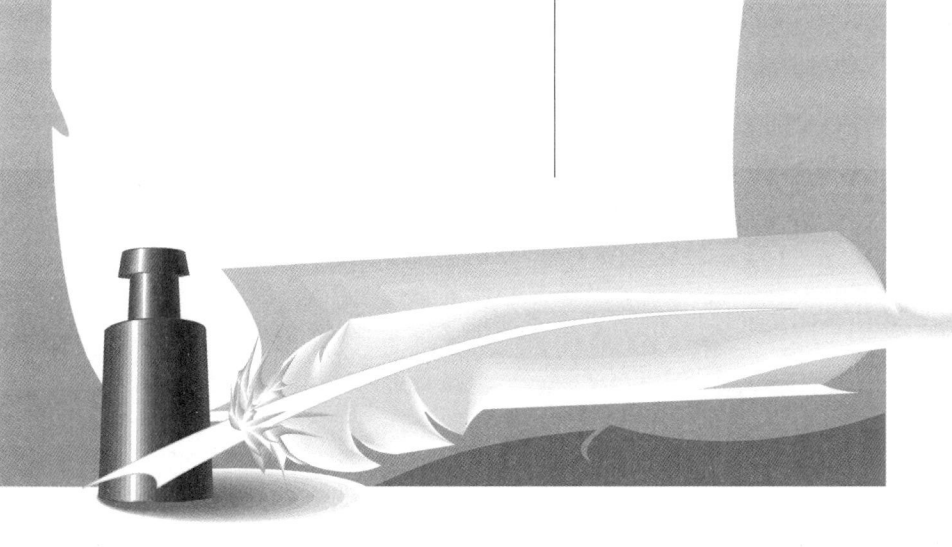

第一节　习题校本整合的提出

　　数学学科本身是以习题练习为主要操作途径,升学考试也是以解题作为主要标准.那么,学生解题水平的高低,是否仅仅取决于教师个体对习题研究的水平和教学的水平呢? 不完全是.

　　例如,有些习题确实是典型例题,低年级用过了,高年级还在沿用,出现不必要的重复(我们不否认必要的重复);

　　有些好题,张老师用过了,分班以后,王老师可能还会再来一遍;

　　有些题的难度比较高,低年级却已经在用了,而有的教师在高年级还在"打基础";

　　有的学校试卷命题"背靠背",让长期教高年级的教师来给低年级命题,让外面重点中学的教师来给自己学校命题,难度过大,甚至与教学内容脱节;

　　有些教师针对自己班的学生编了一份讲义或试卷,分享给全体备课组,同组的教师照搬到他自己的班,发现并不适合;

　　不应该否认,现行教材上的习题和中考、高考的考题之间存在差距,因此补充例题习题是必然的.这就有个要不要选用教辅书,选用哪本教辅书,教辅书使用时对内容进行怎样的调整等问题……

　　这说明,有时候习题教学是否得法,除了教师个人原因以外,还有教师相互之间"配合是否默契"等诸方面原因,这无疑会影响学生解题水平的提高.因此,习题教学的整体研究——习题的校本整合,确实是一个当务之急的重要课题.

　　我们认为,在习题校本整合的过程中,至少应该做下面三件事情:

　　同一年级习题教学必须有一个基本要求(不同班应该有所调整);

　　同一个内容的习题在不同年级可能都会出现,各自掌握适当的深度;

　　同一类习题在"三题"(例题、习题、测试题)中合理配置.

第二节 习题校本整合的内容

一、同年级习题的整合

同一年级习题要求应该基本一致,尽管班和班之间、班内部的学生之间,存在一定的差异,但对于一些基本知识和基本技能,需要有一个必须的下限和必要的上限.当然还允许不同班在讲授节奏上有不同的把握.

如上海市南洋中学制定了各年级、各章节的课程统整指南,这样就保证了各班的教学水平基本一致,对青年教师成长极其有利.下面就是其中的一份统整教案.

案例 "简单的对数方程"教案

4.7 简单的对数方程(3课时)

【教学目标】

1. 知道对数方程的概念.
2. 理解对数方程的几种求解方法,并会解简单的对数方程.
3. 利用函数图像解决指、对数方程根的个数及方程近似解的问题.
4. 能应用对数方程的解法解决简单的实际应用问题.
5. 会解简单的指、对数不等式.

【基本内容统整】

一、解对数方程

例1 解下列方程.

(1) $\log_2(x+14)+\log_2(x+2)=3+\log_2(x+6)$.　　　　(答案:$x=2$)

(利用对数性质 $\log_a M=\log_a N \Leftrightarrow M=N$ 解对数方程,必须对求得的根进行检验)

(2) $(\log_3 x)^2 + \log_9 3x = 2$. （答案：$x = 3^{-\frac{3}{2}}$ 或 $x = 3$）

（利用换底公式化简，并换元）

(3) $\log_5 x^2 = 4$. （答案：$x = \pm 25$）

（错误做法：因为 $2\log_5 x = 4$，所以 $\log_5 x = 2$，$x = 25$. 导致了失根. 要注意，原方程等价于 $2\log_5 |x| = 4$）

(4) $\lg(6 \cdot 5^x + 25 \cdot 20^x) = x + \lg 25$. （答案：$x = \log_2 \frac{3}{5}$ 或 $x = \log_2 \frac{2}{5}$）

(5) $x^{\log_2 x + 2} = 8$. （答案：$x = 2^{-3}$ 或 $x = 2$）

(6) $\log_x 2 \cdot \log_{2x} 4 = \log_{8x} 2$. （答案：$x = \frac{1}{4}$ 或 $x = 8$）

小结：(1) 可将方程 $\log_a f(x) = \log_a g(x)$ 转化为 $\begin{cases} f(x) > 0, \\ g(x) > 0, \\ f(x) = g(x). \end{cases}$

(2) 形如 $A \cdot \log_a^2 x + B \cdot \log_a x + C = 0 (a > 0, a \neq 1)$ 的方程，用换元法令 $t = \log_a x$，则转化为方程 $At^2 + Bt + C = 0$.

(3) 解方程 $x^{f(\log_a x)} = b (a > 0, a \neq 1, b > 0)$ 可在两边取以 a 为底的对数，得 $f(\log_a x) \log_a x = \log_a b$，再用换元法求解.

练习：

(1) $x^{\lg x} = \dfrac{x^3}{100}$. （答案：$x = 10$ 或 $x = 100$）

(2) $2x^{\lg 2} \cdot 2^{\lg x} - 7x^{\lg 2} - 4 = 0$. （答案：$x = 100$）

(3) $\log_2(2^x - 1) \cdot \log_2(2^{x+1} - 2) = 2$. （答案：$x = \log_2 3$ 或 $x = \log_2 \frac{5}{4}$）

(4) $10^{\lg^2 x} + x^{\lg x} = 20$. （答案：$x = \frac{1}{10}, x = 10$）

例2 已知正数 a、b 满足 $\log_2 a + \log_2 b = 6$，求 $\sqrt{a+b}$ 的最小值.

（答案：4）

（简单的对数运算，并运用基本不等式）

例3 设 $x > 1, y > 1$ 且 $2\log_x y - 2\log_y x + 3 = 0$，求 $x^2 - 4y^2$ 的最小值.

（答案：-4）

（对数方程的综合运用）

例4 求 $y = x^{1-\lg x} (1 \leqslant x \leqslant 100)$ 的最大值. （答案：$10^{\frac{1}{4}}$）

（用换元法后需注意新变量的范围，再利用二次函数在给定范围内取最值）

二、利用函数图像求方程的近似解

例5 (1) 求方程 $2^x = x^2$ 的解的个数. （答案:3）

(2) 求方程 $\lg x = -x^2 + 18x - 80$ 的解的个数. （答案:3）

（数形结合,作出函数图像,研究它们的图像伸展趋势,求得交点个数）

(3) 已知 $3^x = 3 - x$ 的根为 α,方程 $\log_3 x = 3 - x$ 的根为 β,求 $\alpha + \beta$ 的值.

（答案:3）

（数形结合,利用互为反函数的图像关于直线 $y = x$ 对称的特点）

【拓展】

三、对数不等式

例6 解对数不等式：

(1) $1 < \log_x 4 < 4$. （答案: $\sqrt{2} < x < 4$）

(2) $2\log_{\frac{1}{2}}(1-x) > \log_{\frac{1}{2}}(2x+6)$. （答案: $-1 < x < 1$）

(3) 解关于 x 的不等式 $(\log_2 x)^2 + \left(a + \dfrac{1}{a}\right)\log_{\frac{1}{2}} x + 1 < 0$.

$\Bigl($答案:当 $a \in (-1, 0) \cup (1, +\infty)$ 时, $x \in \left(2^{\frac{1}{a}}, 2^a\right)$;

当 $a = \pm 1$ 时,不等式无解;当 $a \in (-\infty, -1) \cup (0, 1)$ 时, $x \in \left(2^a, 2^{\frac{1}{a}}\right)\Bigr)$

（熟练掌握对数函数的性质,利用单调性解不等式）

四、指数方程与对数方程的综合应用

例7 已知方程 $\dfrac{\lg x}{\log_2 x} = x \cdot \lg a$ 有不大于 2 的根,求 a 的取值范围.

（答案: $a \in (\sqrt{2}, 2) \cup (2, +\infty)$）

（注意真数必须大于 0,分母不等于 0,要挖掘隐含的条件）

例8 已知 $3^{2x} - 2m \cdot 3^x - 3^x + m = 0$ 有两个不同的实数根,求 m 的取值范围. （答案: $m > 0$）

（换元时要注意新变量的范围,注意条件转化时要等价）

例9 已知 $f(x) = a^{x + \frac{1}{2}}$,若 $f(\lg a) = \sqrt{10}$,求 a 的值.

$\left(\text{答案}: a = \sqrt{10}, a = \dfrac{1}{10}\right)$

例10 已知 $f(x) = \left(\dfrac{1}{3}\right)^x (x > 0)$, $g(x)$ 是定义在区间 $(-1, 1)$ 上的奇函数,当 $x > 0$, $g(x) = f^{-1}(x)$ 时,求 $g(x)$ 的解析式.

$$\left(答案: g(x)=\begin{cases} \log_{\frac{1}{3}} x, & x>0; \\ 0, & x=0; \\ -\log_{\frac{1}{3}}(-x), & x<0 \end{cases}\right)$$

(在求奇函数的解析式时,要注意是否在 0 处有定义)

二、不同年级习题的整合

有些知识点是跨年级的,如绝对值,初中低年级学习数字绝对值,后来学习字母绝对值,还有含绝对值的方程,甚至含绝对值的函数等.有些知识点虽然没有这样的"螺旋式上升",但低年级是教基本知识,选择例题知识结构应该比较单一,以便知识内化,到高年级特别在初三、高三复习回顾时,则需要综合运用,习题涉及的知识点就相对复杂;同时,在数学能力培养的基础上,对学生的能力要求也高.可惜现在比较普遍的情况是"拔苗助长",迫不及待地把难题早早下放.

因此,如果不同的年级,有涉及同一内容的习题,是需要整合的.

下面以解斜三角形为例.(上海市杨浦高级中学杨玉珠老师的"解斜三角形"教案)

案例 "解斜三角形"教案

高一、高二"解斜三角形"的教学目的是让学生理解刚学过的知识要点和公式运用,因此在解斜三角形习题课中,先复习有关知识与公式:

1. 正弦定理及其变形

在 $\triangle ABC$ 中,有 $\dfrac{a}{\sin A}=\dfrac{b}{\sin B}=\dfrac{c}{\sin C}$,$a:b:c=\sin A:\sin B:\sin C$.

2. 正弦定理的两个应用

(1) 已知三角形中两角及一边,求其他元素;

(2) 已知三角形中两边和其中一边所对的角,求其他元素.

3. 余弦定理及其变形

在 $\triangle ABC$ 中,有

$a^2=b^2+c^2-2bc\cos A$,$b^2=a^2+c^2-2ac\cos B$,$c^2=a^2+b^2-2ab\cos C$,

$\cos A=\dfrac{b^2+c^2-a^2}{2bc}$,$\cos B=\dfrac{c^2+a^2-b^2}{2ac}$,$\cos C=\dfrac{a^2+b^2-c^2}{2ab}$.

4. 余弦定理的两个应用

(1) 已知两边和它们的夹角,求其他元素;

(2) 已知三边,求三个内角.

然后配置例题:

例1 在△ABC中,已知∠A=60°,a=$\sqrt{3}$,求$\dfrac{a+b+c}{\sin A+\sin B+\sin C}$.

(知识点:正弦定理,三角形的边长与所对角的正弦比为该三角形的外接圆直径长;潜在知识点:合比性质)

例2 在△ABC中,$c=4\sqrt{3}$,$a=2\sqrt{6}$,$b=6+2\sqrt{3}$,求A、B、C.

(知识点:已知三边,求三个对角,余弦定理)

例3 如图5-2-1,自动卸货汽车采用液压机构,设计时需要计算油泵顶杆BC的长度.已知车厢的最大仰角为60°,油泵顶点B与车厢支点A之间的距离为1.95 m,AB与水平线之间的夹角为6°20′,AC长为1.40 m,计算BC的长(保留3个有效数字).

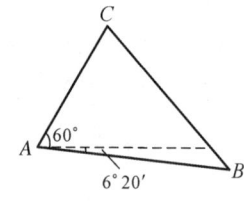

图5-2-1

(知识点:已知两边及夹角,求对边,余弦定理;潜在能力要求:数学建模)

例4 如图5-2-2,是曲柄连杆机构的示意图,当曲柄CB绕点C旋转时,通过连杆AB的传递,活塞作直线往复运动,当曲柄在CB_0位置时,曲柄和连杆成一条直线,连杆的端点A在A_0处.设连杆AB长340 mm,曲柄CB长85 mm,曲柄自CB_0按顺时针方向旋转80°,求活塞移动的距离(即连杆的端点A移动的距离A_0A)(精确到1 mm).

(知识点:正弦定理,两边一对角,解斜三角形;潜在能力要求:数学建模,两解的取舍判断)

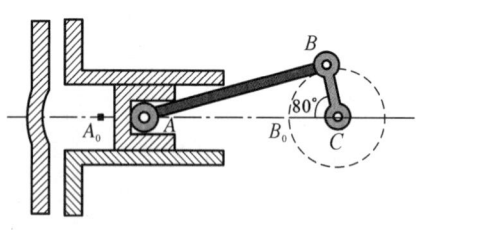 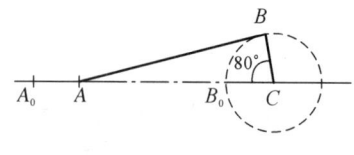

图5-2-2

例5 如图5-2-3,在斜度一定的山坡上的一点A测得山顶上一建筑物顶端C对于山坡的斜度为15°,向山顶前进100米后,又从点B测得斜度为45°,假设建筑物高50米,求此山对于地平面的斜度θ.

(知识点:两次运用正弦定理,第一次已知两角一对边,第二次已知两边一对角;潜在要求:数学建模,三角形外角定理)

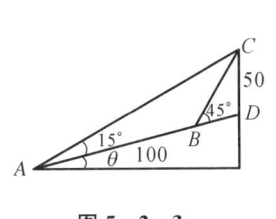
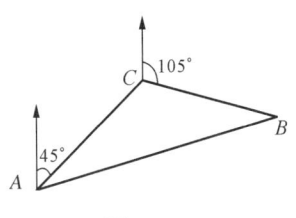
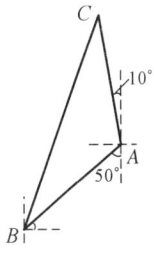

图 5-2-3　　　　　　　图 5-2-4　　　　　　　图 5-2-5

例6　如图 5-2-4,某船在距救生艇 A 处 10 海里的 C 处遇险,测得该船的方位角为 $45°$,还测得该船正沿方位角 $105°$ 的方向以每小时 9 海里的速度向一小岛靠近,救生艇以每小时 21 海里的速度前往营救,试求出该救生艇的航向及它们相遇所需的时间.

(知识点:余弦定理,已知两边和一对角;潜在能力要求:数学建模,解二次方程,取舍两解)

例7　如图 5-2-5,我舰在敌岛 A 南偏西 $50°$ 相距 12 海里的 B 处,发现敌舰正由岛沿北偏西 $10°$ 的方向以 10 海里/时的速度航行.我舰需以多大速度、沿什么方向航行才能用 2 小时追上敌舰?

(知识点:正弦定理,余弦定理;潜在能力要求:数学建模)

而同样的内容,到高三就应该有所提高.以下是在高三复习中解斜三角形的两道常见例题,让我们体会一下与前面例题的区别.

例8　$\triangle ABC$ 的三个内角 A、B、C 的对边分别是 a、b、c,且 $a^2=b(b+c)$,求证:$A=2B$.

解法一:由 $a^2=b(b+c)$,得

$$\cos A=\frac{b^2+c^2-a^2}{2bc}=\frac{(b^2+c^2)-b(b+c)}{2bc}=\frac{c-b}{2b},$$

$$\cos 2B=2\cos^2 B-1=2\left(\frac{a^2+c^2-b^2}{2ac}\right)^2-1=\frac{(b+c)^2 c^2}{2b(b+c)c^2}-1=\frac{c-b}{2b}.$$

所以 $\cos A=\cos 2B$.

因为 A、B 是 $\triangle ABC$ 的内角,所以 $A=2B$.

(知识点:余弦定理,两倍角公式;潜在能力要求:等式变形,巧妙的计算化简)

解法二:将 $a=2R\sin A$,$b=2R\sin B$,$c=2R\sin C$,代入 $a^2=b(b+c)$ 中,得

$$\sin^2 A=\sin B(\sin B+\sin C),$$

$$\sin^2 A-\sin^2 B=\sin B\sin C,$$

$$\frac{1-\cos 2A}{2}-\frac{1-\cos 2B}{2}=\sin B\sin(A+B),$$

$$\frac{1}{2}(\cos 2B-\cos 2A)=\sin B\sin(A+B),$$

$$\sin(A+B)\sin(A-B)=\sin B\sin(A+B).$$

因为 A、B、C 为三角形的三个内角,所以 $\sin(A+B)\neq 0$.

所以 $\sin(A-B)=\sin B$.

所以,只能有 $A-B=B$,即 $A=2B$.

(知识点:正弦定理,二倍角公式,和差化积;潜在能力要求:公式熟练转化)

解法三:由题设 $a^2=b(b+c)$,得 $\dfrac{a}{b+c}=\dfrac{b}{a}$. ①

作出 $\triangle ABC$,延长 CA 至点 D,使 $AD=AB=c$,联结 BD(图 5-2-6).

①式表示的即是 $\dfrac{BC}{DC}=\dfrac{AC}{BC}$,所以

$$\triangle BDC\sim\triangle ABC,\angle 1=\angle D.$$

又 $AB=AD$,可知 $\angle 2=\angle D$,故 $\angle 1=\angle 2$.

因为 $\angle BAC=\angle 2+\angle D=2\angle 2=2\angle 1$,所以 $A=2B$.

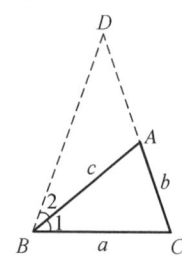

图 5-2-6

(知识点:初中阶段的相似三角形;潜在能力要求:构造化归,几何方法解决代数问题,犹如用图形说明勾股定理那样巧妙、直观)

例9 在 $\triangle ABC$ 中,角 A、B、C 所对的边分别为 a、b、c 依次成等比数列,求 $y=\dfrac{1+\sin 2B}{\sin B+\cos B}$ 的取值范围.

解:因为 $b^2=ac$,所以 $\cos B=\dfrac{a^2+c^2-b^2}{2ac}=\dfrac{a^2+c^2-ac}{2ac}=\dfrac{1}{2}\left(\dfrac{a}{c}+\dfrac{c}{a}\right)-\dfrac{1}{2}\geqslant\dfrac{1}{2}$.

故 $0<B\leqslant\dfrac{\pi}{3}$.

$$y=\dfrac{1+\sin 2B}{\sin B+\cos B}=\dfrac{(\sin B+\cos B)^2}{\sin B+\cos B}=\sin B+\cos B=\sqrt{2}\sin\left(B+\dfrac{\pi}{4}\right).$$

因 $\dfrac{\pi}{4}<B+\dfrac{\pi}{4}\leqslant\dfrac{7\pi}{12}$,所以 $\dfrac{\sqrt{2}}{2}<\sin\left(B+\dfrac{\pi}{4}\right)\leqslant 1$.

故 $1<y\leqslant\sqrt{2}$.

（知识点：等比数列概念，余弦定理，基本不等式，二倍角公式，辅助角公式，不等式的基本性质，三角函数的值域探求；潜在能力要求：无可辩驳的综合能力）

以一所常规高级中学的学生综合素养来判断，例8的一题多解和例9的综合度，高一学生是无法深刻领会的，可能经过教师讲解，听懂了，但也只能"叹为观止"，仅仅起到长见识的作用；反之，杨老师的教案，如若放在高三复习课，虽然同样能够说明正余弦定理的普通架构，但所起作用仅仅是计算演练．因此，习题编制的有效性就非常重要了．

然而，习题编制的有效性这一意识不是所有教师都有所感悟，有时我们自己也会在高一学生中"显摆"那些高三试题的"隆重"解法，有时在高三教学中也会讲一些操作过 n 遍的陈题，这些都直接影响课堂的效果，耽误了学生和自己宝贵的时间．因此，如果由备课组、教研组统一规划上课例题，就不会因为"年级之间教师交接""对学生情况的不了解"或"教师肆意乱开无轨电车"等诸因素产生无效教学．同时，透明度相对较高的统一备课和整合工作，也能博采众长，并为同伴学习提供载体．

三、"三题"的整合

这里说的"三题"，是指例题、习题、测试题．这"三题"，其教学功能是不同的．作为一种学校习题整合研究，习题教学不仅因年级而异，还因同一学段的"学生"而异，因"功能"而异．

有些教师，将上课未讲完的例题，当课后作业，这一点是不可取的，因为有些例题不适合作习题．哪些适合作例题，哪些适合作作业题，还是应该认真备课、认真分析的．这也说明研究"三题"的功能是有现实意义的．

"三题"的功能区别有：

◆ 例题侧重示范启发功能：知识上应该覆盖，解题的思路要有代表性；希望能够多解；同时希望能够一题多变，一大题可以有多小问，形成题组；注重变式——问题逐一递进，或层次一致的问题变换不同角度；计算注重方法，不注重结果．但例题在选题上，正如前面所提到的，还是必须根据学生的实际水平和年龄学段特征确定．

◆ 作业题侧重操作巩固功能：可以类型相似，以利于通过必要的重复形成技能；问题情境应该有变化，因为通过变式训练效果更佳；计算要求准确；表达准确，便于反馈．

◆ 测试题侧重评价反思功能：根据测试的目的编制试题，层次要求分明;时间有限;知识点要基本覆盖;相同类型的习题不宜出现;可以出现新颖题,让学生利用学过的知识技能和自身的思维素养解决问题;运算不能过于复杂;要求有区分度,便于评价.

鉴于"三题"功能不同,下面以上海市南洋中学的课程统整指南为例,说明在教学中应该对哪些数学题适合作为例题、习题或测试题,作适当的标注.

案例

"等差数列求通项"环节

1. 求等差数列 $8,5,2,\cdots$ 的第 20 项.

   变式:-401 是不是等差数列 $-5,-9,-13,\cdots$ 的项?如果是,是第几项?

   变式:在等差数列 $\{a_n\}$ 中,若 $a_1=\dfrac{1}{3}$,$a_2+a_5=4$,$a_n=33$,则 $n=$ _____.

   (本题作例题可熟悉通项公式,时间应是第一节新课上,随着学生对等差数列逐渐熟悉,以后不必出现)

2. 在数列 $\{a_n\}$ 中,$a_1=3$,若对任意大于 1 的正整数 n,点 $(\sqrt{a_n},\sqrt{a_{n-1}})$ 在直线 $x-y-\sqrt{3}=0$ 上,则 $a_n=$ _____.

   (作新课后的习题或高三总复习课习题比较合适,有前后知识的联系,但作为例题,典型性不显著.刚开始学数列时这是一道能力题,但高三阶段则是一道基本题)

3. 有一批影碟机(VCD)原销售价为每台 800 元,在甲、乙两家电商场均有销售,甲商场用如下的方法促销:买一台单价为 780 元,买两台单价为 760 元.以此类推,每多买一台,则所买各台单价均再减少 20 元,但每台最低价不能低于 440 元;乙商场一律都按原价的 75% 销售.某单位需购买一批此类影碟机,去哪家商场购买花费较少?

   (可作高三总复习测试题(有时间限制独立完成);或新课复习课后的习题(学生之间可以适当讨论),也可作测试题.原则上应用题可以作为课堂引例,但作为诠释一个定理和公式,在课堂上操作性不强,因为学生的分析能力有差异)

4. (2008 年北京高考第 6 题)已知数列 $\{a_n\}$,对任意的 $p、q\in\mathbf{N}^*$ 满足 $a_{p+q}=a_p+a_q$.如果 $a_2=-6$,那么 a_{10} 等于 _____.

   (可作例题或习题,因为是公开了的高考题,不宜作为测试题.刚过去的高考新题比较适合出现在高三复习课和练习题中,但类似这种可以一语道破方法的问题,不再适合反复出现,否则能力立意"大打折扣")

"数列求和"环节

1. 公式求和法:除熟记等差(比)数列的前 n 项和公式外,还需掌握一些常见数列求前 n 项和的技巧.

(1) $1^2+2^2+\cdots+n^2=\dfrac{1}{6}n(n+1)(2n+1)$;

(2) $1^3+2^3+3^3+\cdots+n^3=\left[\dfrac{n(n+1)}{2}\right]^2$.

例题:设数列 $1,(1+2),\cdots,(1+2+2^2+\cdots+2^{n-1}),\cdots$ 的前 n 项和为 S_n,求 S_n.

习题:求数列 $1,a+a^2,a^2+a^3+a^4,a^3+a^4+a^5+a^6,\cdots(a\neq 0)$ 的前 n 项和.

(公式求和法是一个计算方法,不适宜单独作为测试题,但可以在综合题中出现)

2. 错位相减法:这是在推导等比数列的前 n 项和公式时所用的方法,这种方法主要用于求数列 $\{a_n b_n\}$ 的前 n 项和,其中 $\{a_n\}$、$\{b_n\}$ 分别是等差数列和等比数列.

例题:求 $S_n=1+3x+5x^2+7x^3+\cdots+(2n-1)x^{n-1}$.

习题:求 $S_n=1\cdot 3+3\cdot 3^2+5\cdot 3^3+\cdots+(2n-1)\cdot 3^n$.

(错位相减法也是一个计算方法,不适宜单独作为测试题,不仅计算量大,而且计算结果化简不一致,不适宜评价)

3. 分组求和法:有一类数列,既不是等差数列,也不是等比数列,若将这类数列适当拆开,可分为几个等差、等比数列或常见的数列,即能分别求和,然后再合并.

例题:求数列 $\{n(n+1)(2n+1)\}$ 的前 n 项和.

习题:求下面数列的前 n 项和:$1+1,\dfrac{1}{a}+4,\dfrac{1}{a^2}+7,\cdots,\dfrac{1}{a^{n-1}}+3n-2,\cdots$

(分组求和是一种重要方法,含有化归的思想,可以渗透到综合题)

4. 裂项法:这是分解与组合思想在数列求和中的具体应用.裂项法的实质是将数列中的某些项分解,然后重新组合,使之能消去一些项,最终达到求和的目的.

例题:在数列 $\{a_n\}$ 中,$a_n=\dfrac{1}{n+1}+\dfrac{2}{n+1}+\cdots+\dfrac{n}{n+1}$,$b_n=\dfrac{2}{a_n\cdot a_{n+1}}$,求

数列 $\{b_n\}$ 的前 n 项和.

习题或测试题：设数列 $\dfrac{1}{1+\sqrt{2}}, \dfrac{1}{\sqrt{2}+\sqrt{3}}, \cdots, \dfrac{1}{\sqrt{n}+\sqrt{n+1}}, \cdots$ 的前 n 项和为 S_n，则 S_n 等于（　　）.

(A) $\sqrt{n+1}-\sqrt{n}$ 　　　　　(B) $\sqrt{n+1}+\sqrt{n}$

(C) $\sqrt{n+1}-1$ 　　　　　　(D) $\sqrt{n+1}+1$

（裂项法方法多变，灵活性强，计算比较直观，同时又可多方面创新，非常适合测试题，而作为例题只需点到为止，其余就可以让学生在习题、测试题中进行发挥）

5. 反序相加法：将一个数列倒过来排列（反序），当它与原数列相加时，若有公因式可提，并且剩余的项的和易于求得，则这样的数列可用反序相加法求和.

测试题：已知等差数列 $\{a_n\}$ 满足 $a_1+a_2+a_3+\cdots+a_{101}=0$，则有（　　）.

(A) $a_1+a_{101}>0$ 　(B) $a_2+a_{100}<0$ 　(C) $a_3+a_{99}=0$ 　(D) $a_{51}=51$

测试题或习题：已知函数 $f(x)$ 对任意 $x\in \mathbf{R}$ 都有 $f(x)+f(1-x)=\dfrac{1}{2}$，对 $n\in \mathbf{N}$，记 $a_n=f(0)+f\left(\dfrac{1}{n}\right)+\cdots+f\left(\dfrac{n-1}{n}\right)+f(1)$.

(1) 分别求 $f\left(\dfrac{1}{2}\right)$ 和 $f(0)+f\left(\dfrac{1}{2}\right)+f(1)$ 的值；

(2) 证明数列 $\{a_n\}$ 是等差数列.

（反序相加也是一种方法，作为例题，如果道破"反序"玄机，那么也无什么"悬念"可言）

"三题"区分操作很难有固定模式，但是实际应用时，教师心中必须有一个准则，就是习题在不同场合的分类和功能区分是以学生发展为根本原则的，绝对不能随心所欲.这既是对学生的关爱，也是对习题教学规律的尊重.

参考文献

[1] 张景中.走进教育数学丛书[M].北京:科学出版社,2009.

[2] 张奠宙.数学"双基"教学的理论与实践[M].南宁:广西教育出版社,2008.

[3] 戴再平.数学习题理论[M].上海:上海教育出版社,1996.

[4] 罗增儒.数学解题学引论[M].西安:陕西师范大学出版社,1997.

[5] 单墫.解题研究[M].南京:南京师范大学出版社,2002.

[6] 杨世明,等.MM 教育方式:理论与实践[M].香港:香港新闻出版社,2002.

[7] 孙维刚.孙维刚谈立志成才——全班55%怎样考上北大、清华[M].北京:北京大学出版社,2006.

[8] 范良火,等.华人如何学习数学[M].南京:江苏教育出版社,2005.

[9] 张春莉,严小明.数学学习与教学设计[M].上海:上海教育出版社,2004.

[10] 陈永明.陈永明评议数学课[M].上海:上海科技教育出版社,2008.

[11] 陈永明名师工作室.数学教学中的语言问题[M].2版.上海:上海科技教育出版社,2009.

[12] 陈永明名师工作室.数学教学中的逻辑问题[M].上海:上海科技教育出版社,2009.

[13] 张奠宙,于波.数学教育的"中国道路"[M].上海:上海教育出版社,2013.

[14] 鲍建生,周超.数学学习的心理基础与过程[M].上海:上海教育出版社,2009.

[15] 傅学顺,王屏山.中学数学思维方法[M].北京:北京大学音像出版社,2013.